DSM-5®
SELECTIONS

DSM-5 수면-각성장애

DSM-5® SLEEP-WAKE DISORDERS

APA 집필 / 강진령 역

AMERICAN PSYCHIATRIC ASSOCIATION

학지사

Sleep-Wake Disorders, DSM-5® Selections, first edition
by American Psychiatric Association

역자 서문

미국정신의학회(American Psychiatric Association)는 2013년 DSM-5를 출간한 이래, 정신건강 전문가들의 정신장애 이해와 임상적 진료를 돕기 위해 관련 서적을 출간해 왔다. 그중에서도, 'DSM-5 Selections'는 DSM-5에 수록되어 있는 주요 정신장애를 선별하여 다른 포맷으로 구성 · 제작한 정신장애 시리즈다. 이 시리즈는 DSM-5의 제II편에 수록되어 있는 정신장애들 중 6개 진단군을 선별하여 총 6권으로 되어 있다. 각 권의 주제는 신경발달장애(1), 조현병 스펙트럼 및 기타 정신병적 장애(2), 우울장애(4), 불안장애(5), 급식 및 섭식 장애(10), 수면-각성 장애(12)[주. 소괄호 안의 숫자는 본문에 배열된 순서임]다.

'DSM-5 Selections'의 각 권은 특정 장애군에 대한 ① DSM-5 텍스트의 진단기준, ② DSM-5 가이드북, ③ DSM-5 임상사례집, ④ DSM-5 확인문제, ⑤ DSM-5 확인문제 정답 및 해설로 구성되어 있다. 먼저, DSM-5 가이드북은 DSM-5의 텍스트 내용을 보다 쉽게 설명해 놓았다. 독자들은 새로운 각도에서 DSM-5를 조망할 수 있을 것이다. 또한 평가문제 풀이를 통해 해당 정신장애에 관한 학습 정도를 확인해 볼 수 있을 것이다. 특히, 평가문제에 대한 정답 및 해설집은 보다 포괄적인 관점에서 독자들의 특정 장애에 대한 학습의 완성도를 극대화시킬 수 있을 것이다.

이 땅에 긍정심리학이 전해지면서 정신의학과 심리학이 인간의 어두운 단면만을 조명한다는 비판의 소리도 있었다. 그렇지만 현대 사회의 이면에는 여전히 명시적 · 암묵적으로 정신적인 문제로 고통을 겪는 사람들이 많은 것이 현실이다.

그러기에 오늘날처럼 정교하게 다듬어진 편람인 DSM-5가 요구되는 시대도 없을 것이다. '만남은 우연처럼 주어지는 선물'이라는 말이 있다. 역자뿐 아니라 독자들도 우연처럼 주어진 'DSM-5 Selections'와의 만남을 통해 정신장애에 대한 이해의 깊이를 더할 수 있기를 바란다.

끝으로, 'DSM-5 Selections' 번역을 위해 역자를 믿고 손을 내밀어 주신 김진환 사장께 깊이 감사드린다. 또한 인생의 중대사를 치르면서도, 깔끔하고 명쾌한 소통으로 멋진 역서가 나올 수 있도록 챙겨 준 편집부의 이상경 대리께 감사의 마음을 전한다. 바라건대, 이 책이 다양한 정신장애의 이해와 통찰로 통하는 왕도(王道)가 되었으면 한다. 이 책을 통해 정신건강 전문가들의 정신장애 이해와 진단 역량을 극대화하는 한편, 정신장애로 고통을 겪고 있는 사람들을 능숙하게 돕는 데 일조하기를 바라면서 이 글을 맺는다.

2017년 2월

역자

DSM-5® Selections 서문

DSM-5 Selections 방문을 환영한다. 이 시리즈의 목적은 DSM-5 장애 범주와 연관된 중요한 진단적 쟁점에 관하여 독자들을 교육하는 것이다. DSM-5 Selections 시리즈에서 먼저 출간된 서적으로는 ① 수면-각성장애, ② 우울장애, ③ 조현병 스펙트럼 및 기타 정신병적 장애, ④ 급식 및 섭식 장애, ⑤ 신경발달장애, 그리고 ⑥ 불안장애가 있다. 시리즈의 각 권에는 각각의 진단범주에 해당되는 장애의 진단기준이 제시되어 있다. 이 진단범주는 오늘날 임상적 실천을 위해 활용 가능한 가장 종합적이고 중요한 자원인 DSM-5에서 직접 발췌한 것들이다. 또한 이 시리즈의 각 서적에는 DSM-5 가이드북, DSM-5 임상사례집, 그리고 DSM-5 확인 문제집에서 발췌된 내용들이 수록되어 있다. 결과적으로, 이 시리즈의 각 권에서는 독자들에게 DSM-5 장애의 각 범주에 대해 독특하게 소개하고 있고 DSM-5 장애들에 관한 각자의 지식을 확인해 볼 수 있는 기회를 제공하고 있다.

DSM-5 가이드북 Guidebook은 임상가와 연구자들에게는 DSM-5 장애에 대한 로드맵 역할을 한다. 이 부분은 DSM-5의 내용을 명확하고 이해하기 쉽게 제시함으로써 정신건강 전문가들에게 개정된 진단기준의 사용방법을 알려 주는 한편, 임상적 활용을 위한 실질적인 내용을 제공하고 있다. 이 책은 DSM-IV-TR과 비교할 때, 진단범주의 임상적 적용에 매우 심각하게 영향을 줄 수 있는 DSM-5에서 개정된 내용에 초점을 맞춤으로써 DSM 진단범주에 대한 신선한 조망을 제공하고 있다.

DSM-5 임상사례집 Clinical Cases에는 특정 범주에 속하는 장애 진단기준의 전형적인 예가 될 수 있는 다양한 환자에 대한 사례들이 제시되어 있다. **DSM-5 임상 사례집**은 교사, 학생, 그리고 임상가들을 위해 DSM-5를 살아 움직이게 하고 있다. 이 책은 증상, 심각도, 동반이환, 발병 연령을 포함한 진단 개념, 여러 장애에 포괄적으로 적용되는 범주, 그리고 성별과 문화적 차이에 따른 시사점에 대해 독자들의 이해를 돕는다.

DSM-5 확인문제의 문항들은 DSM-5에서 변화된 개념, 진단에 대한 특정 변화, 그리고 진단기준에 대한 독자들의 지식을 확인해 보기 위해 집필되었다. 각 문항에는 정답의 근거에 대한 설명과 진단분류, 진단범주 세트, 진단명, 부호, 심각도, 문화, 연령, 그리고 성별에 관한 중요한 정보가 담겨 있는 짤막한 해설이 포함되어 있다. 문항들은 다양한 시험 준비에 도움이 될 것이다.

DSM-5 Selections 시리즈는 DSM-5 또는 내용의 일부를 발췌한 다른 서적들을 대체하기 위해 출간된 것이 아니다. 다만, 이 시리즈는 독자들에게 특정 장애의 범주와 직접적으로 관련 있는 핵심 자료들을 선사하기 위한 것이다. 만일 특정 장애나 장애 범주에 관해 더 많은 정보가 필요하다면, APP 교재나 임상 편람을 참조해 볼 것을 권한다. APP 출판물 전체 목록은 www. appi.org에서 확인할 수 있다.

Robert E. Hales, M.D.
편집장

차 례

머리말

수면-각성장애sleep-wake disorders는 건강을 잃게 하고 수명을 단축시킨다. 이 장애는 미국 내에서만 5~7천만 명이 이 장애를 겪고 있는 것으로 추산될 정도로 널리 퍼져 있다. 불면증 증상은 일반 인구의 33%, 폐쇄성 수면무호흡증은 약 5%, 그리고 하지불안증후군은 5~15%에게서 나타나고 있다.

수면-각성장애는 정신과 의사 또는 일차 진료 의사에게 진료를 받고 있는 환자들에게서 흔하다. 많은 수면-각성 호소 내용은 다른 정신의학적 또는 의학적 상태에 이차적이다. DSM-5는 수면장애를 다루고 있는 3가지 분류체계들 중 하나다. 다른 2가지 분류체계로는 수면의학 전문의들이 자주 사용하는 『국제수면장애분류체계International Classification of Sleep Disorders, 제3판(ICSD-3)』과 치료비 청구 목적으로 사용되는 『국제질병분류체계International Classification of Diseases(ICD)』가 있다. ICSD-3에는 8개의 일반 범주에 80개 이상의 수면-각성장애가 수록되어 있다. DSM-5에는 (다양한 "달리 명시된" 또는 "명시되지 않는" 장애들 외에) 8개의 수면-각성장애 또는 장애 집단들[① 불면장애, ② 과다수면장애, ③ 기면증, ④ 호흡관련 수면장애(폐쇄성 수면무호흡 저호흡, 중추성 수면무호흡증, 수면관련 환기저하 포함), ⑤ 일주기리듬 수면-각성장애, ⑥ 사건수면(NREM수면각성장애, 악몽장애, REM수면 행동장애 포함), ⑦ 하지불안 증후군, ⑧ 물질/치료약물로 유발된 수면장애]이 포함되어 있다.

출처: Reite M, Weissberg M: "Sleep-Wake Disorders", in *The American Psychiatric Publishing Textbook of Psychiatry*, 6th Edition. Edited by Hales RE, Yudofsky SC, Roberts LW. Washington, DC, American Psychiatric Publishing, 2014, pp. 607-644.

정신과 의사들은 오래전부터 수면과 정신건강/질환의 밀접한 연관성을 인식해 왔다. 우울증은 흔히 수면장해를 동반한다. 치료되지 않은 불면증은 우울증으로 이어질 수 있다. 수면장해sleep disturbance는 정신병적 장애의 전조가 되고, 수면 소실sleep loss은 조증 삽화를 촉발시킬 수 있다. 수면문제는 흔히 다른 건강문제로 이어진다. 수면 개시의 어려움, 개운하지 않은 수면, 또는 코골이는 대사증후군 발달의 전조가 된다. 장기적인 수면박탈은 건강 악화의 기여 요인이다. 폐쇄성 수면무호흡증이 있는 환자들은 관상동맥 질환의 발생 가능성이 높다. 교대근무에서 볼 수 있는 것처럼, 수면 제한과 일주기 붕괴의 결합은 특히 대사 조절곤란 문제가 될 수 있다.

수면-각성장애는 널리 퍼져 있음에도, 흔히 임상가가 이에 대해 문진하지 않으면 탐색되지 않은 채로 남아 있게 된다. 환자들은 자신들의 수면장해를 "잠을 이룰 수 없어요." 또는 "이 사람이 너무 코를 골아서 잠들 수가 없어요."라는 말로 묘사할 수 있다. 불면증, 과도한 주간 졸림, 그리고 교란된 수면행동처럼 장애가 생긴 수면의 일차 증상은 보통 특정 진단을 지칭하지 않는다. 예를 들어, 졸음을 호소하는 사람들 중에는 밤에 수면을 취할 수 없거나 주간에 낮잠을 잘 수 없기 때문에 실제로 피로해하는 사람들이 있을 수 있다. 그런가 하면, 일주기 각성 증상에 맞추어 잠을 자지 않고, 주로 밤에 일하는 사람들도 있다. 이러한 사람들은 불면증과 다른 수면-각성장애를 발달시킬 수 있다. 수면-각성장애와 정신의학적 질환 사이의 상관관계로 인해 일단의 진단적 함정이 생긴다. 예를 들어, 우울증이 졸림과 불면증의 원인이 될 수 있지만, 우울증과 불면증은 독립적으로 공존할 수 있고, 분리된 평가가 필수로 요구될 수 있다. 더욱이 불면장애는 다양한 원인이 있어서 환자들은 흔히 다양한 수면장해를 겪게 된다.

수면-각성장애의 공통점과 다른 정신병적 장애와의 동반이환된다는 점에 여기서 제시되는 자료들은 다양한 분야에서 전문성을 갖춘 임상가들에게 유용할 것이다. 환자가 수면장해를 호소하는 경우, 다른 정신병적 장애의 이차적인 증상으로 짐작해서는 안 된다. 이는 추후 평가가 요구되는 일차성 질환일 수 있기 때문이다.

DSM-IV-TR에서 DSM-5로의 변화 강조점

동시에 발생하는 공존질환의 명시에 대한 DSM-5의 규정 때문에 다른 정신장애와 관련 있는 수면장애와 일반적인 의학적 상태로 인한 수면장애는 DSM-5에서 제외되었다. 그리고 각 수면-각성장애에는 공존질환에 대한 보다 상세한 설명이 제시되어 있다. 이러한 변화는 개인에게 의학적 및 정신장애의 발현 외에 독립적인 임상적 주의를 요하는 수면-각성장애가 있음을 강조하는 한편, 수면장애와 공존하는 의학적 장애와 정신장애들 사이의 양방향성 및 상호작용 효과를 인정한 것이다. 이러한 재개념화는 수면장애 의학 분야에서 널리 받아들여지고 있는 패러다임의 전환을 반영한 것이다. 그것은 공존장애들 사이에 인과적 귀인을 하는 것에서 벗어나는 것이다. 다른 정신장애와 관련된 수면장애와 다른 의학적 상태로 인한 수면장애에 대한 이전의 진단범주들로부터의 추가적인 관련 정보들은 적절한 지점에서 다른 수면-각성장애로 통합되었다.

결과적으로, DSM-5에서 일차성 불면증의 진단은 일차성 불면증과 이차성 불면증의 감별을 피하기 위해 불면장애insomnia disorder로 개칭되었다. 또한 현재 하이포크레틴 결핍과 연관이 있는 것으로 알려진 기면증narcolepsy은 다른 과다수면증hypersomnolence 형태와 구분된다. 이러한 변화는 이러한 재조직을 타당화한 신경생리학적 · 유전적 증거에 기초한 것이다. 끝으로, 수면-각성장애의 DSM-5 분류에 있어서 소아 및 발달적 진단범주와 본문이 통합되었는데, 이는 기존의 과학과 임상적 유용성을 고려한 것이 이러한 통합을 지지하고 있기 때문이다. 이러한 발달적 조망은 임상적 발현에서의 연령 의존적 변이를 포함한 것이다.

호흡관련 수면장애

DSM-5에서 호흡관련 수면장애breathing-related sleep disorders는 3가지 상대적으로 구별되는 장애(① 폐쇄성 수면 무호흡 저호흡, ② 중추성 수면무호흡증, ③ 수면관련 환기저하)로 나뉜다. 이러한 변화는 이 장애가 새로 만들어지는 데 있어서 병태생리학에 대한 높아진 이해 수준을 반영한 것이고, 치료계획과 관련이 있다.

일주기리듬 수면-각성장애

일주기리듬 수면-각성장애circadian rhythm sleep-wake disorders의 아형은 앞당겨진 수면위상형, 불규칙한 수면-각성형, 그리고 비24시간 수면-각성형을 포함할 수 있을 정도로 확대된 반면, 시차형jet lag type은 삭제되었다.

REM수면 행동장애와 하지불안 증후군

DSM-IV에서의 "달리 명시되지 않는" 진단은 REM수면 행동장애와 하지불안 증후군을 독립적인 장애로 지정함으로써 사용이 감소되었다. DSM-IV에서 이 2가지 장애는 "달리 명시되지 않는 수면곤란증dyssomnia"에 포함되어 있었다. 이들의 완전한 진단적 지위는 연구 증거로 뒷받침된 것이다.

DSM-5® 수면-각성장애: ICD-9-CM 및 ICD-10-CM 부호

장애	ICD-9-CM	ICD-10-CM
불면장애	307.42	F51.01
과다수면장애	308.44	F51.11
기면증		
탈력발작이 없지만 하이포크레틴 결핍증이 있는 기면증	347.00	G47.419
탈력발작이 있지만 하이포크레틴 결핍증이 없는 기면증	347.01	G47.411
상염색체 우성 소뇌실조, 난청 및 기면증	347.00	G47.419
상염색체 우성 기면증, 비만 및 제2형 당뇨	347.00	G47.419
다른 의학적 상태로 인한 이차성 기면증	347.10	G47.429
호흡관련 수면장애		
폐쇄성 수면 무호흡 저호흡	327.23	G47.33
중추성 수면무호흡증		
특발성 중추성 수면무호흡증	327.21	G47.31
체인 스토크스 호흡	786.04	R06.3
아편계 사용과 동반이환된 중추성 수면무호흡증	780.57	G47.37
수면관련 환기저하		
특발성 환기저하	327.24	G47.34
선천성 중추성 폐포 환기저하	327.25	G47.35
동반이환된 수면관련 환기저하	327.26	G47.36
일주기리듬 수면-각성장애		
뒤처진 수면위상형	307.45	G47.21
앞당겨진 수면위상형	307.45	G47.22
불규칙한 수면-각성형	307.45	G47.23
비24시간 수면-각성형	307.45	G47.24
교대근무형	307.45	G47.26
명시되지 않는 유형	307.45	G47.20

사건수면		
NREM수면 각성장애		
수면보행증형	307.46	F51.3
야경증형	307.46	F51.4
악몽장애	307.47	F51.5
REM수면 행동장애	327.42	G47.52
하지불안 증후군	333.94	G25.81
물질/치료약물로 유발된 수면장애	아래 표 참조	
달리 명시된 불면장애	780.52	G47.09
명시되지 않는 불면장애	780.52	G47.00
달리 명시된 과다수면장애	780.54	G47.19
명시되지 않는 과다수면장애	780.54	G47.10
달리 명시된 수면-각성장애	780.59	G47.8
명시되지 않는 수면-각성장애	780.59	G47.9

물질/치료약물로 유발된 수면장애

		ICD-10-CM		
	ICD-9-CM	사용장애 경도	사용장애 중등도 또는 고도	사용장애 없음
알코올	291.82	F10.182	F10.282	F10.982
카페인	292.85	F15.182	F15.282	F15.982
대마	292.85	F12.188	F12.288	F12.988
아편계	292.85	F11.182	F11.282	F11.982
안정제, 수면제, 또는 항불안제	292.85	F13.182	F13.282	F13.982
암페타민(또는 기타 자극제)	292.85	F15.182	F15.282	F15.982
코카인	292.85	F14.182	F14.282	F14.982
담배	292.85	해당사항 없음	F17.208	해당사항 없음
기타(또는 미상의) 물질	292.85	F19.182	F19.282	F19.982

01

수면-각성장애

정신질환의 진단 및 통계 편람, 제5판

수면-각성장애의 DSM-5 분류는 (성인, 노인, 아동 환자를 치료하는) 일반 정신건강 및 임상가들을 위해 만들어졌다. 수면-각성장애에는 10개의 장애 또는 장애군(① 불면장애, ② 과다수면장애, ③ 기면증, ④ 호흡관련 수면장애, ⑤ 일주기리듬 수면-각성장애, ⑥ NREM수면 각성장애, ⑦ 악몽장애, ⑧ REM수면 행동장애, ⑨ 하지불안 증후군, ⑩ 물질/치료약물로 유발된 수면장애)이 있다. 이런 장애가 있는 사람들은 전형적으로 수면의 질과 시간대와 양에 대한 불만족감을 호소한다. 그로 인한 낮시간의 고통과 손상의 발생이 모든 수면-각성장애의 핵심 양상이다.

이 장의 구성은 수면-각성 증상들의 감별진단이 용이하고, 추가적인 평가 및 치료계획 수립을 위해 수면 전문가에게 의뢰해야 하는 시기를 명확하게 할 수 있도록 고안되어 있다. DSM-5 수면장애 질병분류에는 간단하고 임상적으로 유용한 접근법이 사용되고 있고, 동시에 DSM-IV 이후의 역학epidemiology, 유전학, 병태생리학pathophysiology, 평가 및 중재 연구들의 과학적 성과가 반영되어 있다. 어떤 경우(예, 불면장애)에는 "포괄적" 접근법이 적용되었고, 다른 경우(예, 기면증)에는 역학적 · 신경생물학적 · 중재 연구로부터 얻어진 유효한 성과를 반영하여 "분류적" 접근법이 사용되었다.

수면장애는 흔히 치료계획 수립과 실제 치료에서 반드시 고려되어야 할 우울, 불안, 인지 변화를 동반한다. 더욱이 지속적인 수면장해(불면과 과도한 졸림)는 이후의 정신질환과 물질사용장애 발생의 위험요인으로 알려져 있다. 수면장애는 정신질환 삽화의 전구기 증상으로 나타나기도 하므로, 삽화의 진행을 선제적으로 막거나 진행된 삽화를 경감시키는 초기 중재를 가능하게 하는 역할을 한다.

수면-각성 문제에 대한 감별진단을 위해서는 다차원적인 접근이 필요하고, 공존 가능성이 있는 내과적 · 신경과적 상태를 고려해야 한다. 다른 임상적 문제를 동반하는 것은 상당히 흔하다. 수면장해는 임상적으로 우울증 및 기타 흔한 정신 질환을 동반하는 의학적 · 신경과적 질환의 유용한 지표로 사용된다. 이러한 동반 질환으로는 호흡관련 수면장애, 심장과 폐의 장애(예, 울혈성 심부전, 만성 폐쇄성 호흡질환), 신경퇴행성 질환(예, 알츠하이머병), 근골격계 장애(예, 골관절염)가 흔하다. 이러한 장애들은 수면을 방해할 뿐만 아니라 수면 중 증상이 악화되기도 한다(예, REM수면 중 무호흡이 길어지거나 심장부정맥 발생, 치매 환자에서 혼돈 각성, 복합 부분발작 환자에서 발작). REM수면 행동장애는 흔히 파킨슨병과 같은 신경퇴행성 질환(알파 시누클레인성 변성alpha synucleinopathies)의 초기 지표가 된다. 감별진단, 동반이환, 치료계획의 용이함 등의 여러 가지 이유로 인해 수면장애가 DSM-5에 포함되었다.

DSM-5의 수면-각성장애의 분류에 대한 접근법은 "포괄적lumping 대 분류적splitting" 맥락에서 이해할 수 있다. DSM-IV는 수면-각성장애 분류를 단순화하려고 노력했기 때문에 보다 넓고 덜 감별 분류하는 방향으로 진단을 묶었다. 다른 극단의 접근으로, 『국제수면장애진단분류 제2판 International Classification of Sleep Disorders, 2nd Edition(ICSD-2)』은 많은 다양한 진단적 아형을 상술하였다. DSM-IV는 수면의학을 전문으로 하지 않은 정신건강 및 일반 임상가들을 위해 마련된 것이며, ICSD-2는 수면 전문가 집단의 의견과 과학적 연구 성과를 반영하여 수면 전문가용으로 마련된 것이다.

현재까지 얻어진 근거들은 수면-각성장애 진단에 있어서 보다 간단하고 덜 감별하는 접근법이 우수하다는 것(평가자 간 신뢰성뿐만 아니라 집중성, 판별성, 안면타당도 측면에서)을 보여 준다. 각각의 DSM-5 수면-각성장애 진단기준 세트와 관련 본문 내용은 그에 상응하는 ICSD-2 장애들과 연결된다. 또한 『국제질병분류체계 International Classification of Diseases(ICD)』에서 상응하는 비정신과적 질병목록(예, 신경과학 부호[G 부호])도 명시하였다.

수면장애의학 분야는 DSM-IV 발간 시부터 이러한 방향을 지켜 왔다. 특히 기면증과 같은 과도한 졸림장애, 정규 수면검사(예, 수면다원검사)를 필요로 하는 호흡관련 수면장애, 수면 중 주기성 사지운동증이 흔히 나타나 이를 수면다원검사로 찾을 수 있는 하지불안 증후군 등의 예와 같이, 생물학적 유용성 평가도구의 사용이 현재 수면-각성장애의 DSM-5 분류에 깊이 관여되어 있다.

불면장애

Insomnia Disorder

진단기준 **307.42 (F51.01)**

A. 수면의 양 또는 질의 현저한 불만족감으로 다음 중 한 가지 이상의 증상과 연관된다.

1. 수면 개시의 어려움(아동의 경우, 보호자의 중재 없이는 수면 개시가 어려운 것으로 나타나기도 함)
2. 수면유지의 어려움으로 자주 깨거나 깬 뒤에 다시 잠들기 어려운 양상으로 나타남(아동의 경우, 보호자의 중재 없이는 다시 잠들기 어려운 것으로 나타나기도 함)
3. 이른 아침 각성하여 다시 잠들기 어려움

B. 수면장해가 사회적, 직업적, 교육적, 학업적, 행동적 또는 다른 중요한 기능 영역에서 임상적으로 현저한 고통이나 손상을 초래한다.

C. 수면문제가 적어도 일주일에 3회 이상 발생한다.

D. 수면문제가 적어도 3개월 이상 지속된다.

E. 수면문제는 적절한 수면의 기회가 주어졌음에도 불구하고 발생한다.

F. 불면증이 다른 수면-각성장애(예, 기면증, 호흡관련 수면장애, 일주기리듬 수면-각성장애, 사건수면)로 더 잘 설명되지 않으며, 이러한 장애들의 경과 중에만 발생하지는 않는다.

G. 불면증은 물질(예, 남용약물, 치료약물)의 생리적 영향으로 인한 것이 아니다.

H. 공존하는 정신질환과 의학적 상태가 현저한 불면증 호소를 충분히 설명할 수 없다.

다음의 경우 명시할 것:

비수면장애 정신질환 동반이환 동반, 물질사용장애 포함

기타 의학적 상태 동반이환 동반

기타 수면장애 동반

부호화 시 주의점:

부호 307.42(F51.01)는 3가지 명시자에 모두 적용할 수 있다. 관련 정신질환, 의학적 상태 또는 기타 수면장애에 대해 관련성을 기술하기 위해 불면장애 부호 바로 뒤에 부호를 기재한다.

다음의 경우 명시할 것:

삽화성: 증상이 적어도 1개월 이상, 3개월 미만으로 지속된다.

지속성: 증상이 3개월 이상 지속된다.

재발성: 2회 이상의 삽화가 1년 내에 발생한다.

주의점: 급성 및 단기 불면증(예, 빈도, 강도, 고통 및/또는 손상을 고려하였을 때 모든 진단기준을 만족하나 증상이 3개월 이내로 지속될 경우)은 달리 명시된 불면장애로 부호화한다.

주의점: 불면장애는 독립적인 상황에서 발생하는 경우에도 진단되며, 다른 정신질환(예, 주요우울장애), 의학적 상태(예, 통증), 또는 기타 수면장애(예, 호흡관련 수면장애)와 동반이환 되는 경우에도 진단된다. 예를 들어, 불면증이 불안 및 우울 증상을 동반하는 경과를 보일 수 있으나, 특정 정신질환의 진단기준을 만족하지 못할 수 있다. 불면증이 좀 더 두드러진 정신질환의 임상 양상의 하나로 나타날 수도 있다. 지속적인 불면증이 우울증의 위험요소가 될 수도 있고, 우울증 치료 후 흔한 잔류기 증상일 수도 있다. 동반이환된 불면증과 정신질환이 있는 경우, 2가지 상태 모두 치료목표가 될 수 있다. 이렇게 다양한 경과가 존재하므로, 이러한 임상적 상태들 간 관계의 정확한 특성을 규명하는 것은 거의 불가능하다. 그러므로 불면증과 동반이환된 장애가 있는 경우, 두 질환들 간의 인과관계 확인이 꼭 필요한 것은 아니다. 오히려 임상적으로 동반된 공존질환을 명시한 상태에서 불면장애를 진단한다. 공존 불면증 진단은 불면증이 충분히 심각하여 독립적인 임상적 관심이 필요한 경우에만 고려된다. 그렇지 않을 경우에는 따로 진단할 필요는 없다.

진단적 특징

불면장애의 필수 증상은 수면 개시나 유지의 어려움 호소를 동반한 수면의 양 또는 질의 불만족감이다. 수면곤란은 사회적, 직업적, 또는 다른 중요한 기능 영역에서 임상적으로 현저한 고통이나 손상을 동반한다. 수면장해는 다른 정신질환이나 의학적 상태의 경과 중에 발생할 수 있고, 혹은 독립적으로 발생할 수도 있다.

불면증의 여러 양상은 수면 주기 중 다른 시간대에 발생할 수 있다. 수면 개시 불면증sleep-onset insomnia(또는 초기 불면증)은 잠자리에 들 때 수면 시작이 어려운 것을 말한다. 수면유지 불면증sleep maintenance insomnia(또는 중기 불면증)은 밤시간 동안 빈번하게 혹은 지속적으로 각성되는 것을 말한다. 후기 불면증late insomnia은 이른 아침 각성되고, 다시 잠들기 어려운 것을 말한다. 수면유지 문제는 불면증의 가장 흔한 단일 증상으로, 이후 잠들기가 어려운 증상이 뒤따르고, 결국 이들 증상이 함께 나타나는 것이 가장 흔한 양상이다. 수면 증상의 특정 유형은 시간에 따라 다양하다. 한때는 수면 개시의 어려움만을 호소하였던 개인이 나중에는 수면유지의 어려움을 호소할 수 있고, 반대로 수면유지의 어려움만을 호소하였던 개인이 나중에는 수면 개시의 어려움을 호소할 수도 있다. 수면 개시의 어려움과 수면유지의 어려움은 개인의 후향적 자기보고, 수면일지, 또는 활동기록기나 수면다원검사와 같은 기타 방법에 의해 정량화할 수 있다. 그러나 불면장애의 진단은 수면에 대한 환자의 주관적인 지각이나 보호자의 보고에 근거하여 이루어진다.

비회복성 수면nonrestorative sleep은 충분한 시간 동안 수면을 취했음에도, 일어났을 때 피로가 풀리지 않은 느낌을 주는 수면의 질 저하로, 수면 개시나 유지의 어려움과 관련되어 발생하고 단독으로 발생하는 경우는 드물다. 또한 이 증상은 다른 수면장애(예, 호흡관련 수면장애)와 관련하여 보고될 수도 있다. 만약 비회복성 수면이 독립적으로(예, 수면 개시 및/또는 수면유지의 어려움 없이) 발생하였으나 빈도, 기간, 낮시간 고통 및 손상을 고려하였을 때 모든 진단기준을 만족한다면, 달리 명시된 불면장애 혹은 명시되지 않는 불면장애로 진단할 수 있다.

진단을 내리기 위한 빈도와 기간에 대한 진단기준 외에도, 추가적인 기준이 불면증의 심각도를 정량화하기 위해 사용된다. 이런 정량기준은 임의적인 것으로, 예를 들기 위한 목적으로만 사용된다. 그 예로, 수면 개시 문제는 주관적인 수면잠복기가 20~30분 이상인 경우로 정의되고, 수면유지 문제는 수면 개시 이후에 20~30분 이상의 주관적인 각성으로 정의된다. 이른 아침 각성을 정의하는 기준은 없지만, 이 증상은 예정된 각성시간보다 30분 이상 일찍 깨거나 전체 수면시간이 6시간 30분이 안 되어 깨는 경우다. 이때 마지막 각성시간뿐만 아니라 전날 저녁 잠자리에 든 시간도 필수적으로 고려되어야 한다. 새벽 4시에 깨는 것이 오후 9시에 잠드는 사람과 오후 11시에 잠드는 사람에게서 같은 임상적 심각성을 의미하지는 않는다. 수면유지는 능력이 연령에 따라 감소하고, 주 수면기간^main sleep period^의 시간대가 연령에 따라 변하기 때문에, 이런 양상도 증상 판단에 고려되어야 한다.

불면장애^insomnia disorder^는 야간의 수면문제뿐 아니라 주간 손상도 가져온다. 여기에는 피로, 덜 흔하게는 주간 졸림이 있다. 주간 졸림은 노인에게 있어서 좀 더 흔하고, 불면증은 다른 의학적 상태(예, 만성 통증)나 수면장애(예, 수면무호흡)가 동반이환되었을 때 흔하다. 인지능력의 손상으로 주의, 집중, 기억력, 심지어 단순한 손동작 수행 능력의 저하가 발생할 수 있다. 관련된 기분장애로는 전형적으로 과민해지거나 기분의 변동성이 커지고, 때로는 우울이나 불안 증상이 발생하기도 한다. 야간 수면장해를 겪는 모든 환자가 고통을 받거나 기능 손상이 발생하는 것은 아니다. 예를 들면, 수면의 연속성은 스스로 잠을 잘 자는 사람이라고 생각하는 건강한 성인이라도 중단될 수 있다. 불면장애의 진단은 야간 수면문제와 관련하여 현저한 낮시간 고통이나 손상이 발생한 경우에 한해야 한다.

진단을 뒷받침하는 부수적 특징

불면증은 흔히 생리적·인지적 각성과 수면을 방해하는 조건화 요인을 동반한다. 수면에 대한 몰두와 잠들지 못하는 데 대한 고통은 악순환된다. 잠을 자려고 할수록, 좌절감이 더 잠을 이루지 못하게 한다. 그러므로 정상적인 수면 개시 기전을 무시하는 수면에 대한 과도한 관심과 노력은 불면증을 유발한다. 또한 지속적으로 불면증이 있는 사람은 부적응적인 수면 습관(예, 침대에서 많은 시간을 보내는 것, 불규칙한 수면일정, 낮잠)이나 부적응적인 인지(예, 불면에 대한 공포, 낮시간 기능 손상에 대한 우려, 시간 확인)가 장애의 경과 중에 형성될 수 있다. 잠 못 이루는 밤을 보내는 환경에서 그러한 행동을 하는 것은 조건화된 각성을 더 악화시키고 수면문제를 지속시킨다. 반대로, 잠을 이루려고 노력하지 않으면 좀 더 쉽게 잠들 수 있다. 어떤 개인은 자신의 침실이 아닌 곳에서 잠들 때 오히려 잠이 더 잘 온다고 보고한다.

불면증은 다양한 주간 호소와 피로감, 기력 저하, 기분장애 같은 다양한 증상과 동반되기도 한다. 특정 정신질환의 진단기준을 충족시키지 않는 불안 또는 우울 같은 증상이 나타나기도 하고, 낮시간의 기능에 미치는 수면부족의 영향에 과도한 관심을 보이기도 한다.

불면증이 있는 사람들은 자기보고식 심리검사나 성격검사에서 경증의 우울이나 불안, 걱정이 많은 인지 양상, 감정 중심의 내재화 방식의 갈등 해소 및 신체에 몰두하는 양상의 항목에서 높은 점수를 보일 수 있다. 불면장애가 있는 사람의 경우, 신경인지 기능의 손상 양상의 일관성은 없으나, 복잡성을 요하거나 수행 전략을 자주 바꾸어야 하는 과제를 수행하는 데 있어서의 손상이 있을 수 있다. 불면증이 있는 사람들은 흔히 인지능력 유지에 많은 노력이 요구된다.

유병률

인구 기반 추정 시, 성인의 1/3이 불면증을 호소하고, 10~15%는 낮시간 손상을 경험하며, 6~10%는 불면장애 진단기준에 부합된다. 불면장애는 전체 수면장애들 중에서 유병률이 가장 높다. 일차 진료에서 약 10~20%의 환자가 심한 불면 증상을 호소한다. 불면증은 남성보다 여성의 유병률이 높고, 여성 대 남성의 성비는 약 1.44:1이다. 불면증이 하나의 증상일 수도 있고 독립적인 장애일 수도 있으나, 다른 의학적 상태나 정신질환과 동반이환된 상태로 관찰되는 경우가 가장 흔하다. 예를 들어, 40~50%의 불면증 환자는 동반이환된 정신질환도 있다.

발달과 경과

불면증은 일생 중 어느 시기에나 발생할 수 있으나, 첫 번째 삽화는 성인기 초기에 더욱 흔하다. 드물게는 아동기 또는 청소년기에 불면증이 시작되기도 한다. 여성의 경우, 폐경기에 불면증이 새로 발생할 수 있고, 다른 증상들(예, 홍조)이 해소된 후에도 불면증이 지속되기도 한다. 흔히 다른 건강관련 상태의 발생과 관련하여 늦은 연령에 불면증이 발생하기도 한다.

불면증은 일시적, 지속적, 또는 반복적일 수 있다. 일시적 또는 급성 불면증은 보통 수일에서 수 주가량 증상이 지속되고, 생활사, 수면일정, 또는 수면환경의 급격한 변동과 관련이 있는 경우가 흔하다. 이 경우, 처음의 유발사건이 사라지면 증상은 해소된다. 수면장해에 좀 더 취약한 것으로 생각되는 일부 개인의 경우에는 초기 유발사건 이후에도 불면증이 오래 지속되기도 하는데, 이는 조건화 요인과 증가된 각성 때문일 것이다. 불면증 유발요인은 불면증 지속 요인과는 다르다. 예를 들면, 통증이 심한 부상으로 병상에 누워 수면곤란을 겪는 개인의 경우, 수면에 있어서 부정적인 연관이 발생할 수 있다. 조건화된 각성이 계속될 수 있고, 이로 인해 불면증이 지속될 수 있다. 급성 심리적 압박감 또는 정신질환의 기간 동안 발생되는 불면증에서도 비슷한 과정이 일어날 수 있다. 예를 들면, 주요우울장애의 삽화 동안 발생한 불면증이 부적 조건화를 가져오게 되고, 우울 삽화가 해결된 후에도 오랫동안 지속될 수 있다. 일부 경우에는 불면증이 명확한 유발요인 없이 점진적으로 발생할 수도 있다.

불면증의 경과는 스트레스 발생과 관련하여 나타나는 수면문제의 반복적 삽화로 나타날 수도 있다. 1~7년 추적관찰 결과, 만성화율이 45~75%로 나타났다. 불면증의 경과가 만성화되었다 하더라도 밤마다 수면 양상은 변동성이 있고, 수일간의 좋지 않은 수면 사이에 때로 편안한 수면을 취하는 밤이 섞여 있다. 불면증의 특성은 시간이 지남에 따라 변하기도 한다. 불면증이 있는 많은 사람은 좀 더 지속적인 수면문제가 발생하기 전에 선잠에 들거나 쉽게 잠을 깨는 경험을 했던 과거력이 있다.

불면증의 유병률은 중장년층에서 더 높다. 불면증의 유형은 연령에 따라 변하는데, 청년기에는 수면 개시 곤란이 더 흔하고, 중장년층에서는 수면유지 문제가 더 흔히 발생한다.

수면 개시 및 유지의 어려움은 아동과 청소년들에게서도 발생할 수 있는데, 이 발달시기의 유병률, 위험요인, 동반이환에 대해서는 잘 알려져 있지 않다. 아동의 수면문제는 조건화된 요인(예, 부모 없이 수면을 취하는 훈련을 받지 않은 아동)이나 일관된 수면일정 및 취침 전 일상행동bedtime routine이 없음으로 인해 발생할 수 있다. 청소년의 불면증은 불규칙한 수면일정(예, 위상 지연)에 의해 유발되거나 악화될 수 있다. 아동과 청소년들에게 있어서 모두 심리적·의학적 요인이 불면증에 기여할 수 있다.

노인 불면증의 유병률 증가는 노화에 따른 높은 신체건강 문제의 발생에 의해 일부 설명된다. 정상적인 발달과정에 따른 수면 양상의 변화와 연령에 따른 것을 넘어서는 수면 양상의 변화는 반드시 구별되어야 한다. 수면다원검사가 불면증의 일상적 검사로서는 제한적이지만, 불면증의 병인(예, 수면무호흡)이 노인에서는 더 흔히 확인 가능하다는 점을 고려할 때, 노인 인구에서 불면증의 감별진단에는 수면다원검사가 유용할 것이다.

위험 및 예후 요인

이 부분에서 다룰 위험요인과 예후요인이 불면증의 취약성을 증가시키는 반면, 이러한 성향이 있는 개인들이 주요 생활사건(예, 질병, 이별)이나 덜 심각하지만 만성적인 일상적 스트레스와 같은 유발사건에 노출되었을 때 수면장해가 일어날 가능성이 크다. 대부분의 사람들은 처음 불면증을 유발했던 사건이 없어지면 정상적인 수면양상으로 되돌아가지만, 불면증에 취약한 일부 사람들은 수면문제가 지속된다. 잘못된 수면습관, 불규칙한 수면일정, 잠 못 이루는 데 대한 걱정과 같은 지속요인들은 불면문제에 영향을 주고 지속적으로 불면증을 유발하게 되는 악순환에 기여하게 된다.

기질적. 불안 또는 걱정하는 경향이 있는 성격이나 인지 양상, 과각성 성향, 감정 억제 경향성은 불면증에 대한 취약성을 높일 수 있다.

환경적. 소음, 빛, 불편할 정도로 높거나 낮은 온도, 고지대는 마찬가지로 불면증에 대한 취약성을 증가시킬 수 있다.

유전적 · 생리적. 여성과 나이 드는 것은 불면증에 대한 취약성 증가와 관련이 있다. 혼란이 야기된 수면과 불면증에 대한 소인은 가족력이 있다. 불면증의 유병률은 이란성 쌍생아보다 일란성 쌍생아에서 더 높다. 또한 일반 인구에서보다 일차 가족에서 불면증의 유병률이 더 높다. 이러한 관련성이 유전적 소인에 의한 것인지, 부모의 행동을 따라 배운 것인지, 또는 다른 정신병리의 부산물로서 나타나는 것인지는 아직 명확하지 않다.

경과의 변경인자. 유해한 경과의 변경인자modifiers로는 불량한 수면위생 실행(예, 과도한 카페인 사용, 불규칙한 수면일정)이 있다.

성별과 관련된 진단적 쟁점

불면증 호소는 남성보다 여성에게서 많고, 첫 발병은 보통 출산이나 폐경기와 관련이 있다. 노인 여성에게서 유병률이 더 높음에도 불구하고, 수면다원검사상 수면연속성과 서파수면은 노인 남성보다 노인 여성에게서 더 자주 나타난다.

진단적 표지자

수면다원검사polysomnography에서 수면연속성(예, 수면잠복기 및 수면 개시 후 각성시간의 증가와 수면효율[취침 중 실제 수면을 취한 비율]의 감소)의 손상을 흔히 관찰할 수 있고, 1단계 수면의 증가와 3, 4단계 수면의 감소를 관찰할 수 있다. 수면손상의 심각도가 개인의 임상 양상이나 불량한 수면에 대한 주관적인 호소와 항상 잘 맞는 것은 아니다. 왜냐하면 불면증이 있는 사람들은 흔히 수면다원검사 결과에 비해 수면시간을 과소평가하고 각성을 과대평가하기 때문이다. 정량 뇌파분석quantitative electroencephalographic analyses은 불면증 환자들이 잠을 잘 자는 사람들에 비해 수면 개시 기간과 비급속안구운동 수면기간 모두에서 고주파 뇌파 파워의 증가를 보이는데, 이는 뇌피질의 각성이 증가되어 있다는 것을 시사한다. 수면장애가 없는 사람들과 비교하였을 때, 불면장애가 있는 환자들은 객관적인 수면 검사실 설문에서 수면성향은 낮지만, 전형적으로 주간 졸림이 증가된 양상을 보이지는 않는다.

여러 검사실 측정에서 일관되지는 않지만, 증가된 각성과 시상하부^hypothalamic^–뇌하수체^pituitary^–부신 축^adrenal axis^의 전반적인 활성(예, 코르티솔 수치, 심장 박동 변동성, 스트레스에 대한 반응성, 대사율의 증가)을 관찰할 수 있다. 일반적으로, 이러한 결과는 생리적 및 인지적 각성의 증가가 불면장애에서 중요한 역할을 한다는 가설에 부합된다.

불면장애가 있는 환자들은 피로하거나 초췌한 모습을 보이거나, 반대로 과각성되고 초조한 모습을 보이기도 한다. 그러나 이런 모습에는 일관성이 없고, 신체검진상 비정상적인 특징은 없다. 스트레스와 관련된 정신생리적 증상(예, 긴장성 두통, 근긴장 또는 근육통, 소화기계 증상)의 발생률은 증가할 수 있다.

불면장애의 기능적 결과

대인관계 · 사회적 · 직업적 문제는 불면증 혹은 수면에 대한 과도한 걱정, 증가된 주간 과민성, 그리고 집중력 저하로 인해 발생할 수 있다. 불면증에서 주의력 · 집중력 저하가 흔한데, 이는 높은 사고율과 관련이 있다. 지속적인 불면증은 또한 장기적인 결과와 관련이 있다. 이러한 장기적인 결과로는 주요우울장애, 고혈압, 심근경색에 대한 위험 증가, 직장에서 결근 증가와 생산성 감소, 삶의 질 저하, 경제적 부담 증가가 있다.

감별진단

정상 수면의 변이. 정상적인 수면시간은 사람에 따라 상당히 다를 수 있다. 수면을 조금밖에 필요로 하지 않는 사람들("단면가^short sleepers^")은 자신의 수면시간에 대해 염려할 수도 있다. 단면가들은 수면 개시와 유지에 어려움이 없고, 특징적인 주간 증상(예, 피로감, 집중력 문제, 과민성)이 없다는 점에서 불면증 환자들과 다르다. 그러나 일부 단면가는 좀 더 긴 시간 동안 수면을 취하고 싶어 하거나 노력할 수 있고, 침대에 오랜 시간 누워 있음으로 인해서 불면증과 유사한 수면 양상을 보일 수 있다. 임상적인 불면증은 또한 정상, 노화와 관련된 수면 변화와 구별되어야 한다. 예를 들어, 불면증은 응급상황 혹은 직업적 환경, 가족부양 의무로 인해 잠을 잘 수 없는 수면환경이나 불충분한 수면 기회로 인하여 수면박탈이 되는 것과는 반드시 구별되어야 한다.

일시적/급성 불면증. 일시적/급성 불면증은 수일에서 수 주간 지속되는 상태로, 생활사건이나 수면일정의 변화와 주로 관련이 있다. 급성 또는 단기 불면 증상은 심한 고통을 유발하거나 사회적·개인적·직업적 기능을 방해할 수 있다. 만약 이러한 증상이 충분히 자주 발생하고, 3개월이라는 기간 외에는 모든 진단기준을 충족시키는 경우, 달리 명시된 불면장애 혹은 명시되지 않는 불면장애로 진단될 수 있다.

일주기리듬 수면-각성장애의 뒤처진 수면위상형 및 교대근무형. 일주기리듬 수면-각성장애의 뒤처진 수면위상형은 사회적으로 정상적인 시간에 수면을 취하려고 할 때만 수면 개시 불면증을 호소한다. 그러나 이들은 잠드는 시간과 일어나는 시간이 지연되어 있고, 이 주기가 이들의 내부 일주기리듬과 일치할 때는 수면 개시나 유지의 어려움을 호소하지는 않는다. 교대근무형은 최근 교대근무력이 있다는 점에서 불면장애와는 다르다.

하지불안 증후군. 하지불안 증후군은 흔히 수면 개시 및 유지 장해를 유발한다. 그러나 다리를 움직이고 싶은 충동과 동반된 불쾌한 하지 감각은 불면장애와 감별할 수 있는 특징이다.

호흡관련 수면장애. 호흡관련 수면장애가 있는 대부분의 사람은 큰 소리의 코골이, 수면 중 호흡중지, 과도한 주간 졸림과 같은 병력이 있다. 그럼에도 불구하고 무호흡이 있는 사람들 중 50%는 불면 증상도 호소하며, 이는 여성과 노인에게서 좀 더 흔하다는 특징이 있다.

기면증. 기면증은 불면증을 유발하기도 한다. 그러나 기면증은 과도한 주간 졸림, 탈력발작, 수면마비, 수면관련 환각과 같은 두드러진 증상으로 불면장애와 구별된다.

사건수면. 사건수면은 간헐적 각성과 다시 수면을 취하는 것의 어려움을 유발하는 수면 중 특이한 행동이나 사건에 대한 호소가 특징적이다. 그러나 불면증 그 자체보다 이러한 행동적 사건이 지배적인 임상 양상이다.

물질/치료약물로 유발된 수면장애, 불면형. 물질/치료약물로 유발된 수면장애, 불면형은 물질(예, 남용약물, 치료약물, 또는 독소에의 노출)이 불면증과 인과적으로 관련되어 있다고 판단된다는 점에서 불면장애와 감별된다(이 장의 뒷부분에 나오는 "물질/치료약물로 유발된 수면장애"를 참조할 것). 예를 들어, 단지 심한 카페인 섭취로 발생된 불면증은 카페인으로 유발된 수면장애, 불면형, 중독 중 발병으로 진단할 수 있다.

동반이환

불면증은 당뇨, 관상동맥 심장질환, 만성 폐쇄성 호흡질환, 관절염, 섬유근육통, 그리고 기타 만성 통증 상태와 같이 많은 의학적 상태와 흔히 동반이환된다. 위험 관계는 양방향으로 나타난다. 즉, 불면증은 의학적 상태의 위험을 증가시키고, 의학적 문제는 불면증의 위험을 증가시킨다. 관련성의 방향은 항상 명확한 것은 아니고 시간에 따라 변한다. 이런 이유로 동반이환된 불면증은 다른 의학적 상태(혹은 정신질환)와 공존하는 불면증으로 명명하는 것이 선호된다.

불면장애가 있는 사람들은 동반이환된 정신질환, 특히 양극성장애, 우울장애, 불안장애가 있는 경우가 흔하다. 지속되는 불면증은 뒤이은 양극성장애, 우울장애, 불안장애, 그리고 물질사용장애의 위험요인이 되기도 하고 초기 증상으로 나타나기도 한다. 불면장애가 있는 사람들은 흔히 야간 수면을 위해 치료약물이나 알코올을, 긴장이나 불안을 줄이기 위해 항불안제를, 과도한 피로감을 줄이기 위해 카페인이나 기타 자극제를 오용한다. 이러한 유형의 물질사용은 불면증을 악화시킬 뿐만 아니라 일부는 물질사용장애로 진행되기도 한다.

국제수면장애진단분류와의 관련성

『국제수면장애진단분류 제2판(ICSD-2)』에서는 불면증이 발생하는 원인에 따라서 몇 가지 구분되는 표현형의 불면증을 제시하였다. 이에 해당하는 것으로는 정신생리적 불면증, 특발성 불면증, 수면-상태 오인, 부적절한 수면위생과 같은 것들이 있다. 이들의 임상적 영향력과 경험적 가치에도 불구하고, 이러한 구분된 표현형을 지지하는 근거는 제한적이다.

과다수면장애

Hypersomnolence Disorder

진단기준 **307.44 (F51.11)**

A. 주요 수면시간이 7시간 이상임에도 불구하고 과도한 졸림(과다수면)을 호소하며, 다음 중 한 가지 이상의 증상을 호소한다.

1. 동일한 날에 반복적인 수면기를 보이거나 혹은 반복적으로 깜박 잠듦
2. 하루에 주요 수면 삽화가 9시간 이상 지속되나 피로 해소가 되지 않음(예, 개운하지 않음)
3. 갑자기 깬 후에 완전히 각성상태를 유지하기 어려움

B. 과다수면이 일주일에 3회 이상 발생하고, 적어도 3개월 이상 지속된다.

C. 과다수면이 인지적, 사회적, 직업적, 또는 다른 중요한 기능 영역에서 현저한 고통이나 손상을 동반한다.

D. 과다수면이 다른 수면장애(예, 기면증, 호흡관련 수면장애, 일주기리듬 수면-각성장애 또는 사건수면)로 더 잘 설명되지 않으며, 다른 수면장애의 경과 중에만 발생되지는 않는다.

E. 과다수면 물질(예, 남용약물, 치료약물)의 생리적 효과로 인한 것이 아니다.

F. 뚜렷한 과다수면 호소가 공존하는 정신질환과 의학적 장애가 현저한 과다수면 호소를 충

분히 설명할 수 없다.

다음의 경우 명시할 것:

정신질환 동반, 물질사용장애 포함

의학적 상태 동반

다른 수면장애 동반

부호화 시 주의점: 부호 307.44(F51.11)는 3가지 명시자 모두에 적용할 수 있다. 또한 밀접하게 관련이 있는 정신질환, 의학적 상태, 또는 기타 수면장애에 대해 관련성을 명시하기 위해 과다수면장애 부호 바로 뒤에 이들 질환을 부호화하시오.

다음의 경우 명시할 것:

급성: 지속시간이 1개월 미만이다.

아급성: 지속시간이 1~3개월이다.

지속성: 지속시간이 3개월 이상이다.

현재의 심각도를 명시할 것:

저항할 수 없는 졸림이 앉아 있거나, 운전하거나, 친구를 만나거나, 일을 할 때 반복적으로 발생하는 것으로 나타나는 주간 각성을 유지하기 어려운 정도에 근거하여 심각도를 명시하시오.

경도: 주간 각성 유지의 어려움이 주당 1~2일이다.

중등도: 주간 각성 유지의 어려움이 주당 3~4일이다.

고도: 주간 각성 유지의 어려움이 주당 5~7일이다.

진단적 특징

과다수면증hypersomnolence은 포괄적인 진단용어로, 과도한 양의 수면(예, 야간 수면이 늘어나 있거나 불수의적인 주간 수면), 각성 질 악화(예, 잠에서 깨어나기 어렵거나 깨어 있는 상태가 요구될 때 각성을 유지하지 못하는 것과 같은 각성 중 수면 경향), 그리고 수면무력증sleep inertia(예, 정규 수면 삽화나 낮잠 중에 깼을 때 수행에 손상이 생기거나 각성상태가 감소된 기간)과 같은 증상이다(진단기준 A). 이 장애가 있는 사람들은 빠르게 잠들며 수면효율이 좋다(>90%). 이들은 아침에 깨어나는 것을 어려워하고, 때로는 혼돈된, 졸림과 싸우는, 운동실조 양상을 보이기도 한다. 수면-각성 이행기에 지속되는 각성 손상은 흔히 수면무력증(즉, 잠에 취한 상태)으로 불린다. 수면

무력증은 낮잠에서 깨어날 때도 발생할 수 있다. 이 시기에 사람들은 깨어 있는 것처럼 보이지만, 운동 숙련도가 감소하고, 행동이 매우 부적절할 수 있으며, 기억결핍, 시간과 공간에 대한 지남력장애, 비틀거리는 느낌이 발생할 수 있다. 이런 양상은 수 분에서 수 시간 동안 지속될 수 있다.

지속적인 수면욕구는 거의 혹은 전혀 다음날 기억할 수 없는 자동행동(주로 일상적이고 복잡하지 않은 행동)을 유발할 수 있다. 예를 들어, 어떤 사람은 있었던 장소에서 몇 마일 떨어진 곳에서 운전하고 있는 자신을 발견하기도 하고, 앞서 한동안 자신이 한 "자동적인" 운전을 기억하지 못한다. 과다수면장애가 있는 상당수에서 주요 수면 삽화(대부분 야간 수면)는 9시간 또는 그 이상이다. 그러나 수면을 통해 피로가 해소되지 않고 아침에 깨어나는 것을 어려워한다. 어떤 사람들은 주요 수면 삽화가 정상적인 야간 수면시간(6~9시간)을 보이기도 한다. 이런 경우, 과도한 졸림은 몇 차례의 의도적이지 않은 낮잠으로 나타난다. 이러한 낮잠은 상대적으로 길고(흔히 1시간 이상), 비회복적이며(예, 개운하지 않음), 각성상태가 개선되지 않는다. 과다수면증이 있는 사람들은 야간 수면시간에 관계없이 거의 매일 낮잠을 잔다. 주관적인 수면의 질은 좋을 수도 있고 좋지 않을 수도 있다. 환자들은 갑작스런 수면 "발작"을 경험하기보다는 전형적으로 얼마 동안 지속적으로 졸려한다. 의도적이지 않은 수면 삽화들은 대부분 자극이 적고 활동이 적은 상황(예, 강의 참석, 독서, TV 시청, 장거리 운전)에서 발생하지만, 심한 경우에는 업무나 회의 중, 또는 사교모임과 같은 집중을 요하는 상황에서도 발생할 수 있다.

진단을 뒷받침하는 부수적 특징

비회복 수면, 자동행동, 아침에 깨어나기 어려움, 수면무력증은 과다수면장애에서 흔하지만, 기면증을 비롯한 다양한 상태에서도 나타날 수 있다. 과다수면증이 있는 사람들 중 약 80%가 비회복수면을 보이며, 아침에 깨어나기 어렵다고 호소한다. 수면무력증은 덜 흔하지만(예, 과다수면장애가 있는 사람들 중 36~50% 정도에서 관찰됨), 과다수면증에는 대단히 특이하다. 짧은 낮잠(30분 이내)은 대부분 개운하지 않다. 과다수면증이 있는 사람들은 흔히 졸린 것처럼 보이고 진료대기실에서 잠들기도 한다.

과다수면장애가 있는 사람들의 일부는 과다수면증 가족력이 있으며 반복적인 혈관성 두통, 말초혈관계의 반응성(레이노 현상Raynaud's phenomenon), 실신과 같은 자율신경계 기능이상에 의한 증상을 보인다.

유병률

주간 졸림으로 수면장애 클리닉을 찾는 사람들 중 약 5~10%는 과다수면장애로 진단된다. 유럽과 미국 인구 중 약 1%에서 수면무력증 삽화를 겪는 것으로 추정된다. 과다수면증은 남성과 여성에서 비슷한 비율로 발생한다.

발달과 경과

과다수면장애는 증상의 심각도가 점진적으로 진행하는 만성적인 경과를 보인다. 매우 극단적인 경우에는 수면 삽화가 20시간에 이르기도 한다. 그러나 평균적인 야간 수면시간은 9시간 30분 정도다. 다수의 과다수면증 환자가 주중에는 수면시간을 줄일 수 있으나, 주말과 휴일에는 수면시간이 매우 늘어난다(3시간 이상까지). 깨어나는 것을 매우 어려워하고, 거의 40%에서 수면무력증 삽화를 경험한다. 과다수면증은 대부분 청소년기 후기나 성인기 초기에 증상이 전형적으로 나타나며, 평균 발병 연령은 17~24세다. 과다수면장애가 있는 사람들은 평균적으로 첫 증상이 발생한 지 10~15년 후에 진단된다. 아동의 경우에는 드물다.

과다수면증은 점진적으로 발생하고, 15~25세 사이에 증상이 시작되며, 수 주에서 수개월에 걸쳐 점진적으로 진행된다. 대부분의 경우, 치료를 시작하지 않는 한 경과는 지속적이고 변화가 없다. 다른 수면장애(예, 호흡관련 수면장애)의 발생이 졸림 정도를 악화시킬 수 있다. 아동의 경우, 과잉행동이 주간 졸림의 징후로서 나타날 수 있지만, 연령이 증가함에 따라 자발적인 낮잠이 증가한다. 이러한 정상적인 현상은 과다수면증과 구별된다.

위험 및 예후 요인

환경적. 과다수면증은 심리적 스트레스와 알코올 사용으로 인해 일시적으로 증가될 수 있지만, 이들은 환경적 유발요인으로 언급되지는 않았다. 바이러스성 감염은 약 10% 정도에서 과다수면증에 선행하거나 동반된다. HIV 폐렴, 전염성 단핵구증, 길랑-바레 증후군Guillain-Barré syndrome 같은 바이러스성 감염은 감염된 후 수개월 내에 과다수면증이 발생할 수 있다. 두부 외상 후 6~18개월 내에 과다수면증이 발생할 수도 있다.

유전적 · 생리적. 과다수면증은 상염색체 우성유전 방식으로 가족성이 있을 수 있다.

진단적 표지자

야간 수면다원검사는 정상보다 연장된 수면시간, 짧은 수면잠복기, 그리고 정상보다 증가된 수면연속성을 보인다. 급속안구운동rapid eye movement(REM)수면의 분포는 정상이다. 수면효율은 대부분 90% 이상이다. 과다수면장애 환자들 중 일부는 서파수면의 양이 증가되어 있다. 수면잠복기 반복검사에서 평균 수면잠복기 수치가 8분 이내의 수면 경향성을 보인다. 과다수면장애에서 평균 수면잠복기는 보통 10분 이내로, 대부분 8분 이내다. 수면 개시 REM수면sleep- onset REM periods (SOREMPs: 수면 개시 후 20분 내에 REM수면 발생)이 나타날 수 있지만 4~5회의 낮잠 중 2회 이내로 발생한다.

과다수면장애의 기능적 결과

졸음을 쫓는 동안 일어나는 낮은 수준의 각성은 개인의 주간활동에 있어서의 작업 효율 저하, 집중력 감소, 기억력 감소를 유발한다. 과다수면증은 직업적 · 사회적 관계에서 현저한 고통 또는 기능 이상을 일으킬 수 있다. 야간 수면의 연장이나 깨어나기 어려움은 정시 출근과 같이 아침의 의무를 지키는 것을 어렵게 한다. 뜻하지 않은 주간 수면 삽화는 당황스러울 수 있다. 예컨대, 운전 중이거나 기계조작 중에 이러한 삽화가 발생한다면, 매우 위험할 수도 있다.

감별진단

수면의 정상 변이. "정상적인" 수면시간은 일반 인구에서 상당히 다양하다. "장면가long sleeper"(평균 수면 양보다 더 많은 수면을 필요로 하는 사람들)는 그들이 필요로 하는 야간 수면의 양이 충족될 때는 과도한 주간 졸림, 수면무력증, 또는 자동행동을 보이지 않는다. 잠을 자고 나면 개운하다고 보고한다. 만약 사회적 또는 직업적 요구 때문에 야간 수면시간이 짧아진다면, 주간 증상이 나타날 수 있다. 이와는 반대로, 과다수면장애에서 과도한 졸림은 야간 수면시간과는 무관하게 발생한다. 불충분한 양의 야간 수면 혹은 행동으로 유발된 수면부족 증후군behaviorally induced insufficient sleep syndrome은 과다수면증과 매우 유사한 주간 졸림 증상을 유발할 수 있다. 야간에 7시간 이내의 평균 수면시간은 야간 수면이 불충분하다는 것을 강하게 시사하는 한편, 24시간 동안 평균 9~10시간 이상의 수면은 과다수면증을 시사한다. 야간 수면이 불충분한 사람들은 전형적으로 사회적 또는 직업적 요구로부터 자유롭게 되거나 휴가를 보낼 때 더 긴 수면시간으로 "따라잡기catch up"를 한다. 과다수면증과는 달리, 부족한 야간 수면이 수십 년 동안 호전되지 않고 지속되기는 어렵다. 야간 수면이 충분한지 의문시될 때는 원발성 과다수면장애로 진단해서는 안 된다. 진단적 · 치료적 시도로서 10~14일간 잠을 길게 자게 하면 진단이 명료해질 수 있다.

수면의 질 저하와 피로감. 과다수면장애는 부족한 수면의 양이나 질, 그리고 피로감(반드시 수면시간을 늘려서 해소해야 하는 피로감이 아니고, 수면의 양이나 질과는 관계가 없는)에 의해 발생하는 과도한 졸림과는 반드시 감별되어야 한다. 과도한 졸림과 피로감은 구별하기 어려우며, 상당히 겹치기도 한다.

호흡관련 수면장애. 과다수면증과 호흡관련 수면장애가 있는 사람들은 유사하게 과도한 졸림을 경험한다. 호흡관련 수면장애 진단은 큰 소리의 코골이, 수면 중 호흡정지, 뇌손상, 또는 심혈관계 질환의 병력 및 신체검진상의 비만, 구인두 해부학적 이상, 고혈압, 심부전 소견을 통해 의심해 볼 수 있다. 수면다원검사에서 호흡관련 수면장애의 무호흡 증상이 나타나는 것(과다수면장애에서는 무호흡 증상이 없음)을 확인할 수 있다.

일주기리듬 수면-각성장애. 일주기리듬 수면-각성장애에서는 주간 졸림이 특징적이다. 일주기리듬 수면-각성장애가 있는 사람의 경우, 비정상적인 수면-각성 일정(교대근무 또는 불규칙한 시간으로)의 과거력이 있다.

사건수면. 사건수면에서는 장기간의 깨지 않는 야간 수면을 취하거나 과다수면장애의 특징적인 주간 졸림을 보이는 것은 드물다.

기타 정신질환. 과다수면장애는 과다수면증이 필수 또는 동반된 특징으로 나타나는 정신질환과는 구별해야 한다. 특히, 주간 졸림에 대한 호소는 비전형적 양상의 주요우울 삽화와 양극성장애의 우울기에 발생할 수 있다. 과다수면장애의 진단을 고려하기 전에 다른 정신장애에 대한 평가는 필수적이다. 현재나 과거의 다른 정신질환이 있는 상태에서 과다수면장애의 진단을 내릴 수도 있다.

동반이환

과다수면증은 우울장애, 양극성장애(우울 삽화 동안), 계절성 주요우울장애와 관련이 있을 수 있다. 과다수면장애가 있는 많은 사람들은 우울장애의 진단기준을 충족시킬 정도의 우울증이 있다. 이러한 양상은 지속된 수면부족으로 인한 심리사회적 결과와 관련이 있을 수 있다. 과다수면장애가 있는 사람들은 물질관련장애, 특히 자극제와 같은 자가 치료약물 사용의 위험성도 있다. 이처럼 전반적인 특이성 결여로 인해 과다수면장애의 동일한 진단기준에 부합되는 증상이 있는 사람들은 매우 이질적인 특성을 보인다. 알츠하이머병, 파킨슨병, 다계통 위축증과 같은 신경퇴행성 질병도 마찬가지로 과다수면증을 수반할 수 있다.

국제수면장애진단분류와의 관련성

『국제수면장애진단분류 제2판(ICSD-2)』에서는 "중추성 과다수면증"의 9가지 아형을 구별하였고, 여기에는 반복성 과다수면증(클라인-레빈 증후군[Klein-Levin syndrome])이 포함되어 있다.

기면증
Narcolepsy

진단기준

A. 억누를 수 없는 수면 욕구, 깜박 잠이 드는 것, 또는 낮잠이 하루에 반복적으로 나타난다. 이런 양상은 3개월 동안 적어도 일주일에 3회 이상 발생한다.

B. 다음 중 한 가지 이상이 나타난다.

1. (a)나 (b)로 정의되는 탈력발작이 1개월에 수차례 발생함
   a. 장기간 유병된 환자의 경우, 웃음이나 농담에 의해 유발되는 짧은(수 초에서 수 분) 삽화의 의식이 있는 상태에서 양측 근육긴장의 갑작스러운 소실
   b. 아동이나 발병 6개월 이내의 환자의 경우, 분명한 감정 계기 없이 혀를 내밀거나 근육긴장 저하를 동반한 얼굴을 찡그리거나 턱이 처지는 삽화
2. 뇌척수액(CSF) 하이포크레틴[hypocretin]-1 면역반응성 수치를 이용하여 측정된 하이포크레틴 결핍증(동일한 검사에서 측정된 정상 수치의 1/3 이하 또는 110pg/mL 이하). 하이포크레틴-1의 낮은 CSF 수치는 급성 뇌손상, 염증, 감염으로 인한 경우에는 관찰되지 않음
3. 야간 수면다원검사에서 급속안구운동(REM)수면잠복기가 15분 이내로 나타나거나, 또는 수면잠복기 반복검사에서 평균 수면잠복기가 8분 이내로 나타나고, 2회 이상의 수면개시 REM수면이 나타남

다음 중 하나를 명시할 것:

347.00 (G47.419) 탈력발작이 없지만 하이포크레틴 결핍증이 있는 기면증: 낮은 뇌척수액 하이포크레틴-1 수치와 수면다원검사/수면잠복기 반복검사상 양성의 진단기준 B를 만족하지만 탈력발작이 없다(진단기준 B1 불만족).

347.01 (G47.411) 탈력발작이 있지만 하이포크레틴 결핍증이 없는 기면증: 드문 아형으로(기면증 환자 중 5% 이내), 진단기준 B의 탈력발작과 수면다원검사/수면잠복기 반복검사

양성을 만족하지만, 뇌척수액 하이포크레틴-1 수치는 정상이다(진단기준 B2 불만족).

347.00 (G47.419) 상염색체 우성 소뇌실조, 난청 및 기면증: 이 아형은 엑손exon 21 DNA(cytosine-5)-메틸트랜스퍼라제methyltransferase-1 돌연변이에 의해 유발되고 후발성(30~40세) 기면증(뇌척수액 하이포크레틴-1 수치는 낮거나 중간 정도), 난청, 소뇌실조 그리고 결국에는 치매에 이르는 특성을 보인다.

347.00 (G47.419) 상염색체 우성 기면증, 비만 및 제2형 당뇨: 기면증, 비만 및 제2형 당뇨와 낮은 뇌척수액 하이포크레틴-1을 특징으로 하며, 드물게 수초 희소돌기아교세포 당단백질 유전자의 돌연변이와 연관이 있다.

347.10 (G47.429) 다른 의학적 상태로 인한 이차성 기면증: 이 아형은 하이포크레틴 뉴런의 감염(예, 휘플병, 사르코이드증), 외상 또는 종양성 파괴를 유발하는 의학적 상태에 이차적으로 발생한 기면병이다.

부호화 시 주의점(ICD-9-CM 부호 347.10만 해당): 먼저 기저 의학적 상태를 부호화한다(예, 040.2 휘플병, 347.10 휘플병에 이차적으로 발생한 기면증).

현재의 심각도를 명시할 것:

경도: 드문 탈력발작(1주에 1회 이내), 하루에 1~2회의 낮잠 필요, 덜 혼란된 야간 수면

중등도: 매일 또는 며칠마다 탈력발작, 혼란된 야간 수면, 매일 수차례 낮잠 필요

고도: 하루에도 여러 차례 발생하는 약물 저항성 탈력발작, 거의 지속적인 졸림, 혼란된 야간 수면(즉, 움직임, 불면, 생생한 꿈)

아형

탈력발작이 없고 하이포크레틴 결핍증이 있는 기면증의 경우, 불명확한 "탈력발작 유사" 증상들이 보고될 수 있다(예, 증상들이 정서에 의해 유발되지 않고 대개 오래 지속된다). 매우 드문 경우에 있어서, 하이포크레틴-1 뇌척수액cerebrospinal fluid(CSF) 수치가 낮고, 수면다원검사 및 수면잠복기 반복검사(MSLT) 결과가 음성이다. 아형에 대한 진단을 내리기 전에 재검사가 권장된다. 탈력발작이 있지만 하이포크레틴 결핍증이 없는 기면증의 경우, 인간 백혈구 항원human leukocyte antigen(HLA) DQB1*06:02는 음성일 수 있다. 발작, 기타 원인에 의한 쓰러짐, 전환장애(기능성 신경학적 증상장애)는 배제되어야 한다. 하이포크레틴 뉴런의 감염(예, 휘플병Whipple's disease, 사르코이드증sarcoidosis), 외상 또는 종양성 파괴를 유발하는 의학적 상

태에 이차적으로 발생한 기면병에서 HLA DQB1*06:02의 검사결과는 양성일 수 있다. 이는 자가면역 과정을 유발하는 손상에 의한 결과일 수 있다. 다른 경우, 하이포크레틴 뉴런의 파괴는 외상이나 뇌하수체 수술에 의해 이차적으로 발생할 수 있다. 그러나 두부 외상이나 중추신경계 감염은 하이포크레틴 세포 소실 없이 뇌척수액 하이포크레틴-1 수치의 일시적인 감소를 유발하여 진단을 어렵게 할 수 있다.

진단적 특징

기면증의 중요한 특징인 졸림은 반복적인 낮잠이나 깜박 잠드는 것이다. 전형적으로 졸림은 매일 나타나지만, 적어도 3개월 동안 최소한 주 3회 이상 발생해야 한다(진단기준 A). 일반적으로, 기면증은 탈력발작을 수반하고, 탈력발작은 보통 웃음이나 농담과 같은 감정에 의해 유발되는 양측 근육긴장이 소실되는 갑작스러운 짧은 삽화(수 초에서 수 분)로 나타난다. 이런 양상은 목, 턱, 팔, 다리, 또는 전신의 근육에 나타날 수 있고, 그 결과 머리를 꾸벅이거나 턱이 처지거나 완전히 쓰러지기도 한다. 개인들은 탈력발작이 있는 동안 각성되어 있고 이를 인지하고 있다. 진단기준 B1(a)을 만족시키기 위해서 탈력발작은 웃음이나 농담에 의해 유발되고, 과거 병력상 혹은 이런 상태를 치료하지 않을 때는 1개월 동안 적어도 수차례 이상 발생해야 한다.

탈력발작은 운동(생리학적)할 때 발생하거나 스트레스나 불안(정신병리의 가능성을 시사하는)과 같은 일상적이지 않은 감정적 계기 후에만 발생하는 "위약감weakness"과 혼동해서는 안 된다. 수 시간이나 수일 동안 지속되는 삽화나 감정에 의해 유발되지 않는 삽화는 탈력발작일 가능성이 떨어지고, 히스테릭하게 포복절도하면서 바닥에 구르는 경우에도 마찬가지다.

아동의 경우, 발병 무렵 진성 탈력발작이 비전형적인 양상으로 나타날 수 있다. 주로 얼굴에 나타나는데, 얼굴을 찡그리거나 혀를 내밀며 입을 벌리는("탈력발작 얼굴cataplectic faces") 것과 같은 양상을 보인다. 또는 낮은 수준의 지속적인 근육긴장

저하를 보이며 비틀거릴 수 있다. 이러한 경우, 아동 또는 6개월 이내의 급성 발병을 하는 환자에서 진단기준 B1(b)을 만족한다.

기면증-탈력발작은 거의 항상 뇌하수체 하이포크레틴(오렉신orexin) 생성세포의 소실로부터 생기고, 하이포크레틴 결핍증(대부분의 검사실에서 정상 수치의 1/3 이하 또는 110pg/mL 이하)을 유발한다. 세포소실은 자가면역성일 것으로 생각되며, 이환된 개인들의 약 99%(정상대조군에서 12~38%인 데 비해)에서 HLA-DQB1*06:02를 가지고 있다. 그러므로 요추천자를 통한 뇌척수액 하이포크레틴-1의 면역반응성을 검사하기 전에 DQB1*06:02 여부를 확인하는 것이 유용하다. 드물게 낮은 뇌척수액 하이포크레틴-1 수치는 탈력발작 없이도 나타날 수 있고, 이는 나중에 탈력발작이 발생할 수도 있는 젊은 사람들에게서 특히 그렇다. 뇌척수액 하이포크레틴-1의 측정은 검사가 방해받을 수 있는 심한 상태(신경학적, 염증, 감염, 외상)가 있는 경우를 제외하면, 진단의 기준이 되는 중요한 검사다.

야간 수면다원검사와 잇따른 MSLT는 확진에 사용될 수 있다(진단기준 B3). 이 검사들은 개인이 모든 향정신성 치료약물을 중단하고 2주간 적절한 수면시간(수면일지, 활동기록기에 의해 확인된)을 가진 후에 시행되어야 한다. 수면다원검사에서 짧은 REM 잠복기(수면 개시 REM수면, 15분 이하의 REM 잠복기)를 보이면 확진을 내리기에 충분하며, 진단기준 B3을 만족한다. 그렇지 않은 경우, MSLT 결과는 반드시 양성이어야 하고, 평균 수면잠복기는 8분 이하이고 4~5번의 낮잠 동안 2회 이상의 수면 개시 REM수면이 나타나야 한다.

진단을 뒷받침하는 부수적 특징

졸림이 심하면 기억이나 의식이 없는 몽롱한 상태에서 반자동 활동을 지속하는 자동행동이 발생할 수 있다. 약 20~60%의 사람들이 잠이 들기 직전이나 잠이 들 무렵에 생생한 입면 시 환각hypnagogic hallucinations을 경험하기도 하고, 막 잠에서 깨어난 후에 출면 시 환각hypnopompic hallucinations을 경험하기도 한다. 이런 환각은 정상에서 볼 수 있는 수면 개시 시기의 생생하지 않은 비환각적인 꿈과 같은 정신 상태와는 다르다. 악몽과 생생한 꿈은 기면증에서도 REM수면 행동장애에서처럼 흔하다. 약 20~60%의 사람들은 잠들 때나 잠을 깰 때 각성되어 있지만, 움직이거나 말을 할 수 없는 수면마비sleep paralysis를 경험한다. 그러나 정상에서도 마찬가지로 수면마비를 호소할 수 있다. 특히 스트레스가 있거나 수면박탈이 있을 때 그렇다. 야식을 먹는 일이 생기기도 하고 비만이 흔하다. 길고 짧은 빈번한 각성으로 인한 야간 수면방해sleep disruption는 흔히 발생하고 장애disabling를 초래할 수 있다.

환자들은 졸려 보이거나 대기실에서나 임상검사 시에 잠이 들 수도 있다. 탈력발작cataplexy이 있는 동안, 개인들은 의자에 풀썩 주저앉고 불분명하게 말하거나 눈꺼풀이 처진다. 만약 임상가가 탈력발작이 있는 동안(대부분 10초 이내임) 반사를 확인할 시간이 있다면 반사가 소실되어 있고, 이것은 진성 탈력발작을 전환장애conversion disorder와 감별할 수 있는 중요한 특징이다.

유병률

기면증-탈력발작은 대부분의 국가에서 일반 인구의 0.02~0.04%에게 영향을 미친다. 기면증은 남녀 모두에게 영향을 미치며, 남성의 유병률이 약간 더 높다.

발달과 경과

전형적으로 아동, 청소년, 초기 성인에게서 발병하나, 드물게 노인에게서 발병하기도 한다. 발병의 두 정점은 15~25세와 30~35세다. 갑작스럽게 발병할 수도 있고, 점진적(수년간)으로 발병하기도 한다. 아동에게서 갑자기 발병하였을 때 심각도가 가장 높고, 연령에 따라 또는 치료를 받음에 따라 심각도가 감소하며, 탈력발작과 같은 증상들이 사라질 때도 있다. 사춘기 전의 어린 아동에게서 갑자기 발병한다면, 비만이나 성조숙증premature puberty과 관련이 있을 수 있다. 이런 양상은 2009년 이후 더욱 빈번히 관찰되었다. 성인의 경우, 발병은 보통 명확하지 않다. 어떤 환자는 태어났을 때부터 과도한 졸림이 있었다고 보고하기도 한다. 장애가 일단 발생하면, 경과는 지속적이고 평생 간다.

90%의 경우에 처음 발생하는 증상은 졸림 혹은 수면 증가이며, 탈력발작이 이어서 발생한다(1년 내 50%, 3년 내 85%). 졸림, 입면기 환각, 생생한 꿈, 그리고 REM수면 행동장애(REM수면 동안 과도한 움직임)가 초기 증상이다. 과도한 잠이 낮 동안 각성 상태 유지곤란과 밤에 양질의 수면 유지곤란으로 빠르게 진행되나, 총 24시간 내 수면 필요의 증가는 뚜렷하지 않다. 첫 몇 달 동안 탈력발작은 비전형적일 수 있는데, 특히 아동의 경우에 그렇다. 수면마비는 보통 아동에서 사춘기가 시작됨에 따라 발생한다. 증상 악화는 치료약물에 대한 순응도가 떨어졌기 때문일 수 있고, 수면무호흡과 같은 병발한 수면장애가 있음을 시사할 수도 있다.

기면증이 있는 어린 아동과 청소년들은 흔히 졸림과 야간 수면방해로 인해 유발된 공격성 증가나 행동문제가 발생한다. 학업량과 사회적 부담이 고등학교와 대학교 시기에 증가하는데, 이로 인해 야간 수면시간이 감소하게 된다. 임신은 증상에 영향을 주지 않는 것으로 보인다. 퇴직 후에는 대부분의 사람에게 낮잠을 잘 기회가 많아지고 자극제 처방의 필요가 줄어든다. 전체 연령층에서 규칙적인 생활 일정을 유지하는 것이 도움이 된다.

위험 및 예후 요인

기질적. 몽유병, 이갈이, REM수면 행동장애, 야뇨증 같은 사건수면parasomnias은 기면증이 있는 사람들에게서 좀 더 흔하다. 이들은 흔히 다른 가족구성원들보다 더 많은 수면이 필요하다고 보고한다.

환경적. A군 연쇄상구균 인두 감염, 인플루엔자(특히 범유행성 H1N1 2009), 또는 기타 겨울철 감염은 수개월 후 기면증을 유발하는 자가면역 과정을 촉발하는 경향이 있다. 두부 외상과 수면-각성 패턴의 갑작스러운 변화(예, 직업 변경, 스트레스)는 또 다른 계기가 될 수 있다.

유전적 · 생리적. 일란성 쌍생아에서 기면증의 일치율은 25~32%다. 일차친족에서 기면증의 유병률은 1~2%(종합적으로 10~40배 증가)다. 기면증은 DQB1*06:02와 강하게 연관되어 있다(다양한 인종 집단의 대조군에서 99% 대 12~38%, 일반적인 미국 인구 집단에서 25%). DQB1*06:02가 있을 때, DQB1*03:01은 기면증의 발생위험을 증가시킨다. 반대로, DQB1*05:01, DQB1*06:01, DQB1*06:03은 발생위험을 감소시킨다. 마찬가지로, T-세포 수용체 알파 유전자와 다른 면역조절 유전자의 다형성은 발생위험에 다소 관여한다.

문화와 관련된 진단적 쟁점

기면증은 모든 인종 집단과 여러 문화에서 기술되어 왔다. 아프리카계 미국인에서는 탈력발작이 없는 기면증이나 비전형적인 탈력발작이 있는 기면증이 좀 더 흔하므로 진단을 내리기가 어렵다. 특히, 비만이나 수면무호흡이 있는 경우에는 더욱 그렇다.

진단적 표지자

기능적 영상은 유머러스한 자극에 대한 뇌하수체 반응의 손상을 보여 준다. 야간 수면다원검사와 수면잠복기 반복검사는 기면증 확진검사로 사용되는데, 특히 기면증을 처음 진단할 때, 치료를 시작하기 전, 생화학적으로 하이포크레인 결핍증을 확인하지 못했을 때 특히 유용하다. 수면다원검사/수면잠복기 반복검사는 개인이 교대근무나 수면박탈이 없는 상태에서 향정신성 약물 투여를 중단하고, 규칙적인 수면-각성 방식을 취한 것을 확인한 후에 실시해야 한다.

수면다원검사상 수면 개시 REM수면(REM수면잠복기 15분 이하)은 매우 특이적(대조군에서 약 1%가 양성이 나옴)이지만, 민감도는 중등도다(약 50%). 양성 MSLT 결과는 평균 수면잠복기가 8분 이하이고, 수면 개시 REM수면이 4~5번의 낮잠 검사 중 2회 이상이다. 대조군에서 2~4% 정도의 MSLT가 양성인 데 비해, 기면증 환자에게서는 90~95%에서 양성으로 나온다. 수면다원검사에서는 빈번한 각성, 수면효율의 감소, 1단계 수면의 증가 소견을 추가적으로 관찰할 수 있다. 주기성 사지운동(기면증 환자의 40%)과 수면무호흡이 흔히 관찰된다.

하이포크레인 결핍증은 뇌척수액 하이포크레인-1 면역반응성을 측정함으로써 확인한다. 이 검사는 전환장애 의심 환자나 전형적인 탈력발작이 없는 환자, 또는 치료저항성 환자의 경우에 특히 유용하다. 이 검사의 진단적 가치는 치료약물, 수면박탈, 일주기 시간에 영향받지 않지만, 공존하는 감염 또는 두부 외상이 심각하거나 혼수상태의 경우에 검사결과 해석이 어렵다. 뇌척수액 세포검사, 단백질, 포도당은 급성 발병 수 주 내에 검사해도 정상범위를 보인다. 뇌척수액 하이포크레인-1의 수치는 초기부터 대부분 이미 매우 감소되어 있거나 측정되지 않는다.

기면증의 기능적 결과

기면증 환자들은 운전 또는 업무 기능이 손상되었으므로 그들 자신(예, 기계 조작공)이나 다른 사람들을 위험에 빠뜨릴 수 있는 직업(예, 버스기사, 비행사)은 피해야 한다. 치료를 통해 기면증이 조절된다면, 환자들은 보통 운전을 할 수 있고, 드물게는 장거리 운전을 혼자서도 할 수 있게 된다. 치료를 받지 않은 환자들 또한 사회적 고립과 자기 자신이나 다른 사람들에게 돌발적인 사고를 일으킬 위험에 놓여 있다. 감정을 지나치게 통제함으로써 탈력발작을 피하려고 애쓰기 때문에 사회적 관계도 영향을 받을 수 있다.

감별진단

기타 과다수면증. 과다수면증과 기면증은 주간 졸림 정도, 발병 연령, 그리고 시간에 따른 안정적인 경과에서 비슷한 면이 있지만, 특징적인 임상적 및 검사상 특징에서 구별할 수 있다. 과다수면증 환자는 더 길고 덜 방해된 야간 수면을 취하며, 더 잠을 깨기 어렵고, 더 지속되는 주간 졸림(기면증의 "수면 발작"과는 매우 다른), 길고 개운하지 않은 주간 수면 삽화, 그리고 낮잠을 자는 동안 거의 꿈을 꾸지 않는 양상을 보인다. 이에 비해, 기면증 환자들은 탈력발작과 수면과 각성의 이행기에 REM수면이 반복적으로 나타난다(예, 수면관련 환각과 수면마비). 수면잠복기 반복검사에서 기면증 환자들은 수면잠복기가 짧아지고(생리적인 졸림의 증가), 수면 개시 REM수면을 여러 차례 관찰할 수 있다.

수면박탈과 불충분한 야간 수면. 수면박탈과 불충분한 야간 수면은 청소년과 교대근무자들에게서 흔하다. 청소년의 경우, 야간에 잠들기 어려움은 흔하며, 이로 인해 수면박탈이 유발된다. 만약 수면이 박탈된 상태 또는 수면위상이 뒤처진 상태에서 개인에게 수면잠복기 반복검사를 시행한다면, 검사결과는 양성으로 나타날 수 있다.

수면무호흡 증후군. 수면무호흡은 비만이 있을 때 특히 나타날 가능성이 높다. 폐쇄성 수면무호흡은 기면증보다 흔하기 때문에, 탈력발작이 간과되거나 없을 경우 통상의 치료에 잘 반응하지 않는 폐쇄성 수면무호흡으로 오인될 수 있다.

주요우울장애. 기면증이나 과다수면증이 우울증과 관련이 있거나 혼동될 수 있다. 탈력발작은 우울증에서는 관찰되지 않는다. 수면잠복기 반복검사 결과는 대부분 정상으로 나오고, 수면잠복기 반복검사로 측정된 평균 수면잠복기에 의한 객관적인 졸림과 주관적인 졸림 사이에 불일치를 보인다.

전환장애(기능성 신경학적 증상장애). 오래 지속되는 탈력발작이나 통상적이지 않은 촉발 요인 등의 비전형적인 양상들이 전환장애(기능적 신경학적 증상장애)에서 나타난다. 환자들은 수면잠복기 반복검사에서 특징적인 수면 개시 REM수면이 나타나지 않음에도 수면과 꿈을 보고하기도 한다. 완연하고 길게 지속되는 유사 탈력발작이 평가 시에 발생하기도 한다. 이 경우, 의사가 충분한 시간 동안 반사가 보존되어 있음을 확인할 수 있다.

주의력결핍 과잉행동장애. 아동과 청소년의 경우, 졸림은 공격성 또는 부주의 같은 행동문제를 유발할 수 있는데, 이로 인해 주의력결핍 과잉행동장애로 오진할 수 있다.

발작. 어린 아동들의 경우, 탈력발작은 발작으로 오진될 수 있다. 발작은 감정에 의해 유발되는 경우가 흔하지 않다. 만약 감정에 의해 유발되었을 경우, 촉발요인은 보통 웃음이나 농담에 의한 것이 아니다. 발작하는 동안 넘어져서 스스로 다치는 경향이 더 크다. 기타 발작과 독립적으로 무긴장증atonia으로만 나타나는 발작은 드물고, 뇌파검사에서 확인할 수 있는 특징적인 양상이 있다.

무도병 · 운동장애. 어린 아동들의 경우, 특히 연쇄상구균의 인두 감염과 항스트렙토리신 O 항체 수치가 높게 나타나게 되면, 탈력발작이 무도병이나 연쇄상구균 감염에 의한 주기성 자가면역 신경정신질환으로 오진되기도 한다. 일부 아동은 탈력발작이 발생할 무렵에 다른 운동장애가 같이 동반이환되기도 한다.

조현병. 현란하고 생생한 입면기 환각이 있을 때, 환자들은 이러한 경험을 현실로 생각하게 되는데, 이는 조현병을 의심하게 한다. 이와 유사하게, 자극제로 치료하는 경우에는 피해망상이 발생하기도 한다. 만약 탈력발작이 있으면, 임상가는 조현병이 동반이환되었다는 진단을 고려하기에 앞서, 그것을 기면증에 의해 이차적으로 생긴 증상으로 먼저 고려해야 한다.

동반이환

기면증은 양극성장애, 우울장애, 불안장애, 드물게는 조현병과 함께 발생할 수 있다. 기면증은 체질량 지수의 증가 또는 비만을 가져올 수 있다. 특히 기면증을 치료받지 않았을 때 그러하다. 급속한 체중 증가는 갑작스럽게 발병한 어린 아동들에게서 흔하다. 만약 기존의 기면증이 갑자기 악화된다면, 동반이환된 수면무호흡을 고려해야 한다.

국제수면장애진단분류와의 관련성

『국제수면장애진단분류 제2판(ICSD-2)』에서는 기면증을 5가지 아형으로 나누어 기술하고 있다.

호흡관련 수면장애

호흡관련 수면장애 분류는 3개의 상대적으로 구분되는 장애(① 폐쇄성 수면무호흡 저호흡, ② 중추성 수면무호흡증, ③ 수면관련 환기저하)를 포함하고 있다.

폐쇄성 수면 무호흡 저호흡
Obstructive Sleep Apnea Hypopnea

진단기준 **327.23 (G47.33)**

A. (1) 또는 (2) 중 하나에 이상이 있다.

1. 수면다원검사에서 수면시간당 적어도 5회 이상 폐쇄성 무호흡이나 저호흡이 있고, 다음 중 한 가지 이상의 수면 증상이 있음
   a. 야간 호흡장애: 코골이, 거친 콧숨/헐떡임, 또는 수면 중 호흡정지
   b. 충분한 수면을 취했음에도 주간 졸림, 피로감, 또는 개운하지 않은 수면으로, 다른 정신질환(수면장애 포함)으로 더 잘 설명되지 않으며 다른 의학적 상태로 인한 것이 아님
2. 동반된 증상과 관계없이 수면다원검사에서 확인된 수면시간당 15회 이상 폐쇄성 무호흡 및/또는 저호흡

현재의 심각도를 명시할 것:
- 경도: 무호흡 저호흡 지수가 15 이내다.
- 중등도: 무호흡 저호흡 지수가 15~30이다.
- 고도: 무호흡 저호흡 지수가 30을 초과한다.

명시자

질병 심각도는 수면다원검사나 기타 야간 모니터링을 이용하여 수면시간당 무호흡과 저호흡의 횟수(무호흡 저호흡 지수)를 계산하여 측정한다. 종합적인 심각도는 야간 산소불포화도 수치와 수면분절(뇌피질 각성 빈도와 수면 단계에 의해 측정됨)과

관련된 증상과 주간 손상의 정도를 통해서도 평가된다. 그러나 정확한 숫자와 역치는 사용되는 특정 측정방법에 따라 달라질 수 있고, 시간에 따라 변할 수도 있다. 무호흡 저호흡 지수 자체와 상관없이, 이 장애는 심한 산소 헤모글로빈 불포화도가 동반된 무호흡과 저호흡이 있거나(예, 수면시간의 10% 이상에서 90% 이하의 불포화도를 보인 경우), 각성지수의 증가(각성지수 30 이상)로 나타나는 빈번한 수면분절sleep fragmentation, 또는 깊은 수면 단계의 감소(예, N3 단계[서파수면]가 5% 이내)가 있는 경우, 더 중증인 것으로 간주된다.

진단적 특징

폐쇄성 수면 무호흡 저호흡은 가장 흔한 호흡관련 수면장애다. 수면 도중 반복되는 상기도(인두) 폐쇄(무호흡과 저호흡) 삽화가 특징적이다. 무호흡은 기류가 전적으로 없는 상태를 지칭하고, 저호흡은 기류의 감소를 지칭한다. 무호흡과 저호흡은 각각 성인들의 경우 호흡이 10초 이상 감소하거나, 아동들의 경우 2회의 호흡 소실이 있다. 이는 대부분 산소포화도의 3% 이상 감소 및/또는 뇌파검사상 각성을 일으킨다. 호흡관련(야간) 증상 및 각성시간 증상이 모두 흔하게 나타난다. 폐쇄성 수면 무호흡 저호흡의 주요 증상은 코골이와 주간 졸림이다.

성인의 경우, 폐쇄성 수면 무호흡 저호흡은 수면다원검사 결과와 증상을 기반으로 진단된다. 이 진단은 수면시간당 5회 이상의 폐쇄성 무호흡 또는 저호흡의 수면다원검사 결과(진단기준 A1)와 함께 ① 야간 호흡 장해(즉, 수면 중 코골이, 거친 콧숨/헐떡임, 호흡정지), 또는 ② 충분한 수면 기회가 있음에도, 다른 정신장애에 의해 더 잘 설명되지 않고 다른 의학적 상태에 의한 것이 아닌 주간 졸림, 피로감, 또는 개운하지 않은 수면 증상들을 기반으로 내려진다. 만약 수면다원검사에서 수면시간당 15회 이상 폐쇄성 무호흡 또는 저호흡이 확인되면, 이런 증상들이 없이도 진단을 내릴 수 있다(진단기준 A2).

치료 가능한 상태를 오진하기 않기 위해서는 코골이나 호흡정지가 발생하는 수면장해 및 폐쇄성 수면 무호흡 저호흡의 위험을 증가시키는 신체 소견(예, 복부 비만, 꽉 찬 상기도, 혈압 증가)에 대한 특별한 관심이 필요하다.

진단을 뒷받침하는 부수적 특징

폐쇄성 수면 무호흡 저호흡에서 일어나는 빈번한 야간 각성으로 인해 개인들은 불면증을 호소할 수 있다. 폐쇄성 수면 무호흡 저호흡에서 흔하지만 비특이적인 다른 증상으로는 가슴 통증, 야뇨증, 아침 두통, 입마름, 발기부전, 성욕저하가 있다. 드물게, 개인들은 반듯이 누워 있거나 잘 때 호흡곤란을 호소한다. 폐쇄성 수면 무호흡 저호흡 환자의 60% 이상에서 고혈압이 발생할 수 있다.

유병률

폐쇄성 수면 무호흡 저호흡은 매우 흔한 장애로, 최소한 아동의 1~2%, 중년층의 2~15%, 노인의 20% 이상에서 이환된다. 일반 인구 집단의 경우, 진단되지 않은 폐쇄성 수면 무호흡 저호흡이 있는 노인들에게 있어서의 유병률은 매우 높다. 이 장애는 비만과의 관련성이 매우 높아서, 비만율의 증가는 이 장애의 유병률 증가와 동반되는 경향이 있다. 남성, 노인, 특정 인종 집단에서 유병률이 특히 높을 수 있다. 성인에서 폐쇄성 수면 무호흡 저호흡의 남녀 비율은 2:1~4:1이다. 성별에 따른 차이는 나이가 들수록 감소하는데, 이는 여성에게서 폐경 후에 유병률이 증가하기 때문일 것으로 여겨진다. 사춘기 전 아동들에게 있어서 성차는 거의 없다.

발달과 경과

폐쇄성 수면 무호흡 저호흡의 연령분포는 J형 분포를 보인다. 상기도에 비해 상대적으로 큰 편도 조직에 의해 비인두가 막힐 수 있는 3~8세 아동들에게서 유병률은 최고조에 이른다. 아동기 후기에 기도의 성장과 림프 조직의 퇴화와 함께 유병률이 감소한다. 이후 중년기에 비만 유병률이 증가하고, 여성들에게 있어서는 폐경기에 진입함에 따라 폐쇄성 수면 무호흡 저호흡은 다시 증가한다. 노인들에게 있어서의 경과는 불분명하다. 증상의 정도는 65세 이후에는 거의 변동이 없지만,

다른 사람들의 경우에는 나이가 들어감에 따라서 유병률이 증가한다. 무호흡과 저호흡의 발생과 연령이 어느 정도 관련이 있으므로, 수면다원검사 결과는 다른 임상자료를 함께 고려하여 해석해야 한다. 특히, 불면증이나 과다수면증의 중요한 임상 증상은 연령과 상관없이 조사해야 한다.

폐쇄성 수면 무호흡 저호흡은 보통 서서히 발병하고, 점진적으로 진행되며, 지속적인 경과를 보인다. 전형적으로, 큰 소리의 코골이가 오랫동안(흔히 아동기부터) 지속되었어도, 코골이의 심각도가 증가하고 나서야 이에 대한 평가를 원하게 된다. 체중 증가가 증상을 악화시킨다. 폐쇄성 수면 무호흡 저호흡은 어느 연령에서든 발생할 수 있지만, 대부분 40~60대에 나타난다. 4~5년에 걸쳐 성인과 노인에게서 평균 무호흡 저호흡 지수는 시간당 2회씩 증가한다. 무호흡 저호흡 지수가 증가하고, 노인, 남성, 체질량 지수(BMI)가 높거나 BMI가 증가하는 사람들에게서 폐쇄성 수면 무호흡 저호흡이 발생하기 쉽다. 체중 감소, 특히 비만수술 후의 체중 감소로 폐쇄성 수면 무호흡 저호흡이 자연 관해됨이 보고된다. 아동의 경우, 폐쇄성 수면 무호흡 저호흡의 계절적 변동성이 관찰되며, 성장함에 따라 호전된다.

어린 아동의 경우, 폐쇄성 수면 무호흡 저호흡의 징후와 증상은 성인에 비해 감지하기 어렵고, 이로 인해 진단을 내리기가 어렵다. 수면다원검사는 확진에 유용하다. 수면다원검사에서 수면분절은 성인에게서처럼 명확하지 않을 수 있는데, 이는 아동의 경우 수면의 항상성 욕구^homeostatic drive^가 높기 때문일 것이다. 코골이 같은 증상은 흔히 부모에 의해 보고되므로 민감도는 떨어진다. 동요된 각성과 엎드려 자는 것 같은 특이한 수면 자세가 나타날 수 있고, 야뇨증이 발생할 수도 있다. 만일 원래 야뇨증이 없었던 아동에게 야뇨증이 발생한다면, 폐쇄성 수면 무호흡 저호흡을 의심해 보아야 한다. 아동의 경우, 과도한 주간 졸림은 성인에게서만큼 흔하지는 않지만, 나타날 수 있다. 주간 구강호흡, 연하곤란, 발음불량은 아동들에게 있어서 흔한 양상이다. 5세 이하의 아동들의 경우, 행동 증상에 비해 무호흡이나 힘든 호흡 양상이 관찰되는 것 같은 야간 증상이 더 흔하다(즉, 야간 증상이 더욱 두드러지고, 야간 증상으로 인해 임상적 관심을 가지게 된다). 5세 이상의 아동들의 경우, 졸림과 행동문제(예, 충동성과 과잉행동), 주의력결핍 과잉행동장애, 학습 문제, 아침 두통 같은 주간 증상이 주요한 관심사다. 폐쇄성 수면 무호흡 저호흡이 있는 아동은 성장장애와 성장지연이 나타날 수 있다. 어린 아동의 경우, 비만은 덜 흔한 위험요인이고, 성장 지연과 "성장 장애failure to thrive"가 나타날 수 있다.

위험 및 예후 요인

유전적 · 생리적. 폐쇄성 수면 무호흡 저호흡의 가장 주요한 위험 요인은 비만과 남성이다. 다른 위험요인으로는 상하악 후퇴 또는 소악증micrognathia, 수면무호흡의 가족력, 상기도 개방성을 감소시키는 증후군(예, 다운증후군, 트리처콜린스 증후군Treacher Collin' syndrome), 편도 및 아데노이드 비대adenotonsillar hypertrophy(특히 아동의 경우), 폐경(여성의 경우), 다양한 내분비 증후군(예, 말단비대증acromegaly)이 있다. 폐경 전 여성과 비교할 때 남성의 경우, 폐쇄성 수면 무호흡 저호흡의 위험이 증가하는데, 이는 기도구조의 성차와 함께 환기 조절과 체지방 분포에 있어 성 호르몬의 영향 때문일 것이다. 졸음을 유발하는 정신과 치료약물 및 내과 치료약물이 주의 깊게 조절되지 않는다면 무호흡 증상을 악화시킬 수 있다. 폐쇄성 수면 무호흡 저호흡은 무호흡 저호흡 지수의 가족 내 유사성이 높다는 데서 강한 유전적 기초를 가지고 있다. 폐쇄성 수면 무호흡 저호흡의 유병률은 대조군에 비해 폐쇄성 수면 무호흡 저호흡이 있는 일차친족에서 약 2배 정도 높다. 무호흡 저호흡 지수 변동성의 1/3이 공유된 가족요인에 의해 설명된다. 유전자 표지자의 진단적 가치나 예후 가치는 아직 충분하지 않지만, 폐쇄성 수면 무호흡 저호흡의 가족력을 조사하는 것이 이 장애의 임상적 추정력을 높이는 데 도움이 된다.

문화와 관련된 진단적 쟁점

문화에 따라서 졸림과 피로감을 다르게 호소할 가능성이 있다. 어떤 집단에서는 코골이가 건강하다는 징후로 간주되어, 이에 대해 걱정하지 않기도 한다. 아시아계는 BMI가 비교적 낮음에도 불구하고 폐쇄성 수면 무호흡 저호흡의 위험이 더 높은데, 이는 좁은 비인두 구조로 인한 두개 안면 위험요인의 영향 때문일 것이다.

성별과 관련된 진단적 쟁점

여성에게서 졸림보다는 피로감을 더 흔히 호소하고, 코골이는 과소 보고될 수 있다.

진단적 표지자

수면다원검사를 통해 수면관련 호흡장애의 빈도와 산소포화도 및 수면연속성의 변화에 대한 양적 자료를 얻을 수 있다. 아동의 경우, 수면다원검사상 힘든 호흡, 주기성의 산소불포화를 동반한 부분 폐쇄성 환기저하, 고탄산혈증, 역설운동paradoxical movements을 보인다는 점에서 성인과는 차이가 있다. 아동의 경우에는 무호흡 저호흡 지수가 2 이상을 비정상으로 간주한다.

환자가 각성 시 동맥혈가스 측정치는 보통 정상이나, 일부 환자에게서는 각성 시 저산소혈증이나 고탄산혈증이 있을 수 있다. 이런 경우, 임상가는 공존하는 폐질환이나 환기저하에 대한 가능성을 염두에 두어야 한다. 영상검사에서 좁아진 상기도를 확인할 수 있다. 심장검사에서 심실기능 손상 소견이 나타날 수 있다. 중증의 야간 산소불포화가 있는 환자들은 혈색소나 적혈구 용적률이 증가할 수도 있다. 적합한 수면 측정법(예, 수면잠복기 반복검사[MSLT], 각성유지검사)으로 졸림을 확인할 수 있다.

폐쇄성 수면 무호흡 저호흡의 기능적 결과

중등도에서 고도의 폐쇄성 수면 무호흡 저호흡 환자 중 50% 이상이 주간 졸림을 호소한다. 코골이 및 졸림 증상과 함께 업무상 재해의 위험이 2배 증가하는 것으로 보고되고 있다. 자동차 사고도 마찬가지로, 무호흡 저호흡 지수가 높은 환자에게서 7배 정도 증가하는 것으로 알려져 있다. 미국의 임상가들은 특히 상업적 운전자와 관련하여 주정부에 이 장애에 대해 보고해야 함을 인식하고 있어야 한다. 폐쇄성 수면 무호흡 저호흡이 있는 환자의 경우, 건강과 관련한 삶의 질 척도의 점수가 감소되어 있는 것은 흔하고, 신체 및 활력 하위척도에서 가장 큰 감소가 관찰된다.

감별진단

일차성 코골이 · 기타 수면장애. 폐쇄성 수면 무호흡 저호흡이 있는 환자는 일차성 코골이 환자(즉, 증상 없이 코골이를 하고 야간 수면다원검사에서 비정상 소견이 없는)와 감별해야 한다. 폐쇄성 수면 무호흡 저호흡이 있는 환자들은 야간 헐떡임이나 질식을 호소하기도 한다. 졸림이나 다른 주간 증상들이 다른 원인에 의해 잘 설명되지 않는다는 것은 폐쇄성 수면 무호흡 저호흡을 시사하는 소견이지만, 이는 수면다원검사로 감별해야 한다. 과다수면증, 중추성 수면무호흡, 수면관련 환기저하, 폐쇄성 수면 무호흡 저호흡에 대한 최종적인 감별진단은 수면다원검사를 통해 이루어져야 한다.

폐쇄성 수면 무호흡 저호흡은 기면증, 과다수면증, 일주기리듬 수면장애 같은 다른 원인에 의한 졸림과 감별되어야 한다. 폐쇄성 수면 무호흡 저호흡은 탈력발작, 수면관련 환각, 수면마비가 없고 코골이, 수면 중 헐떡임이나 무호흡이 관찰된다는 점에서 기면증과 구별할 수 있다. 기면증에서의 주간 수면 삽화는 특징적으로 짧고, 좀 더 개운하고, 꿈을 수반하는 경우가 많다. 폐쇄성 수면 무호흡 저호흡에서는 특징적으로 야간 수면다원검사에서 무호흡과 저호흡이 나타나고, 산소불포화를 볼 수 있다. 기면증에서는 MSLT를 하는 동안 수차례의 수면 개시 REM수면이 관찰될 수 있다. 폐쇄성 수면 무호흡 저호흡과 마찬가지로, 기면증도 비만과 관련이 있고, 일부 환자들에게는 기면증과 폐쇄성 수면 무호흡 저호흡이 공존한다. 기면증과 폐쇄성 수면 무호흡 저호흡은 동반이환될 수 있으므로, 기면증으로 진단되었다고 해서 폐쇄성 수면 무호흡 저호흡 진단을 배제할 수는 없다.

불면장애. 수면 개시나 유지 곤란 또는 이른 아침 각성을 호소하는 사람들의 경우, 불면장애는 코골이와 특징적인 병력, 징후, 증상이 없다는 점에서 폐쇄성 수면

무호흡 저호흡과 감별될 수 있다. 그러나 불면장애와 폐쇄성 수면 무호흡 저호흡은 동시에 발생할 수 있다. 그러므로 만약 이들이 동반이환되어 있다면, 수면을 호전시키기 위해 두 진단 모두 고려되어야 한다.

공황발작. 야간 공황발작에는 폐쇄성 수면 무호흡 저호흡과 임상적으로 구분하기 어려운 수면 중 헐떡임이나 질식과 같은 증상이 있다. 그러나 보다 낮은 삽화의 빈도, 강렬한 자율신경계 각성, 과도한 졸림의 부재 같은 특징으로 야간 공황발작과 폐쇄성 수면 무호흡 저호흡을 구별할 수 있다. 야간 공황발작이 있는 개인의 수면다원검사에서는 전형적인 방식의 무호흡이나 산소불포화와 같은 폐쇄성 수면 무호흡 저호흡 특징을 확인할 수 없다. 폐쇄성 수면 무호흡 저호흡이 있는 개인들은 주간 공황발작과 같은 병력이 없다.

주의력결핍 과잉행동장애. 아동의 경우, 주의력결핍 과잉행동장애의 증상으로 부주의, 학업적 손상, 과잉행동, 내재화 행동이 있는데, 이 증상들은 모두 마찬가지로 아동 폐쇄성 수면 무호흡 저호흡의 증상일 수 있다. 아동 폐쇄성 수면 무호흡 저호흡의 다른 증상과 징후의 발현(예, 수면 중 힘든 호흡이나 코골이, 그리고 편도 및 아데노이드 비대증^adenotonsillar hypertrophy^)은 폐쇄성 수면 무호흡 저호흡을 시사한다. 폐쇄성 수면 무호흡 저호흡과 주의력결핍 과잉행동장애는 흔히 동시에 발생하는데, 이 두 질환 사이에 인과관계가 있을 수 있다. 그러므로 편도 비대, 비만, 또는 수면무호흡의 가족력과 같은 위험요인은 임상가들로 하여금 이 두 질환의 동반 발병을 고려하는 데 도움이 된다.

물질/치료약물로 유발된 불면 또는 과다수면. 물질 사용과 물질금단(치료약물 포함)은 불면증 또는 과다수면증을 유발할 수 있다. 보통 주의 깊은 병력 탐색을 통해 관련된 물질/치료약물을 확인할 수 있고, 추적조사를 통해 물질/치료약물을 중단한 후 수면장해 개선여부를 알 수 있다. 다른 경우에 물질/치료약물의 사용(예, 알코올, 바비튜레이트, 벤조디아제핀, 담배)은 폐쇄성 수면 무호흡 저호흡을 악화시킨다고 알려져 있다. 폐쇄성 수면 무호흡 저호흡에 일치하는 증상과 징후가 있는 개인은 증상을 악화시키는 물질 사용이 동시에 있다 하더라도 호흡관련 수면장애로 진단을 내려야 한다.

동반이환

전신성 고혈압, 관상동맥 질환, 심부전, 뇌졸중, 당뇨, 사망률 증가는 폐쇄성 수면무호흡 저호흡과 관련이 있다. 중등도에서 고도의 폐쇄성 수면 무호흡 저호흡에서 이들의 위험도는 30~300%까지 다양하다. 폐동맥 고혈압과 우심 심부전(예, 폐심장증, 발목 부종, 간 울혈)은 폐쇄성 수면 무호흡 저호흡에서는 드물다. 만약 이런 양상이 나타난다면, 그것은 장애가 굉장히 심각하거나 환기저하 또는 심폐합병증에 의한 것임을 시사한다. 폐쇄성 수면 무호흡 저호흡은 다수의 의학적 또는 신경학적 상태(예, 뇌혈관 질환, 파킨슨병)와 관련하여 빈도가 증가한다. 신체 소견들은 이러한 상태의 동반을 반영한다.

폐쇄성 수면 무호흡 저호흡에 대한 평가를 위해 의뢰된 사람들 중 1/3 정도가 우울감을 호소하고, 10% 정도는 중등도에서 고도의 우울증에 해당하는 우울척도 점수를 보인다. 무호흡 저호흡 지수에 의해 측정된 폐쇄성 수면 무호흡 저호흡의 심각도는 우울 증상의 심각도와 상관관계가 있다. 여성보다 남성에게서 이런 연관성이 더 강하다.

국제수면장애진단분류와의 관련성

『국제수면장애진단분류International Classification of Sleep Disorders 제2판(ICSD-2)』은 일차성 중추성 수면무호흡증, 폐쇄성 수면무호흡증, 수면관련 환기저하를 포함하여 "수면관련 호흡장애"를 11개 아형으로 구분하였다.

중추성 수면무호흡증
Central Sleep Apnea

진단기준

A. 수면다원검사에서 수면시간당 5회 이상의 중추성 무호흡이 존재한다.
B. 장해가 다른 수면장애로 더 잘 설명되지 않는다.

다음 중 하나를 명시할 것:

327.21 (G47.31) **특발성 중추성 수면무호흡증:** 기도 폐색의 증거 없이 호흡 노력의 변동성에 의해 발생 하는 수면 중 무호흡증 또는 저호흡증의 반복적인 삽화가 특징이다.

786.04 (R06.3) **체인 스토크스 호흡**Cheyne-Stokes breathing: 중추성 수면무호흡증과 저호흡증을 수면시간당 5회 이상 일으키는 일회 호흡량tidal volume이 주기적으로 점점 세지다가 점점 약해지는 변동 양상. 보통 빈번한 각성을 동반한다.

780.57 (G47.37) **아편계 사용과 동반이환된 중추성 수면무호흡증:** 이 아형의 발병 기전은 연수에 위치한 호흡리듬 발생 장치에 대한 아편계의 영향뿐 아니라 저산소 대 고탄산 호흡구동에 대한 차별된 영향에 기인한다.

부호화 시 주의점(780.57 [47.37]을 부호화할 때 한함):
아편계사용장애가 있을 때, 아편계사용장애를 먼저 부호화한다. 305.50 (F11.10) 경도의 아편계사용장애 또는 304.00 (F11.20) 중등도 또는 고도의 아편계사용장애, 그리고 780.57 (G47.37) 아편계 사용과 동반이환된 중추성 수면무호흡증을 부호화한다. 아편계사용장애가 없을 때(예, 1회의 심한 물질 사용 이후), 780.57 (G47.37) 아편계 사용과 동반이환된 중추성 수면무호흡증만을 부호화한다.

주의점: 본문의 "진단적 특징" 부분을 참조할 것.

현재의 심각도를 명시할 것:

중추성 수면무호흡증의 심각도는 호흡장애의 빈도뿐 아니라 반복적인 호흡장애의 결과로서 발생하는 연관 산소불포화와 수면분절의 정도에 따라 정해진다.

아형

특발성 중추성 수면무호흡증과 체인 스토크스 호흡은 높은 루프 이득high loop gain으로도 불리는 환기 조절의 증가된 진폭을 특징으로 하는데, 이는 환기와 혈중 이산화탄소 분압의 불안정성을 야기한다. 이러한 불안정성은 주기성 변동호흡periodic breathing으로 일컬어지며, 과호흡과 저호흡이 번갈아 나타난다. 이러한 장애가 있는 환자들은 대부분 깨어 있는 동안 약간의 저탄산혈증 또는 정상 이산화탄소혈증의 pCO_2 수치를 보인다. 중추성 수면무호흡증은 폐쇄성 수면 무호흡 저호흡의 치료개시 단계에도 나타날 수 있고, 폐쇄성 수면 무호흡 저호흡 증후군(복합 수면무호흡)과 연관되어 발생할 수도 있다. 폐쇄성 수면무호흡증과 연관하여 발생하는 중추성 수면무호흡증 역시 높은 루프 이득으로 인한 것으로 생각된다. 반면, 아편계 사용과 동반이환된 중추성 수면무호흡증의 발병 기전은 연수에 위치한 호흡리듬 발생 장치에 대한 아편계의 효과뿐 아니라 저산소 대 고탄산 호흡 구동에 대한 차별적 효과에 기인한다. 이러한 사람들은 깨어 있는 동안 높은 이산화탄소 분압을 가진다. 아편계 투약과 연관한 호흡장애가 졸림과 우울을 유발시키는 데, 어떤 역할을 하는지 연구되지는 않았지만, 만성 메타돈methadone 유지치료를 받고 있는 개인에게서 졸림과 우울이 증가한다고 알려져 있다.

명시자

중추성 무호흡 지수(수면시간당 중추성 무호흡의 횟수)의 증가는 중추성 수면무호흡증의 심각도의 증가를 반영한다. NREM수면의 회복 단계의 감소(서파수면[3단계]의 감소)와 함께 수면의 연속성과 질은 현저하게 손상될 것이다. 중증의 체인 스토크스 호흡을 하는 사람들에게서 그러한 양상은 안정 각성 시에도 관찰될 수 있는데, 이는 사망률의 불량한 예후 표지자로 생각된다.

진단적 특징

중추성 수면무호흡 장애들은 수면 중 호흡 노력의 변동성에 의해 발생하는 무호흡증 또는 저호흡증의 반복적인 삽화가 특징적이다. 이 장애들은 호흡 사건이 주기적 또는 간헐적으로 발생하는 환기조절의 장애다. 특발성 중추성 수면무호흡증은 졸림, 불면, 수면시간당 5회 이상의 중추성 무호흡과 연관된 호흡 곤란으로 인한 각성이 특징이다. 심부전, 뇌졸중, 또는 신부전이 있는 개인에게서 발생하는 중추성 수면무호흡증은 전형적으로 체인 스토크스 호흡Cheyne- Stokes breathing이라고 불리는 호흡 양상을 보이는데, 이는 빈번한 각성을 동반한 중추성 무호흡 저호흡을 수면시간당 5회 이상 유발하는 1회 호흡량의 주기적인 점증-하강 변동패턴이 특징이다. 중추성 및 폐쇄성 수면무호흡증은 공존할 수 있다. 중추성 대 폐쇄성 무호흡/저호흡의 비율은 어떤 상태가 우세한지를 확인하는 데 사용될 수 있다.

호흡 신경근육 조절의 변화는 정신과적 질환이 있는 개인이 복용하는 치료약물이나 물질과 관련하여 발생할 수 있는데, 이는 호흡리듬과 환기의 손상을 야기하거나 악화시킬 수 있다. 이러한 치료약물을 복용하는 사람들은 수면장해와 졸림, 혼돈, 우울 같은 증상들을 발생시키는 데 기여하는 수면관련 호흡장애가 있다. 특히, 장기 지속형 아편계의 장기투약은 흔히 중추성 수면무호흡증을 초래하는 호흡조절의 손상을 일으킨다.

진단을 뒷받침하는 부수적 특징

중추성 수면 무호흡 저호흡 환자들은 졸림이나 불면증을 보일 수 있다. 이들은 호흡곤란과 동반하여 발생하는 각성을 포함한 수면분절을 호소할 수 있다. 일부에서는 증상이 없다. 폐쇄성 수면 무호흡 저호흡은 체인 스토크스 호흡과 공존할 수 있어서, 코골이와 갑자기 중단되는 무호흡증이 수면 중에 관찰될 수 있다.

유병률

특발성ideopathic 중추성 수면무호흡증의 유병률은 알려져 있지 않지만, 드물 것으로 추정된다. 심실박출률cardiac ventricular ejection fraction이 감소된 개인의 경우, 체인 스토크스 호흡의 유병률이 높다. 박출계수가 45% 미만인 사람들의 경우, 유병률이 20% 이상인 것으로 보고되고 있다. 폐쇄성 수면 무호흡 저호흡보다 남성의 유병률이 더 높다. 유병률은 연령에 따라 증가하고, 대부분의 환자가 60세 이상이다. 체인 스토크스 호흡은 급성 뇌졸중을 가진 환자의 약 20%에서 발생한다. 아편계 사용과 동반이환된 중추성 수면무호흡증은 비암성nonmalignant 통증으로 만성 아편계를 복용하는 사람의 약 30%에서 발생하고, 메타돈 유지치료를 받고 있는 사람들에게서도 비슷하게 발생한다.

발달과 경과

체인 스토크스 호흡의 발생은 심부전의 진행과 연관이 있는 것으로 보인다. 체인 스토크스 호흡 양상은 심장박동, 혈압과 산소불포화도의 진동과 연관되며, 심부전의 진행을 촉진시킬 수 있는 교감신경 활성 증가와 연관이 있다. 뇌졸중에서 체인 스토크스 호흡의 임상적 중요성은 알려져 있지 않지만, 체인 스토크스 호흡은 급성 뇌졸중 후 시간이 경과함에 따라 해결되는 일과성 소견으로 생각된다. 아편계 사용과 동반이환된 중추성 수면무호흡증은 장기 사용 시(예, 수개월) 보고된다.

위험 및 예후 요인

유전적 · 생리적. 체인 스토크스 호흡은 심부전이 있는 환자들에게서 자주 발생한다. 심방세동[atrial fibrillation]이 공존할 때, 그리고 고령과 남성인 경우에 위험도가 증가한다. 체인 스토크스 호흡은 급성 뇌졸중과 연관되어서도 발생하고, 신부전과도 연관될 가능성이 있다. 심부전 상태에서 기저의 환기 불안정성은 환기 화학감도[chemosensitivity] 증가, 폐혈관 울혈[congestion]과 순환 지연에 의한 과호흡에 기여한다. 중추성 수면무호흡증은 장기 지속형 아편계를 복용하는 개인에게서 볼 수 있다.

진단적 표지자

체인 스토크스 호흡 양상을 가진 개인들에게서 보이는 신체 소견들은 그것의 위험요인이다. 목정맥 확장, S3 심음[heart sound], 폐 수포음[lung crackies], 하지부종[low extremity edema] 같은 심부전에 일치하는 소견들이 있을 수 있다. 야간 수면다원검사는 각각의 호흡관련 수면장애 아형의 호흡 특성들을 구별할 수 있다. 중추성 수면

무호흡증은 호흡정지 기간이 10초 이상 발생할 때 기록된다. 체인 스토크스 호흡은 빈번한 각성을 동반한 중추성 무호흡과 저호흡을 수면시간당 5회 이상 유발하는 1회 호흡량의 주기적인 점증-하강 변동패턴이 특징이다. 체인 스토크스 호흡의 주기(한 중추성 무호흡이 종료된 시점으로부터 다음 무호흡이 종료될 때까지의 시간)는 대략 60초다.

중추성 수면무호흡증의 기능적 결과

특발성 중추성 수면무호흡증은 불면과 졸림 등 수면방해 증상을 야기시킨다고 보고되어 왔다. 심부전과 동반이환된 체인 스토크스 호흡은 과도한 졸림, 피곤, 불면과 연관이 있어 왔다. 그렇지만 많은 사람들이 증상이 없을 수도 있다. 심부전과 체인 스토크스 호흡의 공존은 부정맥의 증가와 사망률 또는 심장이식의 증가와 연관이 있다. 아편계 사용과 동반이환된 중추성 수면무호흡증을 가진 사람들은 졸림이나 불면 증상을 나타낼 수 있다.

감별진단

특발성 중추성 수면무호흡증은 수면분절, 졸림, 피로를 유발하는 다른 호흡관련 수면장애, 다른 수면장애, 의학적 상태 및 정신질환과 구별해야 한다. 이는 수면다원검사를 이용하여 이루어질 수 있다.

기타 호흡관련 수면장애와 수면장애. 중추성 수면무호흡은 중추성 무호흡이 수면시간당 5회 이상 존재한다는 점에서 폐쇄성 수면 무호흡 저호흡과 구별된다. 두 상태는 동시에 발생할 수 있지만, 중추성 대 폐쇄성 호흡 사건의 비율에서 중추성이 50% 이상일 때, 중추성 수면무호흡 우세로 평가된다.

체인 스토크스 호흡Cheyne-Stokes breathing은 선행 질환(예, 심부전 또는 뇌졸중)이나 징후의 유무와 특징적인 호흡 양상의 야간 수면다원검사의 증거를 기반으로 하여, 다른 수면장애를 포함하는 정신질환과 수면분절, 졸림과 피로를 유발하는 기타 의학적 상태와 구별될 수 있다. 야간 수면다원검사의 호흡 소견은 체인 스토크스 호흡과 기타 의학적 상태로 인한 불면의 구별에 도움이 된다. 고지대 주기성 호흡은 체인 스토크스 호흡과 유사한 양상이지만, 주기가 더 짧고, 고지대에서만 발생하며, 심부전과 연관성이 없다.

아편계 사용과 동반이환된 중추성 수면무호흡증은 중추성 무호흡과 주기성 또는 실조성ataxic 호흡이 야간 수면다원검사에서 관찰되는 것과 함께 장기 지속형 아편계 약물치료를 한다는 것을 근거로 다른 유형의 호흡관련 수면장애와 구별될 수 있다. 약물이나 물질사용으로 인한 불면증과는 야간 수면다원검사에서 중추성 수면무호흡이 관찰되는 것을 근거로 구별될 수 있다.

동반이환

중추성 수면무호흡증은 메타돈과 같은 장기 지속형 아편계 사용자에게서 빈번히 나타난다. 이러한 치료약물을 복용하는 사람의 경우, 수면관련 호흡장애가 발생하는데, 이는 수면장해 및 졸림, 혼돈, 우울과 같은 증상을 일으킬 수 있다. 환자가 잠들어 있는 동안 중추성 무호흡, 주기성 무호흡, 실조성 호흡 등의 호흡 양상이 관찰될 수 있다. 폐쇄성 수면무호흡증은 중추성 수면무호흡증과 공존될 수 있고, 또한 폐쇄성 수면무호흡증에 부합되는 임상 양상이 나타날 수 있다("폐쇄성 수면무호흡 저호흡"을 참조할 것). 체인 스토크스 호흡은 심부전, 뇌졸중, 신부전이 포함된 질환과 연관되어 더 흔히 발견되고, 심방세동을 가진 사람들에게서 훨씬 빈번하게 발견된다. 체인 스토크스 호흡이 있는 사람들은 폐쇄성 수면 무호흡 저호흡이 있는 사람들에 비해 고령, 남성, 저체중일 가능성이 더 높다.

수면관련 환기저하

Sleep-Related Hypoventilation

진단기준

A. 수면다원검사에서 이산화탄소 농도의 상승과 연관한 호흡저하 삽화들이 나타난다(**주의점:** 이산화탄소의 객관적인 측정이 없는 경우에는 무호흡/저호흡 사건과 연관 없이 지속적으로 헤모글로빈 산소포화도가 낮은 수치를 유지하는 것이 환기저하를 의미한다).

B. 장해가 현재의 다른 수면장애로 더 잘 설명되지 않는다.

다음 중 하나를 명시할 것:

327.24 (G47.34) **특발성 환기저하:** 이 아형은 이미 확인된 다른 상태에 의한 것이 아니다.

327.25 (G47.35) **선천성 중추성 폐포 환기저하:** 이 아형은 드문 선천성 장애로 전형적으로 주산기에 얕은 호흡 또는 수면 중 청색증과 무호흡으로 나타난다.

327.26 (G47.36) **동반이환된 수면관련 환기저하:** 이 아형은 폐장애(예, 간질성 폐질환, 만성 폐쇄성 폐질환) 또는 신경근육이나 흉벽장애(예, 근위축증, 소아마비후 증후군, 척수 손상, 척추측후만증), 또는 치료약물(예, 벤조디아제핀, 아편제)과 같은 의학적 상태의 결과로 발생한다. 또한 이 아형은 비만으로 인해 발생하기도 하는데(비만 환기저하장애), 이는 흉벽 탄성의 감소와 환기관류 불균형으로 인한 호흡 노력의 증가 및 다양한 정도로 저하된 환기동인ventilatory drive이 함께 영향을 미친다. 이러한 환자들은 대개 BMI가 30 이상이고 각성 중 고탄산혈증(pCO_2이 45 이상)이 특징이다.

현재의 심각도를 명시할 것:

심각도는 수면 중 나타나는 저산소혈증과 고탄산혈증의 정도와 이러한 이상으로 인한 종말기관end organ 손상의 증거(예, 우심실 부전)에 따라 정해진다. 각성시기에 존재하는 혈액가스 이상은 심한 심각도의 지표다.

아형

비만 환기저하장애hypoventilation disorder에 있어서, 일반 인구에서 비만 환기저하의 유병률은 알려져 있지 않다. 그렇지만 비만과 고도 비만의 유병률 증가에 따라 비만 환기저하의 유병률도 증가하고 있는 것으로 생각된다.

진단적 특징

수면관련 환기저하는 독립적으로 또는 더 흔하게는 의학적 또는 신경학적 장애, 치료약물 사용 또는 물질사용장애와 동반이환되어 발생할 수 있다. 증상들이 이 진단을 내리는 데 필수적이지는 않다. 그렇지만 사람들은 흔히 과도한 주간 졸림, 수면 중 빈번한 각성과 깨어남, 아침 두통과 불면 증상을 보고한다.

진단을 뒷받침하는 부수적 특징

수면관련 환기저하가 있는 사람들은 불면이나 졸림 같은 수면관련 증상을 호소할 수 있다. 좌 위호흡orthopnea 삽화는 횡경막 무력증이 있는 환자들에게서 발생할 수 있고, 잠에서 깨어날 때 두통이 있을 수 있다. 수면 중 얕은 호흡의 삽화들을 관찰할 수 있고, 폐쇄성 수면 무호흡 저호흡 또는 중추성 수면무호흡증이 공존할 수 있다. 환기부족의 결과로 폐동맥 고혈압, 폐심장증(우심실 부전), 적혈구증가증과 신경인지기능이상이 나타날 수 있다. 환기부족이 진행됨에 따라 혈액가스 이상이 각성 중에도 지속될 수 있다. 또한 수면관련 환기저하를 유발하는 의학적 상태들의 증상 양상이 나타날 수 있다. 환기저하의 삽화들은 빈번한 각성 또는 서빈맥과 연관되어 나타날 수 있다. 환자들은 과도한 졸림과 불면 또는 아침 두통을 호소할 수 있고, 신경인지기능이상 또는 우울 증상을 나타낼 수 있다. 환기저하는 각성 중에는 잘 나타나지 않는다.

유병률

성인의 경우, 특발성 수면관련 환기저하는 매우 드물다. 선천성 중추성 폐포 환기저하의 유병률은 알려져 있지 않지만 드물다. 동반이환된 수면관련 환기저하(만성 폐쇄성 호흡질환, 신경근육장애, 또는 비만과 같은 다른 질환과 동반이환된 환기저하)는 더 흔하다.

발달과 경과

특발성 수면관련 환기저하는 호흡 손상이 서서히 진행하는 장애로 생각된다. 이 장애가 다른 장애(예, 만성 폐쇄성 호흡질환, 신경근육장애, 비만)와 동반이환되어 발생할 때, 병의 심각도는 선행 질환의 심각도를 반영하고, 질환이 악화됨에 따라 장애가 진행된다. 혈액가스 이상의 심각도가 심해짐에 따라 폐동맥고혈압, 폐심장증, 심부정맥, 적혈구증가증, 신경인지기능이상, 호흡부전 악화와 같은 합병증이 발생할 수 있다.

선천성 중추성 폐포 환기저하는 보통은 출생 시에 얕고 불규칙한 호흡 또는 무호흡으로 증상이 나타난다. 이 장애는 PHOX2B 돌연변이의 발현 정도에 따라 유아기, 아동기, 성인기 동안에도 발생할 수 있다. 선천성 중추성 폐포 환기저하가 있는 아동은 자율신경계 장애, 히르슈슈프룽병Hirschsprung's disease, 신경능선종양neural crest tumors, 특징적인 상자 모양의 얼굴(얼굴이 너비에 비해 상대적으로 짧다)을 가질 가능성이 높다.

위험 및 예후 요인

환경적. 벤조디아제핀, 아편제와 알코올을 포함한 중추신경계 억제제를 사용하는 개인에서 환기동인이 감소될 수 있다.

유전적 · 생리적. 특발성 수면관련 환기저하는 이산화탄소에 대한 화학 반응 둔화(감소된 호흡동인, "호흡을 하지 않는")로 인한 감소된 환기동인과 연관이 있고, 환기 조절을 관리하는 중추에 기저의 신경학적 결함이 있음을 반영한다. 더 흔하게, 수면관련 환기저하는 폐장애, 신경근육 또는 흉벽 장애, 또는 갑상선기능저하증과 같은 다른 의학적 상태 또는 치료약물(예, 벤조디아제핀, 아편제)의 사용에 동반된다. 이러한 상태에서 호흡 노력의 증가 또는 호흡근 기능의 손상("호흡할 수 없는") 및/또는 감소된 호흡동인("호흡을 하지 않는")의 결과로 환기저하가 나타날 수 있다.

신경근육장애neuromuscular disorders는 호흡운동 신경 손상 또는 호흡근 기능의 손상을 초래함으로써 호흡에 영향을 미친다. 이러한 신경근육장애로는 근위축측삭경화증amyotrophic lateral sclerosois, 척수 손상, 횡경막마비diaphragmatic paralysis, 중증근육무력증myasthenia gravis, 램버트-이튼 증후군Lambert-Eaton syndrome, 독성 혹은 대사성 근육병증metabolic myopathies, 소아마비후 증후군postpolio syndrome과 샤르코-마리-투스 증후군Charcot-Marie-Tooth syndrome과 같은 질환들이 해당된다.

선천성 중추성 폐포 환기저하는 배아의 자율신경계와 신경능선 유도체neural crest derivatives의 발달에 중요한 역할을 하는 유전자인 PHOX2B의 돌연변이mutation에 의한 유전질환이다. 선천성 중추성 폐포 환기저하를 가진 아동은 특히 NREM 수면 시 고탄산혈증에 대해 환기반응의 둔화를 보인다.

성별과 관련된 진단적 쟁점

동반이환된 질환과 연관하여 발생하는 수면관련 환기저하의 성별 분포는 동반이환 질환의 성별 분포를 반영한다. 즉, 만성 폐쇄성 폐질환은 남성에서 연령의 증가에 따라 더 많이 발생한다.

진단적 표지자

수면관련 환기저하는 수면다원검사상 수면관련 저산소혈증과 고탄산혈증이 있는데, 이것이 다른 호흡관련 수면장애로 더 잘 설명되지 않을 때 진단된다. 수면 중 증가된 동맥혈 이산화탄소 분압이 55mmHg 이상이거나, 이산화탄소 분압이 기상 후 바로 누운 상태보다 수면 중일 때 10mmHg 이상 증가(50mmHg보다는 높아야 함)되고, 10분 이상 지속되는 것이 진단을 위한 절대 기준이다. 그러나 수면 중 동맥 혈액가스를 측정하는 것은 비현실적이다. 수면 중 이산화탄소 분압에 대한 비침습적인 측정법은 타당화되지 않았고, 성인대상으로 수면다원검사를 실시하는 경우에는 잘 사용되지 않는다. 상기도 폐색의 증거 없이 연장되고 지속되는 산소포화도의 저하(최하가 적어도 85%인 5분 이상 지속되는 90% 미만의 산소포화도 또는 적어도 수면시간의 30% 동안 지속되는 90% 이하의 산소포화도)는 흔히 수면관련 환기저하의 표지자로 사용된다. 그러나 폐질환으로 인한 경우가 있듯이, 저산소혈증의 다른 가능한 원인들이 있다는 점에서 이 소견은 그리 명확한 것이 아니다.

수면관련 환기저하의 기능적 결과

수면관련 환기저하의 결과는 고탄산혈증과 저산소혈증에 대한 만성적인 노출의 효과와 관련이 있다. 이러한 혈액가스 장애는 폐동맥고혈압을 초래하는 폐혈관계의 혈관수축을 야기시키고, 중증인 경우에는 우심실부전(폐심장증)을 발생시킬 수 있다. 저산소혈증hypoxemia은 인지기능 이상, 적혈구증가증polycythemia, 심부정맥cardiac arrhythmias 같은 결과를 초래하는 뇌, 혈액, 심장과 같은 장기의 기능이상을 초래할 수 있다. 고탄산혈증hypercapnia은 환기동인을 억제하여 진행성 호흡부전을 초래할 수 있다.

감별진단

환기에 영향을 미치는 기타 의학적 상태. 성인의 경우, 특발성 수면관련 환기저하는 매우 드물고, 폐질환, 골격 기형, 신경근육장애, 다른 의학적 및 신경학적 장애 또는 환기에 영향을 미치는 치료약물의 존재를 배제해야 확진된다. 수면관련 환기저하는 폐질환에 의한 것과 같은 수면관련 저산소혈증의 다른 원인들과 감별되어야 한다.

기타 호흡관련 수면장애. 수면관련 환기저하는 임상 양상과 수면다원검사 소견을 근거로 하여 폐쇄성 수면 무호흡 저호흡 및 중추성 수면무호흡증과 구별될 수 있다. 수면관련 환기저하는 폐쇄성 수면 무호흡 저호흡과 중추성 수면무호흡증에서 보이는 주기성 삽화들보다는 전형적으로 산소불포화가 좀 더 지속되어 나타난다. 또한 폐쇄성 수면 무호흡 저호흡과 중추성 수면무호흡증에서는 수면관련 환기저하에서는 나타나지 않는 반복적인 기류 감소의 분명한 삽화가 나타난다.

동반이환

수면관련 환기저하는 종종 폐 장애(예, 간질성 폐질환, 만성 폐쇄성 호흡질환[COPD]), 신경근육 또는 흉벽 장애(예, 근위축증, 소아마비후 증후군, 흉추 척수 손상, 비만, 척추측후만증), 또는 정신건강 의료관계자와 가장 관계가 있는 치료약물(예, 벤조디아제핀, 아편제) 사용과 연관하여 발생한다. 선천성 중추성 폐포 환기저하는 종종 자율신경계 기능이상과 연관하여 발생하고 히르슈슈프룽병Hirschsprung's disease과 연관하여 발생하기도 한다. 대개 흡연과 연관된 하기도 폐색장애인 만성 폐쇄성 호흡질환은 수면관련 환기저하와 저산소혈증을 발생시킬 수 있다. 동시에 존재하는 폐쇄성 수면 무호흡 저호흡은 수면과 각성 시기에 저산소혈증과 고탄산혈증을 악화시키는 것으로 생각된다. 선천성 중추성 폐포 환기저하와 특발성 수면관련 환기저하의 관계는 명확하지 않다. 일부에서 특발성 수면관련 환기저하는 늦게 발병하는 선천성 중추성 폐포 환기저하의 경우일 수도 있다.

국제수면장애진단분류와의 관련성

『국제수면장애진단분류 제2판(ICSD-2)』은 수면관련 환기저하/저산소혈증 증후군이라는 범주 아래 수면관련 환기저하와 수면관련 저산소혈증을 묶었다. 이 분류방법은 환기저하와 저산소혈증을 초래하는 장애들이 흔히 동시에 발생한다는 점을 반영한 것이다. 이와는 대조적으로, DSM-5에서의 분류는 환기저하를 초래하는 구별되는 수면관련 병인론적 과정이 있다는 증거에 근거한 것이다.

일주기리듬 수면-각성장애
Circadian Sleep-Wake Disorders

진단기준

A. 일차적으로 일주기리듬의 변화 또는 내인성 일주기리듬과 개인의 물리적 환경 또는 사회적·직업적 일정에 의해 요구되는 수면-각성 일정 사이의 조정 불량으로 인한 수면장해가

지속되거나 반복되는 양상이 있다.

B. 수면방해는 과도한 졸림 또는 불면, 또는 2가지 모두 초래한다.

C. 수면장해는 사회적, 직업적, 또는 다른 중요한 기능 영역에서 임상적으로 현저한 고통이나 손상을 초래한다.

부호화 시 주의점: ICD-9-CM에서는 모든 아형을 307.45로 부호화한다. ICD-10-CM에서는 아형에 따라 부호화한다.

다음 중 하나를 명시할 것:

307.45 (G47.21) 뒤처진 수면위상형: 수면 개시 및 각성 시간이 지연되어 있는 양상으로, 기대되는 시간이나 통상적으로 받아들여지는 이른 시간에 잠들고 깨어날 수 없다.

다음의 경우 명시할 것:

가족성: 뒤처진 수면위상형의 가족력이 있다.

다음의 경우 명시할 것:

비24시간 수면-각성형과 중복: 뒤처진 수면위상형은 비24시간 수면-각성형의 다른 종류의 일주기리듬 수면-각성장애와 중복될 수 있다.

307.45 (G47.22) 앞당겨진 수면위상형: 기대되는 시간이나 통상적으로 받아들여지는 늦은 시간까지 깨어 있거나 잠들어 있을 수 없으며 일찍 자고 일찍 일어나는 양상이다.

다음의 경우 명시할 것:

가족성: 앞당겨진 수면위상형의 가족력이 있다.

307.45 (G47.23) 불규칙한 수면-각성형: 일시적으로 와해된 수면-각성 양상으로, 잠들어 있고 깨어 있는 기간이 24시간에 걸쳐 다양하다.

307.45 (G47.24) 비24시간 수면-각성형: 수면-각성 주기의 양상이 24시간 환경에 일치하지 않고, 일관된 일일 이동(대개 더 늦은 시간으로)이 있다.

307.45 (G47.26) 교대근무형: 교대근무(통상적이지 않은 근무시간을 요하는)와 연관되는 주요 수면시간 동안의 불면 및/또는 보통 각성시간 동안의 과도한 졸림(우발성 수면 포함)이 있다.

307.45 (G47.20) 명시되지 않는 유형

다음의 경우 명시할 것:

삽화성: 증상이 적어도 1개월 이상, 3개월 미만으로 지속된다.

지속성: 증상이 3개월 이상 지속된다.

재발성: 2회 이상의 삽화가 1년 내에 발생한다.

뒤처진 수면위상형
Delayed Sleep Phase Type

진단적 특징

뒤처진 수면위상형은 주로 기대되는 수면시간과 기상 시간에 비해 주요 수면시간의 시간대가 지연(대개 2시간 이상)되어 있고, 이로 인해 불면과 과도한 졸림이 발생한 과거력에 의해 진단한다. 뒤처진 수면위상형이 있는 사람들은 스스로 일정을 짜도록 내버려 두면 연령에 적합한 정상적인 수면의 질과 양을 나타낸다. 수면개시 불면, 아침에 깨어 있기 어려움, 과도한 아침시간의 졸림 증상이 두드러진다.

진단을 뒷받침하는 부수적 특징

뒤처진 수면위상형에서 흔히 동반되는 양상은 정신질환의 과거력 또는 현재의 정신질환의 공존이다. 아침 시간대에 혼돈을 동반한 길고 심한 각성의 어려움도 흔하다. 정신생리학적 불면증이 비적응적 행동의 결과로서 발생할 수 있는데, 이는 일찍 잠들기 위한 반복적인 시도로 인해 수면에 방해를 주고 각성이 증가되는 것에 기인한다.

유병률

일반 인구에서 뒤처진 수면위상형의 유병률은 대략 0.17%이지만, 청소년에서는 7% 이상인 것으로 추정된다. 가족성 뒤처진 수면위상형의 유병률은 밝혀지지 않았지만, 뒤처진 수면위상형을 보이는 사람들은 이 증상의 가족력이 있다.

발달과 경과

경과는 지속적이고, 3개월 이상 지속되며, 성인기 동안 간헐적인 악화를 보인다. 발병 연령은 다양하지만, 증상은 전형적으로 청소년기와 성인기 초기에 시작되고, 진단이 내려지기 전까지 수개월에서 수년 전부터 증상이 나타난다. 심각도는 연령에 따라 감소하고, 증상 재발이 흔하다.

임상 증상은 사회적 · 학업적 · 직업적 의무에 따라 일생에 걸쳐서 다양하다. 증상 악화는 대개 이른 시간 기상이 요구되는 직업이나 학업 일정 변화에 의해 야기된다. 업무 일정을 뒤처진 일주기 수면과 기상 시간에 맞춰 조절이 가능한 사람들은 증상이 관해될 수 있다.

청소년들의 높은 유병률은 생리학적 요인과 행동요인 모두의 결과다. 뒤처진 수면은 사춘기 초기에 나타나며, 특히 호르몬 변화와 관련이 있다. 청소년들의 뒤처진 수면위상형은 이 연령집단에서 흔한 정상적인 일주기리듬의 지연과 구별되어야 한다. 가족성인 경우, 경과는 만성적이며, 연령의 증가에 따라 별로 호전되지 않는다.

위험 및 예후 요인

유전적 · 생리적. 선행요인으로는 평균보다 긴 일주기 기간, 광 감수성의 차이, 손상된 항상성 수면동인 등이 포함된다. 뒤처진 수면위상형이 있는 사람들 중에는 일주기 시계에 지연 신호로 작용할 수 있는 저녁 빛에 대해 과민하거나, 수면위상을 앞당기는 효과를 가지는 아침 빛에 둔감한 사람들이 있다. 유전적 요인은 뒤처진 수면위상형의 가족성 및 산발성 형태의 발병 기전에 중요한 역할을 하는데, 여기에는 일주기 유전자의 돌연변이(예, PER3, CKIe)가 관련된다.

진단적 표지자

진단 확인은 병력 청취와 수면일지 또는 활동기록기actigraphy(지연된 기간에 활동을 모니터하는 손목에 착용하는 운동탐지기, 최소 7일 이상 수면-각성 패턴을 보여 줄 수 있음)의 사용을 포함한다. 개인이 일관성 있게 지연된 수면-각성 패턴을 보인다는 것을 확인하기 위해 평가기간에 사회적 · 직업적 의무가 덜 엄격한 주말이 포함되어야 한다. 진단이 확실하지 않은 경우에 한해서 타액의 희미한 광 멜라토닌 개시dim light melatonin onset 같은 생물 표지자를 확인해야 한다.

뒤처진 수면위상형의 기능적 결과

과도한 이른 시간 졸림이 두드러진다. 아침의 혼돈(수면 무력증)을 동반한 과도하고, 지연된 각성의 어려움도 흔하다. 불면증 및 과도한 졸림의 심각도는 개인에 따라 상당히 다르며, 개인에 대한 직업적 · 사회적 요구에 크게 좌우된다.

감별진단

수면의 정상 변이. 뒤처진 수면위상형은 개인적 · 사회적 · 직업적 손상을 야기하지 않는 늦은 시간에 활동하는 사람들의 "정상" 수면 양상과 구별되어야 한다(가장 흔히 청소년 또는 초기 성인들에게서 나타남).

기타 수면장애. 불면장애와 기타 일주기리듬 수면-각성장애가 감별진단에 포함되어야 한다. 과도한 졸림은 호흡관련 수면장애, 불면증, 수면관련 운동장애, 의학적 · 신경학적 장애와 정신질환 등과 같은 다른 수면장해에 의해서도 야기된다. 야간 수면다원검사는 수면무호흡증 등의 기타 동반이환된 수면장애 평가에 도움이 된다. 그러나 뒤처진 수면위상형의 일주기 특성은 비슷한 증상의 다른 장애와 감별되어야 한다.

동반이환

뒤처진 수면위상형은 우울증, 성격장애, 신체증상장애 또는 질병불안장애와 밀접하게 연관되어 있다. 게다가 우울장애와 양극성장애, 불안장애뿐 아니라 불면장애, 하지불안 증후군, 수면무호흡증 같은 동반이환된 수면장애는 불면과 과도한 졸림 증상을 악화시킬 수 있다. 뒤처진 수면위상형은 다른 일주기리듬 수면-각성장애인 비24시간 수면-각성형과 중복될 수 있다. 비24시간 수면-각성형을 가진 비맹인 환자들의 경우, 흔히 지연된 일주기 수면 단계의 병력도 있다.

앞당겨진 수면위상형
Advanced Sleep Phase Type

명시자

앞당겨진 수면위상형은 "가족성familial"이 명시될 수 있다. 가족성 앞당겨진 수면위상형의 유병률은 밝혀지지 않았지만, 앞당겨진 수면위상형이 있는 사람들의 경우, 앞당겨진 수면위상형의 가족력이 나타난다. 이 유형의 경우, 특정한 돌연변이가 상염색체 우성유전 방식을 따른다. 가족성인 경우, 증상이 일찍(아동기와 성인기 초기 동안) 발생하고, 경과는 지속적이며, 증상의 심각도는 연령에 따라 증가한다.

진단적 특징

앞당겨진 수면위상형은 기대되는 통상적인 시간보다 수 시간 이른 수면-각성 시간이 특징이다. 진단은 주요 수면 시간대가 기대되는 수면과 각성 시각에 비해 앞당겨진(대개 2시간 이상) 과거력을 바탕으로 이루어진다. 증상으로는 이른 아침 불면 또는 과도한 주간 졸림이 동반된다. 앞당겨진 수면위상형이 있는 사람들은 스스로 일정을 짜도록 내버려 두면 연령에 적합한 정상적인 수면의 질과 양을 보인다.

진단을 뒷받침하는 부수적 특징

앞당겨진 수면위상형이 있는 사람들은 "아침 형"이고, 수면-각성 시간이 이르며, 멜라토닌과 심부체온의 리듬 같은 일주기 생물 표지자의 시간이 정상에 비해 2~4시간 일찍 당겨져 있다. 취침시간을 미루게 하여 일반적인 수면일정을 지키도록 요구하면, 이들은 계속 일찍 일어나게 되어 지속적인 수면박탈과 주간 졸림을 초래하게 될 것이다. 수면유지 불면에 대해 수면 유도제나 알코올을 사용하거나, 주간 졸림을 줄이기 위해 자극제를 사용하는 것은 물질남용을 초래할 수 있다.

유병률

앞당겨진 수면위상형의 유병률 추정치는 중년 성인에서 대략 1%다. 노인의 경우에 수면-각성 시간과 일주기 위상이 앞당겨지기 때문에 유병률이 증가한다.

발달과 경과

대개 성인기 후기에 발병한다. 가족성의 경우, 발병은 더 이를 수 있다. 경과는 전형적으로 지속적이고, 3개월 이상 지속되지만, 심각도는 직업과 사회적 일정에 따라 달라질 수 있다. 앞당겨진 수면위상형은 노인에게서 더 흔하다.

증상 발현은 사회적 · 학업적 · 직업적 의무에 따라 일생에 걸쳐 다양할 수 있다. 업무 일정을 앞당겨진 일주기 수면과 기상 시간에 맞춰 조절이 가능한 사람들은 증상이 관해될 수 있다. 연령의 증가가 수면 단계를 앞당기는 경향이 있지만, 보통 노화와 연관된 '앞당겨진 수면위상형'이 일주기 시간의 변화(가족성에서 나타나는)에 의해서만 생기는지, 아니면 이른 각성을 야기하는 노화관련 수면항상성 조절이상도 연관성이 있는지는 확실하지 않다. 증상의 심각도, 관해, 재발은 수면-각성 구조와 빛 노출을 조정하는 행동-환경 치료에 대한 순응도 부족을 시사한다.

위험 및 예후 요인

환경적. 감소된 늦은 오후/이른 저녁의 빛 노출 및/또는 이른 아침 기상으로 인한 이른 아침 빛 노출은 일주기리듬을 앞당김으로써 앞당겨진 수면위상형의 위험을 증가시킬 수 있다. 일찍 취침하는 것은 일주기 곡선의 위상지연 영역에서 빛에 노출되지 않게 되어 앞당겨진 수면위상을 지속하게 만든다. 가족성 앞당겨진 수면위상형에서는 일주기가 연령에 따라 전반적으로 짧아지지는 않지만, 짧은 내인성 일주기가 앞당겨진 수면위상을 초래한다.

유전적 · 생리적. 앞당겨진 수면위상형은 상염색체 우성유전 방식을 따르고, PER2 단백질의 저인산화를 일으키는 PER2 유전자 돌연변이와 CKI의 과오돌연변이[missense mutation]가 해당된다.

문화와 관련된 진단적 쟁점

아프리카계 미국인은 백인[Caucasians]에 비해 단축된 일주기와 빛에 대해 더 큰 위상 앞당겨짐을 보인다는 점에서 앞당겨진 수면위상형의 발생 위험성이 클 가능성이 있다.

진단적 표지자

뒤처진 수면위상형에서 이미 설명했듯이, 수면일지와 활동기록기가 진단적 표지자로 사용될 수 있다.

앞당겨진 수면위상형의 기능적 결과

앞당겨진 수면위상과 연관된 과도한 졸림은 인지 수행, 사회적 상호작용, 안전에 대해 부정적인 효과를 미칠 수 있다. 졸림 방지를 위한 각성 유도제 사용 또는 조기 기상 방지를 위한 진정제 사용은 물질남용 가능성을 높일 수 있다.

감별진단

기타 수면장애. 불규칙한 수면일정, 자발적인 조기 기상, 이른 아침의 빛 노출 같은 행동요인이 고려되어야 하는데, 노인의 경우에 더욱 그렇다. 불면장애 같은 기타 수면-각성장애와 조기 기상을 야기할 수 있는 기타 정신질환과 의학적 상태를 배제하기 위해 세심한 주의가 요구된다.

우울 및 양극성장애. 조기 기상, 피곤, 졸림은 주요우울장애의 두드러진 양상이라는 점에서 우울장애와 양극성장애도 반드시 고려해야 한다.

동반이환

조기 기상의 증상이 있는 의학적 상태와 정신질환은 앞당겨진 수면위상형과 동시에 발생할 수 있다.

불규칙한 수면-각성형
Irregular Sleep-Wake Type

진단적 특징

불규칙한 수면-각성형 진단은 주로 야간(보통의 수면시간 동안) 불면 증상과 낮 시간의 과도한 졸림(낮잠) 과거력을 근거로 내려진다. 불규칙한 수면-각성형은 구별 가능한 수면-각성 일주기의 결함이 특징적이다. 주요 수면기간이 없고, 24시간 동안 수면은 적어도 세 기간으로 분절되어 있다.

진단을 뒷받침하는 부수적 특징

불규칙한 수면-각성형이 있는 사람들은 전형적으로 하루 중 시간에 따라 불면 또는 과도한 졸림이 나타난다. 비록 가장 긴 수면기간이 오전 2~6시 사이에 발생하는 경향이 있고, 대개 4시간 미만이지만, 24시간 동안 수면과 각성 주기가 분절되어 있다. 격리와 은둔 과거력이 이 장애와 연관되어 발생할 수 있고, 외적 자극의 결핍을 통해 증상에 기여함으로써 정상적인 생물학적 패턴 변화를 도울 수 있다. 이들 스스로 또는 보호자들은 낮시간에 걸쳐 빈번하게 낮잠을 잔다고 보고한다. 불규칙한 수면-각성형은 주요신경인지장애 같은 신경퇴행성 질환, 그리고 아동의 여러 신경발달장애와 매우 흔히 연관되어 있다.

유병률

일반 인구에서 불규칙한 수면-각성형의 유병률은 알려져 있지 않다.

발달과 경과

불규칙한 수면-각성형의 경과는 지속적이다. 발병 연령은 다양하지만, 이 장애는 나이든 성인들에게서 더 흔하다.

위험 및 예후 요인

기질적. 알츠하이머병, 파킨슨병, 헌팅턴병 같은 신경퇴행성 질환과 아동의 신경발달장애는 불규칙한 수면-각성형의 위험성을 증가시킨다.

환경적. 환경적인 빛 노출과 규칙적인 주간 활동 감소는 저 진폭low-amplitude 일주기리듬과 연관이 있을 수 있다. 입원한 사람들은 특히 일주기리듬에 대한 외부의 동조화 자극이 약해지기 쉽다. 병원 밖의 환경에서도 주요신경인지장애(치매) 환자들은 밝은 빛에 적게 노출된다.

진단적 표지자

자세한 수면력sleep history과 수면일지(보호자에 의한) 또는 활동기록기는 불규칙한 수면-각성형의 확진에 도움을 준다.

불규칙한 수면-각성형의 기능적 결과

불규칙한 수면-각성형에서 명확히 구분될 수 있는 주요 수면 및 각성 기간 부족은 하루 중 시간에 따라 불면 또는 과도한 졸림을 야기한다. 보호자의 수면방해 역시 흔히 발생하고 중요하게 고려해야 할 사항이다.

감별진단

수면의 정상 변이. 불규칙한 수면-각성형은 불면과 과도한 졸림을 초래할 수 있는 자발적인 불규칙한 수면-각성 일정 및 불량한 수면위생과 구분되어야 한다.

기타 의학적 상태 및 정신질환. 동반이환된 의학적 상태를 비롯하여 정신질환이나 치료약물을 포함한 불면과 주간 졸림의 기타 원인들이 고려되어야 한다.

동반이환

불규칙한 수면-각성형은 흔히 주요신경인지장애, 지적장애(지적발달장애), 외상성 두부 손상과 같은 신경퇴행성 질환, 신경발달장애와 동반이환된다. 또한 사회적 격리 및/또는 빛과 규칙적인 활동이 부족한 기타 의학적 상태, 정신질환과 동반이환된다.

비24시간 수면-각성형
Non-24-Hour Sleep-Wake Type

진단적 특징

비24시간 수면-각성형 진단은 주로 24시간 광-암 주기와 내인성 일주기리듬 간의 비정상적인 동기화에 의한 불면 또는 과도한 졸림 증상의 과거력을 근거로 내려진다. 증상으로는 전형적으로 불면과 과도한 졸림 기간이 짧은 무증상 기간과 번갈아 가면서 나타난다. 무증상 기간이 시작되면, 개인의 수면위상이 외부 환경에 맞추어 조정되지만, 수면잠복기가 점차 늘어나게 되면서, 사람들은 수면 개시 불면 증상을 호소하게 된다. 수면위상이 계속 이동하여 수면시간이 낮시간에 이루어지면, 사람들은 낮시간 동안 각성유지에 어려움을 겪게 되고 졸림 증상을 호소하게 된다. 일주기가 외부의 24시간 환경에 맞추어 조정되지 않기 때문에, 증상은 수면 경향의 일주기 단계에 비해 개인이 언제 잠들려 하는지에 따라 달라진다.

진단을 뒷받침하는 부수적 특징

비24시간 수면-각성형은 맹인 또는 빛 감각이 저하된 시각 손상이 있는 사람들 사이에서 가장 흔하다. 정상 시각의 개인(비맹인)의 경우, 뒤처진 수면위상의 과거력과 빛의 노출 및 규칙적인 사회적 · 신체적 활동 감소의 과거력이 흔히 있다. 비맹인 비24시간 수면-각성형이 있는 사람들은 마찬가지로 수면시간의 증가를 보인다.

유병률

일반 인구에서 비24시간 수면-각성형의 유병률은 확실하지 않지만, 비맹인에게서는 드물다. 맹인의 유병률은 50% 정도로 추정된다.

발달과 경과

비24시간 수면-각성형의 경과는 지속적이고, 일생에 걸쳐 직업적 · 사회적 일정의 변화로 인해 간헐적인 관해와 악화를 보인다. 발병 연령은 시각 손상 발병여부에 따라 다양하다. 비맹인의 경우, 뒤처진 수면위상형과 중복되기 때문에 비24시간 수면-각성형은 청소년기 또는 성인기 초기에 발병한다. 맹인과 비맹인의 경우, 증상의 관해와 재발은 규칙적 수면-각성과 빛 노출 조절을 위한 치료에 대한 순응도에 따라 크게 달라진다.

임상 증상의 발현은 사회적 · 학업적 · 직업적 의무에 따라 생애에 걸쳐 다양하다. 청소년과 성인의 경우, 불규칙한 수면-각성과 빛 노출 또는 결정적 시간대에 빛의 결핍은 수면부족의 영향을 악화시키고, 일주기리듬 동조화entrainment를 방해할 수 있다. 결과적으로 불면, 주간 졸림과 학업적 · 직업적 · 대인관계 기능이 악화된다.

위험 및 예후 요인

환경적. 비맹인의 경우, 빛 또는 사회적 · 신체적 활동 신호에 대한 노출 감소와 민감성 감소는 일주기리듬의 자유진행free-running을 가져올 수 있다. 사회적 고립과 연관된 정신질환과 수면습관의 변화(예, 야간 교대근무, 실직) 이후에 비24시간 수면-각성형이 흔하게 발생한다는 점을 고려할 때, 비맹인의 경우 생리적 경향과 함께 행동적 요인이 이 장애를 촉발시키고 지속시킨다. 신경계 및 정신계 질환으로 입원한 환자들은 사회적 신호에 둔감해질 수 있어서 비24시간 수면-각성형이 유발될 수 있다.

유전적 · 생리적. 실명blindness은 비24시간 수면-각성형의 위험요인이다. 비24시간 수면-각성형은 외상성 두부 손상과도 연관이 있다.

진단적 표지자

진단은 과거력과 긴 기간의 수면일지 또는 활동기록기에 의해 내려진다. 맹인과 비맹인 모두의 경우, 수면위상 표지자(예, 멜라토닌)의 연속된 측정은 일주기 위상 결정에 도움이 된다.

비24시간 수면-각성형의 기능적 결과

불면(수면 개시 · 유지), 과도한 졸림 증상의 호소가 두드러진다. 잠이 들고 깨는 시간의 예측 불가능(전형적으로 매일 지연 변동)은 학교 출석 또는 직업 유지를 어렵게 하고, 사회적 고립 가능성을 증가시킨다.

감별진단

일주기리듬 수면-각성장애. 비맹인의 경우, 비24시간 수면-각성형은 뒤처진 수면위상형과 감별되어야 한다. 왜냐하면 뒤처진 수면위상형이 있는 사람들도 며칠에 걸쳐 비슷한 수면의 진행성 지연을 보일 수 있기 때문이다.

우울장애. 우울 증상과 우울장애가 비슷한 일주기 조절곤란과 증상을 초래할 수 있다.

동반이환

실명은 흔히 비24시간 수면-각성형을 동반한다. 이는 우울장애와 양극성장애가 사회적 고립을 가져오는 것과 유사한 현상이다.

교대근무형
Work Shift Type

진단적 특징

이 진단은 정기 일정상(비초과근무) 정상적인 오전 8시부터 저녁 6시까지의 낮시간 범위를 벗어나(특히 야간) 일을 하는 사람들의 과거력에 주로 근거하여 내려진다. 직장에서는 과도한 졸림이, 가정에서는 손상된 수면이 지속적으로 두드러지게 나타난다. 두 상황 모두에서의 증상발현은 교대근무형 진단에 필수적이다. 전형적으로, 주간 근무 일상으로 되돌아갈 때 증상은 해소된다. 원인이 좀 다르지만, 매우 자주 큰 시간대 차이를 거쳐 여행하는 사람들은 순환근무를 하는 교대근무형과 비슷한 효과를 경험하게 된다.

유병률

교대근무형의 유병률은 확실하지 않지만, 야간근무자 집단(노동자의 16~20%)에서 대략 5~10%일 것으로 추정된다. 유병률은 중년 이후로 연령이 높아질수록 증가한다(Drake et al. 2004).

발달과 경과

교대근무형은 어떤 연령에서든 나타날 수 있지만 50세 이상에서 유병률이 더 높다. 만일 지장을 초래하는 근무시간이 지속된다면, 시간이 경과하면서 전형적으로 증상이 악화된다. 노인들은 일반적으로 변화에 따른 일주기 위상 적응속도가 초기 성인과 비슷하지만, 일주기 위상 이동의 결과로 발생하는 수면방해를 더 심하게 경험한다.

위험 및 예후 요인

기질적. 선행요인으로는 아침형 특성, 잘 쉬었다는 느낌이 들기 위한 긴 수면시간(8시간 이상)의 필요성, 사회와 가정의 요구가 심각하게 상충될 경우(예, 아동의 부모) 등이다. 야간 생활방식에 적응할 수 있고, 주간시간 지향적 요구가 크지 않은 사람은 교대근무형 발생의 위험도가 낮은 것으로 보인다.

유전적 · 생리적. 교대근무자들은 주간근무자에 비해 비만인 경우가 많다는 점에서 폐쇄성 수면무호흡증이 나타날 수 있고, 증상을 악화시킬 수 있다.

진단적 표지자

앞서 뒤처진 수면위상형에서 설명한 것처럼, 병력과 수면일지 또는 활동기록기가 진단에 유용하다.

교대근무형의 기능적 결과

교대근무형이 있는 사람들은 직장에서 수행이 저하될 수 있을 뿐 아니라 업무 및 귀가 운전 중에 사고가 일어날 위험도가 높아질 수 있다. 또한 정신건강 문제(예, 알코올사용장애, 물질사용장애, 우울증)와 신체건강 문제(예, 위장관계장애, 심혈관계질환, 당뇨병, 암)의 위험이 있다. 양극성장애 병력이 있는 사람들은 밤에 잠을 자지 않음으로써 발생하는 교대근무형 관련 조증 삽화에 특히 취약하다. 교대근무형은 흔히 대인관계 문제를 초래한다.

감별진단

교대근무 수면의 정상 변이. 교대근무형 진단은 교대근무의 "정상적인" 어려움과는 다른 상당한 증상의 심각도 및/또는 개인이 겪는 어려움 정도를 기반으로 진단되어야 한다. 교대근무형 증상이 때로 수 주 동안 낮 일상생활을 살아갈 수 있는 상황에도 지속되는 경우는 수면무호흡증, 불면증, 기면증과 같은 기타 수면장애의 존재를 시사하며, 진단 시 배제되어야 한다.

동반이환

교대근무형은 알코올사용장애, 기타 물질사용장애, 우울증의 증가와 연관이 있다. 다양한 신체적 건강문제(예, 위장관계장애, 심혈관계 질환, 당뇨병, 암)가 교대근무에 장기간 노출되는 것과 관련성이 있음이 알려져 있다.

국제수면장애진단분류와의 관련성

『국제수면장애진단분류 제2판(ICSD-2)』은 비행 시차형을 포함하여 9가지 일주기리듬 수면장애를 분류하였다.

사건수면

사건수면parasomnias은 수면, 특정 수면 단계, 또는 수면-각성 이행과 연관하여 발생하는 비정상적인 행동, 경험 또는 생리적인 사건이 특징이다. 가장 흔한 사건수면들(NREM수면 각성장애와 REM수면 행동장애)은 각각 각성과 비급속안구운동(NREM)수면의 혼재, 각성과 급속안구운동(REM)수면의 혼재를 보인다. 이러한 상태는 수면과 각성이 상호 배타적이지 않고, 수면이 반드시 뇌 전체의 전반적인 현상이 아님을 상기시킨다.

NREM수면 각성장애

Non-Rapid Eye Movement Sleep Arousal Disorders

진단기준 **327.23 (G47.33)**

A. 대개 주요 수면 삽화의 초기 1/3 동안에 발생하는 잠에서 불완전하게 깨는 반복적인 삽화가 있고, 다음 중 한 가지 이상이 동반된다.

1. **수면보행증**sleep walking: 수면 동안 침대에서 일어나서 걸어 다니는 반복적인 삽화. 수면 중 보행 동안 개인은 무표정하게 응시하는 얼굴을 보이고, 대화하려는 다른 사람의 노력에 비교적 반응을 보이지 않음. 깨우기가 매우 어려움
2. **야경증**sleep terrors: 돌발적인 비명과 함께 시작되는, 수면 중 급작스럽게 잠이 깨는 반복적인 삽화. 각 삽화 동안 심한 공포와 동공산대, 빈맥, 빈호흡, 발한 같은 자율신경계 반응의 징후가 있고, 삽화동안 안심시키려는 다른 사람의 노력에 비교적 반응하지 않음

B. 꿈 이미지를 전혀 또는 거의(예, 단지 시각적 한 장면) 회상하지 못한다.
C. 삽화를 기억하지 못한다.
D. 삽화가 사회적, 직업적, 또는 다른 중요한 기능 영역에서 임상적으로 현저한 고통이나 손상을 초래한다.
E. 장해가 물질(예, 남용약물, 치료약물)의 생리적 영향으로 인한 것이 아니다.
F. 공존하는 정신질환과 의학적 장애가 수면보행증이나 야경증 삽화를 충분히 설명할 수 없다.

부호화 시 주의점: ICD-9-CM에서 모든 아형을 307.46으로 부호화한다. ICD-10-CM에서는 아형에 따라 부호화한다.

다음 중 하나를 명시할 것:

307.46 (F51.3) 수면보행증형

다음의 경우 명시할 것:

수면관련 섭식 동반

수면관련 성적 행동 동반(수면섹스장애sexsomnia)

307.46 (F51.4) 야경증형

진단적 특징

NREM수면 각성장애의 필수적인 양상은 반복적으로 발생하는 불완전한 각성이다. 이는 대개 주요 수면 삽화의 초기 1/3 동안에 시작하며(진단기준 A), 전형적으

로는 짧게 1~10분 정도 지속되나, 연장되면 1시간까지도 지속될 수도 있다. 한 사건의 최대 지속기간은 알려져 있지 않다. 이러한 사건 동안 대부분은 눈을 뜨고 있다. 많은 사람들이 경우에 따라 2가지 아형 모두 나타나기도 하는데, 이는 단일 기저 병태생리pathophysiology를 강하게 시사한다. 아형들은 다양한 정도의 각성과 NREM수면의 동시 발생을 반영하며, 이는 다양한 정도의 의식 자각, 운동활동과 자율신경계 활성화 등의 각성 시 발생하는 복합행동을 초래한다.

수면보행증sleepwalking의 핵심 양상은 수면 중 시작되는 복잡한 행동의 반복적인 삽화로, 침대에서 일어나서 돌아다니는 행동이 포함된다(진단기준 A1). 수면보행증 삽화는 NREM수면의 모든 단계에서 시작할 수 있지만, 서파수면 동안 가장 흔히 시작되며, 야간 수면시간의 초기 1/3에서 가장 흔하게 일어난다. 삽화 동안 개인은 각성 및 반응이 감소되어 있고, 멍한 상태로 응시하며, 타인들과의 의사소통이나 타인들이 깨우려는 노력에 거의 반응을 보이지 않는다. 만약 삽화 동안 깨어난다면(또는 다음 날 아침 기상 시), 이들은 삽화에 대해 부분적으로만 회상한다. 삽화 후 짧은 시간 동안 혼돈이나 지남력에 문제가 발생하고, 이후 인지기능과 적절한 행동이 완전히 회복된다.

야경증의 핵심 양상은 보통 공포에 질려 비명을 지르거나, 울면서 시작되는 급작스러운 수면 중 각성의 반복적 발생이다(진단기준 A2). 야경증은 보통 주요 수면시간의 초기 1/3 동안에 시작되고 1~10분간 지속되지만, 특히 아동의 경우에는 상당히 오래 지속될 수 있다. 삽화 동안 두드러진 자율신경계 반응과 강렬한 공포의 행동 표현이 나타난다. 삽화 동안 잠에서 깨어나거나 편안해지기가 어렵다. 야경증 발생 후 잠에서 깨어나면, 개인은 꿈을 회상하지 못하거나, 단지 단편적으로 하나의 이미지만 회상한다. 전형적인 야경증 삽화 동안 개인은 비명을 지르거나 울면서 갑자기 침대에서 일어나 앉고, 놀란 표정과 심한 자율신경계 불안 증상을 보인다(예, 빈맥, 빈호흡, 발한, 동공산대). 이들은 다른 사람들이 깨우거나 달래려는 노력에 반응하지 않는다. 야경증sleep terrors은 "night terrors" 또는 "pavor nocturnus"라고도 불린다.

진단을 뒷받침하는 부수적 특징

수면보행증 삽화에는 다양한 행동들이 포함된다. 삽화는 혼돈으로 시작되는데, 개인은 단순히 침대에 앉거나, 주위를 둘러보거나, 이불이나 침대보를 잡아당기기도 한다. 이러한 행동들은 점진적으로 복잡해진다. 개인은 실제로 침대를 벗어나서 벽장으로 걸어가고, 방을 나가고, 심지어 건물 밖으로 나가기도 한다. 욕실에 들어가고, 먹고, 말하며, 더 복잡한 행동을 하기도 한다. 닥친 위협을 벗어나려고 달리거나, 흥분하여 도망치려고 할 수도 있다. 수면보행증 삽화 동안의 행동은 대부분 일상적인 것으로, 복잡하지는 않다. 그러나 잠긴 문을 열고 기계 조작을 하는 경우(자동차 운전)도 보고되었다. 수면보행증이 부적절한 행동(예, 흔히 벽장이나 쓰레기통에 오줌 누기)으로 나타나기도 한다. 대부분의 삽화는 몇 분에서 반시간 정도 지속되지만, 더 연장될 수 있다. 수면이 상대적인 통각상실 상태이므로, 수면보행증 동안에 생긴 통증을 동반한 부상은 사건 후 깨어날 때까지 자각되지 않는다.

수면보행증은 "특정화된specialized" 2가지 형태(수면관련 섭식행동과 수면관련 성적 행동[수면섹스장애sexomnia 또는 수면섹스sleep sex])로 나타나기도 한다. 수면관련 섭식장애 환자들은 의도하지 않은 반복적인 식이 삽화를 경험하는데, 전혀 인식하지 못하는 것부터 모두 인식하지만 먹는 행동을 멈출 수 없는 것까지 다양한 정도의 기억상실을 동반한다. 삽화 동안 부적절한 음식이 섭취될 수 있다. 수면관련 섭식장애 환자는 다음 날 아침이 되어서야 자신들이 간밤에 먹은 흔적을 발견하곤 한다. 수면섹스장애의 경우, 의식적인 지각 없이 수면 중 발생하는 복합적 행동들로서 다양한 성적 행동(예, 자위, 애무, 더듬기, 성행위)이 발생한다. 이 상태는 남성에게서 더 흔하고, 심한 경우 대인관계 문제나 법의학적 문제를 초래할 수 있다.

야경증의 전형적인 삽화 동안, 흔히 탈출하려는 강박행동과 함께 공포에 압도당하는 느낌을 경험한다. 단편적인 생생한 꿈 장면을 경험할 수 있지만, 악몽에서처럼 이야기로 연결되는 꿈은 보고되지 않는다. 아주 흔히, 완전히 잠에서 깨지 않은 상태에서 다시 잠들게 되고, 다음 날 아침에 잠을 깼을 때 삽화를 기억하지 못한다. 보통은 하룻밤 동안 단지 1회의 삽화가 일어난다. 가끔은 밤 동안에 몇 번의 삽화가 시간 간격을 두고 일어날 수 있다. 이러한 일들은 낮잠을 자는 동안에는 매우 드물다.

유병률

단편적 또는 드물게 발생하는 NREM수면 각성장애는 일반 인구 집단에서 매우 흔하다. 아동의 10~30%는 적어도 1회의 수면보행증 삽화를 경험하고, 2~3%는 자주 수면보행 증세를 보인다. 반복적인 삽화를 보이고, 손상 또는 고통이 현저한 수면보행장애(NREM수면 각성장애, 수면보행증형)의 유병률은 훨씬 낮고, 대략 1~5%의 범위 안에 있다. 수면보행증 삽화(수면보행장애는 아닌)의 유병률은 성인에서 1.0~7.0%이고, 0.5~0.7%에서 매주에서 매달 삽화가 발생한다. 성인의 경우, 수면보행증의 평생 유병률은 29.2%이고, 수면보행증의 최근 1년간의 유병률은 3.6%다.

일반 인구에서 야경증의 유병률은 알려져 있지 않다. 야경증 삽화(반복적인 삽화를 보이고, 손상이나 고통이 현저한 야경장애[NREM수면 각성장애, 야경증형]와는 다름)의 유병률은 18개월 연령에서 대략 36.9%, 30개월 연령에서 19.7%, 성인에서 2.2%다.

발달과 경과

NREM수면 각성장애는 아동에게서 가장 흔히 발생하고, 연령이 증가함에 따라 감소한다. 아동기에 이전의 수면보행증 병력이 없는 성인에서 수면보행증의 발생은 폐쇄성 수면무호흡증, 야간 경련, 또는 치료약물의 효과 같은 특정 원인을 우선 고려해야 한다.

위험 및 예후 요인

환경적. 진정제 사용, 수면박탈, 수면-각성 일정 붕괴, 피로, 신체적 또는 정서적 스트레스는 삽화발생 가능성을 높인다. 발열fever과 수면박탈은 NREM수면 각성장애의 빈도를 증가시킨다.

유전적 · 생리적. 수면보행증이 있는 개인의 80%가 수면보행증 또는 야경증 가족력이 있다. 수면보행증의 위험도는 양쪽 부모가 이 장애의 병력이 있을 때 더욱(자녀의 60%까지) 증가한다. 야경증이 있는 사람들은 흔히 야경증이나 수면보행증 가족력이 있다. 생물학적 일차친족의 경우, 이 장애의 유병률은 10배 증가한다. 야경증은 이란성 쌍생아에 비해 일란성 쌍생아에게서 훨씬 더 흔하며, 정확한 유전 방식은 알려져 있지 않다.

성별과 관련된 진단적 쟁점

수면보행증 삽화 동안 난폭하거나 성적인 행동은 성인에게서 더 잘 발생한다. 수면보행증 삽화 동안 음식섭취는 여성에게서 더 흔히 나타난다. 수면보행증은 아동기에는 여성에게서 더 빈번하게 발생하지만, 성인기에는 남성에게서 더 빈번하게 발생한다. 완전히 기억하지 못하거나 모호한 공포감만을 보고하는 어린 아동에 비해 나이 든 아동과 성인은 야경증에 동반된 무서운 장면에 대해 더 자세히 기억한다. 아동의 경우, 야경증은 여자아이보다 남자아이에게서 더 흔하다. 성인들의 경우, 성비가 같다.

진단적 표지자

NREM수면 각성장애는 NREM수면의 어느 단계에서나 발생하지만, 깊은 NREM수면(서파수면)에서 가장 흔하다. 야간 수면의 초기 1/3에서 가장 잘 발생하고, 주간에 낮잠을 자는 동안에는 보통 발생하지 않는다. 삽화 동안 움직임으로 인한 인공물artifact로 수면다원검사 결과가 모호해질 수 있다. 이러한 인공물이 없을 때, 삽화 동안 뇌파는 전형적으로 부분적 또는 불완전한 각성을 의미하는 세타파 또는 알파파 활동을 보인다.

시청각 모니터링을 갖춘 수면다원검사는 수면보행증 삽화 기록에 사용될 수 있다. 수면다원검사를 기록하는 동안 실제로 포착된 사건이 없다면, 수면보행증의 표지자 역할을 하는 수면다원검사 양상은 없는 것이다. 수면박탈은 사건의 포착 가능성을 높인다. 수면 중 보행하는 사람들은 깊은 NREM수면의 불안정성을 보인다. 하지만 이는 수면보행증이 없는 사람들에게서도 관찰되는 양상이므로, 진단에 있어서 이 표지자의 사용은 불가능하다. 각성에 앞서 심장 박동 수와 호흡의 증가 소견을 보이는 악몽과 연관된 REM수면에서의 각성과는 달리, 야경증의 NREM수면 각성은 수면 중 갑자기 발생하고, 선행하는 자율신경계 변화는 없다. 각성arousals은 심장 박동 수가 2배 또는 3배로 빨라지는 현저한 자율신경 활성을 동반한다. 병태생리는 잘 알려져 있지 않지만, 깊은 NREM수면에서의 불안정성 때문인 것으로 보인다. 정규 수면검사 동안 포착되는 사건이 없다면, 야경증 경향성에 대한 신뢰할 만한 수면다원검사상의 표지자는 없다.

NREM수면 각성장애의 기능적 결과

NREM수면 각성장애로 진단하기 위해서는 개인 또는 가족들이 임상적으로 현저한 고통 또는 손상을 경험해야 한다. 사건수면 증상은 정상인에게서도 간혹 발생할 수 있지만, 진단기준에 부합되지는 않을 것이다. 삽화로 인한 당혹감은 사회적 관계에 손상을 줄 수 있다. 사회적 고립이나 업무상 어려움이 초래될 수도 있다. "장애" 진단 여부를 결정하는 것은 개인에 따라 다른 다양한 요인에 좌우되는데, 이 범주에는 사건의 빈도, 폭력이나 손상 행동의 위험성, 당혹감, 다른 가족들의 고통과 어려움 등이 포함된다. 심각도는 단순한 빈도보다는 행동 특성이나 결과에 근거하여 결정된다. 흔하지는 않지만, NREM수면 각성장애가 자기 자신이나 돌보는 사람에게 심한 손상을 초래하기도 한다. 다른 사람에게 손상을 입히는 것은 근처에 있는 사람에게 국한되어 발생한다. 누군가를 찾아 나서서 손상을 입히지는 않는다. 보통은 아동과 성인 모두의 경우, 수면보행증이 심한 정신질환과 연관되지는 않는다. 수면관련 섭식행동이 있는 사람들은 수면 중 자신도 모르게 음식을 준비하거나 먹는 행동으로 인해 불량한 당 조절, 체중 증가, 부상(베임과 화상), 또는 위험하거나 독성이 있는 것을 먹는 것과 같은 문제를 일으킬 수 있다.

NREM수면 각성장애가 법의학적으로 문제가 되는 폭력적 또는 손상을 입히는 행동으로 나타나는 경우는 매우 드물다.

감별진단

악몽장애. NREM수면 각성장애가 있는 사람들과는 대조적으로, 악몽장애가 있는 사람들은 전형적으로 쉽게 그리고 완전히 잠에서 깨어나서 삽화에 동반된 생생한 이야기 같은 꿈을 보고하며, 수면의 후반부에 삽화를 경험하는 경향이 있다. NREM수면 각성장애는 NREM수면 동안에 발생하는 반면, 악몽은 보통 REM수면 동안 발생한다. NREM수면 각성장애가 있는 아동의 부모들은 분절된 심상 보고를 악몽으로 잘못 해석할 수 있다.

호흡관련 수면장애. 수면 중 호흡장애는 혼돈된 각성을 유발할 수 있고, 기억상실이 뒤따르기도 한다. 그러나 호흡관련 수면장애는 코골이, 호흡 중단, 주간 졸림 같은 증상이 특징적이다. 일부 개인에 있어서 호흡관련 수면장애는 수면보행증을 촉발시킨다.

REM수면 행동장애. REM수면 행동장애는 NREM수면 각성장애와 구별하기 어렵다. REM수면 행동장애는 흔히 손상을 초래하는 두드러지고 복잡한 행동 삽화가 특징이다. NREM수면 각성장애와는 대조적으로, REM수면 행동장애는 REM수면 동안 발생한다. REM수면 행동장애가 있는 사람들은 쉽게 잠을 깨고, NREM수면 각성장애가 있는 사람들보다 더 자세하고 생생한 꿈의 내용을 보고한다. 이들은 흔히 "꿈을 행동으로 옮겼다"고 보고한다.

사건수면 중복증후군. 사건수면 중복증후군parasomnia overlap syndrome은 임상 및 수면다원검사에서 수면보행증과 REM수면 행동장애 양상 둘 다를 나타난다.

수면관련 발작. 발작의 일부 유형은 수면 중에 주로 발생하거나, 수면 중에만 발생하는 매우 특이한 행동 삽화를 보일 수 있다. 야간발작은 NREM수면 각성장애와 상당히 비슷하지만, 더 상동증적이고, 야간에 수차례 발생하며, 낮잠을 잘 때 더 잘 발생하는 경향이 있다. 수면관련 발작이 있다고 해서 NREM수면 각성장애를 배제할 수는 없다. 수면관련 발작은 뇌전증epilepsy의 한 형태로 분류되어야 한다.

알코올로 유발된 일시적 기억상실. 알코올로 유발된 일시적 기억상실에서도 취한 것처럼 보이지 않고 매우 복잡한 행동을 보일 수 있다. 알코올로 유발된 일시적 기억상실은 의식상실 없이 음주를 하는 동안의 사건에 대한 국한된 기억 손상이 있다. 병력만으로는 NREM수면 각성장애에서 보이는 행동들과 알코올로 유발된 일시적 기억상실에서 보이는 행동들을 구분하기 어려울 수 있다.

해리성 둔주를 동반한 해리성 기억상실. 해리성 둔주dissociative fugue를 수면보행증과 구별하는 것은 매우 어렵다. 다른 모든 사건수면과 달리, 야간 해리성 둔주는 각성 없이 수면 중에 갑자기 발생하기보다 수면 중 깨어 있는 시기에 발생한다. 아동기의 반복적인 신체적 또는 성적 학대 과거력이 흔히 나타난다(그러나 이러한 병력에 관한 정보수집이 어려울 수 있음).

꾀병 또는 각성 상태에서 발생하는 기타 자발적 행동. 해리성 둔주 같은 꾀병 또는 각성 상태에서 발생하는 기타 자발적 행동이 각성시기에 있을 수 있다.

공황장애. 공황발작은 깊은 NREM수면으로부터의 공포를 동반한 갑작스러운 각성을 유발할 수 있다. 그렇지만 이러한 삽화들은 NREM수면 각성장애의 전형적인 혼돈, 기억상실, 또는 운동활동을 동반하지 않고 빠르게 완전히 각성된다.

치료약물로 유발된 복합행동. NREM수면 각성장애에서의 행동과 비슷한 행동들이 물질 또는 치료약물(예, 벤조디아제핀, 비벤조디아제핀 진정수면제, 아편제, 코카인, 니코틴, 항정신병 약물, 삼환계 항우울제, 포수클로랄chloral hydrate[***역자 주.** 무색의 결정체로, 최면제, 진통제, 마취제로 사용됨])의 사용 또는 금단에 의해 유발될 수 있다. 이러한 행동들은 수면기간에 발생할 수 있고, 대단히 복잡할 수도 있다. 기저의 병태생리는 단편성 기억상실인 것처럼 보인다. 이런 경우, 물질/치료약물로 유발된 수면장애,

사건수면형으로 진단되어야 한다(이 장 뒷부분의 "물질/치료약물로 유발된 수면장애"를 참조할 것).

야식증후군. 수면보행증의 수면관련 섭식장애형은 야식증후군과 구분되어야 한다. 야식증후군night eating syndrome은 음식섭취의 일주기리듬 지연과 불면 및/또는 우울증과 연관이 있다.

동반이환

성인에서 수면보행증과 주요 우울 삽화와 강박장애는 연관성이 있다. 야경증이 있는 아동 또는 성인은 성격검사에서 우울과 불안 점수가 상승된다.

국제수면장애진단분류와의 관련성

『국제수면장애진단분류 제2판(ICSD-2)』에서는 "혼돈 각성confusional arousal"이 NREM수면 각성장애에 포함되어 있다.

악몽장애

Nightmare Disorder

진단기준 **307.47 (F51.5)**

A. 대개 생존, 안전, 신체적 온전함에 대한 위협을 피하고자 노력하는 광범위하고 극도로 불쾌하며 생생하게 기억나는 꿈들의 반복적 발생이 일반적으로 야간 수면시간의 후기 1/2 동안 일어난다.

B. 불쾌한 꿈으로부터 깨어나면 빠르게 지남력을 회복하고 각성한다.

C. 수면장애가 사회적, 직업적, 또는 다른 중요한 기능 영역에서 임상적으로 현저한 고통이나 손상을 초래한다.

D. 악몽 증상이 물질(예, 남용약물, 치료약물)의 생리적 영향으로 인한 것이 아니다.

E. 공존하는 정신질환과 의학적 장애가 불쾌한 꿈에 대한 호소를 충분히 설명할 수 없다.

다음의 경우 명시할 것:

수면 개시 중 발생

다음의 경우 명시할 것:

관련된 비수면장애 동반, 물질사용장애 포함

관련된 기타 의학적 상태 동반

관련된 기타 수면장애 동반

부호화 시 주의점: 부호 307.47(F51.5)는 3가지 명시자 모두에 적용된다. 이러한 연관성을 표시하기 위하여 악몽장애의 부호 바로 뒤에 적절하게 관련된 정신질환, 의학적 상태 또는 기타 수면장애를 부호화해야 한다.

다음의 경우 명시할 것:

급성: 악몽기의 지속기간이 1개월 이하다.

아급성: 악몽기의 지속기간이 1개월 초과, 6개월 미만이다.

지속성: 악몽기의 지속기간이 6개월 이상이다.

현재의 심각도를 명시할 것:

심각도는 악몽이 발생하는 빈도에 의해 평가될 수 있다.

경도: 평균적으로 주당 1회 미만의 삽화가 발생한다.

중등도: 주당 1회 이상의 삽화가 발생하지만 매일 밤 발생하지는 않는다.

고도: 매일 밤 발생한다.

진단적 특징

악몽nightmares은 일반적으로 길고, 정교하며, 꿈의 영상이 이야기처럼 연결된다. 이는 실제처럼 여겨지고, 불안, 공포, 또는 다른 불쾌한 감정을 유발한다. 악몽의 내용은 일반적으로 급박한 위험을 피하거나 이에 대처하기 위한 시도에 초점을 맞추고 있지만, 다른 부정적인 감정을 불러일으키는 주제를 포함하기도 한다. 외상 경험 후에 발생한 악몽은 위협적 상황("재현 악몽replicative nightmares")과 유사할 수 있지만, 대부분은 그렇지 않다. 깨어날 때 악몽이 잘 기억나며, 이를 상세히 설명할 수 있다. 악몽은 대부분 급속안구운동(REM)수면 중에 발생하고, 전체 수면 중 전·후반 모두 발생할 수 있다. 그렇지만 꿈이 길고 더욱 강렬할 때는 수면의 후반에 나타날 가능성이 더 높다. 수면의 분절이나 박탈, 시차, 그리고 REM에 민감한 치료약물과 같이 수면 초기 REM 강도를 증가시키는 요인들은 좀 더 일찍 악몽이 나타나도록 할 수 있고, 수면 개시 시에도 악몽을 촉발할 수 있다.

악몽은 대개 기상으로 종료되며, 완전한 각성으로 빠르게 돌아온다. 그러나 불쾌한 감정은 기상 후에도 지속될 수 있으며, 다시 잠을 자기 어렵게 하거나 낮 동안 고통이 지속되게 한다. "나쁜 꿈" 이라고 알려진 일부 악몽은 각성을 유발하지 않고 나중에 회상된다. 악몽이 수면 개시 REM 기간(입면기hypnagogic)에 발생하는 경우, 깨어 있지만 자발적으로 움직일 수 없는 상태(단독 수면마비isolated sleep paralysis)를 경험함으로 인해 흔히 불쾌감이 동반된다.

진단을 뒷받침하는 부수적 특징

발한, 빈맥, 빈호흡 등의 가벼운 자율신경 각성은 악몽의 특징이다. 몸을 움직이는 것과 소리 지르는 것은 REM수면관련 골격근 긴장의 소실로 인한 특징은 아니지만, 이러한 행동은 정서적 스트레스 또는 수면분절 상황과 외상후 스트레스장애(PTSD)에서 나타난다. 말하거나 감정이 폭발할 때, 전형적으로 곧 잠을 깨면서 악몽이 끝나게 된다. 성별과 정신질환을 고려할 때, 자주 악몽을 꾸는 사람은 자살사고와 자살시도 위험이 상당히 높다.

유병률

악몽의 유병률은 아동기부터 청소년기에 증가한다. 부모의 1.3~3.9%는 자신들의 취학 전 아동이 "수시로" 또는 "항상" 악몽을 꾼다고 보고한다. 남성과 여성 모두에게서 10~13세 사이에 유병률이 증가한다(남성에서는 감소하는 반면에). 그러나 여성의 경우, 20~29세까지 지속적으로 증가하고, 여성의 유병률은 남성에 비해 2배 높다. 유병률은 남녀 모두 나이가 들어감에 따라 지속적으로 감소하지만, 성차는 유지된다. 성인의 경우, 빈번한 악몽의 유병률은 1~2%인 반면, 적어도 1개월에 1회 악몽을 꾸는 유병률은 6%다. 추정치는 흔히 특발성과 외상 후 악몽을 구별하지 않고 합한 것이다.

발달과 경과

악몽은 흔히 3~6세 사이에 시작하지만, 청소년기 후반이나 성인기 초기에 유병률과 심각도가 최고에 이른다. 악몽은 대부분 급성 또는 만성 심리사회적 스트레스 요인에 노출된 아동들에게서 나타나며, 자연적으로 완화되지 않을 수 있다. 소수의 사람들의 경우, 빈번한 악몽이 성인기까지 지속되어 일생에 걸친 장애를 초래하기도 한다. 연령에 따라 악몽의 주제로 특정한 내용이 나타나기도 하지만, 악몽장애의 필수 양상은 연령 집단에 관계없이 동일하다.

위험 및 예후 요인

기질적. 악몽을 경험하는 사람들은 과거의 부정적인 사건을 자주 보고하지만, 반드시 외상은 아니며, 흔히 성격장해 또는 정신질환을 나타낸다.

환경적. 수면박탈 또는 분절, 그리고 REM수면의 시간, 강도 또는 양을 변화시키는 불규칙한 수면-각성 주기는 악몽의 발생 위험을 높일 수 있다.

유전적 · 생리적. 쌍생아 연구들은 악몽의 발생 성향과 다른 사건수면들(예, 잠꼬대)과의 동시 발생에 대한 유전적 영향에 대해 밝혀 왔다.

경과의 변경인자. 악몽을 꾼 아이를 달래는 부모의 적응적인 침실행동은 만성 악몽으로의 진행을 막을 수 있다.

문화와 관련된 진단적 쟁점

악몽의 의미는 문화권에 따라 다양하며, 이러한 신념에 대한 민감성이 악몽에 관한 보고를 촉진할 수 있다.

성별과 관련된 진단적 쟁점

성인 여성은 성인 남성보다 더 자주 악몽을 보고한다. 악몽의 내용은 성별에 따라 차이가 있다. 즉, 성인 여성들은 성희롱 또는 사랑하는 사람의 상실/죽음 같은 주제를 보고하는 경향이 있고, 성인 남성들은 신체적 공격이나 전쟁/테러와 같은 주제를 보고하는 경향이 있다.

진단적 표지자

수면다원검사에서 주로 수면 후반부 REM수면으로부터의 갑작스러운 각성을 관찰할 수 있다. 각성 전에 심장박동 수, 호흡 수, 그리고 안구운동 속도가 빨라지거나 변동성이 증가할 수 있다. 또한 외상사건 후의 악몽은 NREM수면, 특히 2단계 수면 중에 발생할 수 있다. 악몽을 꾸는 사람의 일반적인 수면은 경미하게 손상되는데(예, 감소된 수면효율, 적은 서파수면, 잦은 각성), 수면 중 더욱 빈번한 주기성 하지 움직임이 나타나며, REM수면박탈 후 약간의 교감신경계 활성화를 보인다.

악몽장애의 기능적 결과

악몽은 드러나는 사회적 또는 직업적 손상보다 더 상당한 주관적 고통을 초래한다. 그러나 각성이 빈번하거나 잠자는 것을 회피하게 된다면, 과도한 주간 졸림, 집중력 저하, 우울증, 불안, 또는 과민성을 겪게 될 수 있다. 아동기의 빈번한 악몽(예, 주당 수차례)은 부모와 아이에게 상당한 고통을 일으킬 수 있다.

감별진단

야경장애. 악몽장애와 야경장애 모두 공포 및 자율신경계 활성화를 동반한 각성 혹은 부분적 각성을 일으키지만, 두 장애는 감별이 가능하다. 악몽은 대부분 수면 후반부 REM수면 동안 발생하고, 생생하고 줄거리가 있는 명확하게 회상되는 꿈, 경미한 자율신경계 각성, 그리고 완전한 각성을 보인다. 야경증은 전형적으로 야간 수면시간의 초기 1/3 동안 3단계나 4단계 NREM수면에서 발생하는데, 꿈을 전혀 기억하지 못하거나 정교한 이야기 전개가 아닌 영상들만을 산출한다. 야경증은 부분적인 각성을 유발함으로써, 개인은 혼돈되고 지남력이 상실되어 있으며 오직 부분적으로만 반응하며, 상당한 자율신경계 각성이 동반된다. 일반적으로 아침에 깨어났을 때 사건에 대한 기억상실이 있다.

REM수면 행동장애. 무서운 꿈을 꾸는 동안 복잡한 운동을 보이는 경우, REM수면 행동장애 같은 다른 수면장애를 자세하게 평가해 봐야 한다. 이는 전형적으로 중년층 후기 남성에게서 발생하는데, 악몽장애와는 달리 폭력적인 꿈을 행동으로 옮기고, 야간 상해의 과거력과 연관성이 있다. REM수면 행동장애의 꿈장애를 환자가 악몽으로 표현하기도 하지만, 적절한 약물치료에 의해 조절될 수 있다.

애도. 불쾌한 꿈은 애도 중에 나타날 수 있지만, 일반적으로 상실과 슬픔을 수반하며, 잠에서 깨어날 때 고통보다는 자기반성과 통찰이 뒤따른다.

기면증. 기면증 환자들은 악몽을 흔히 호소하지만, 악몽장애와 달리 과도한 졸림과 탈력발작이 있다는 것이 특징이다.

야간발작. 발작은 악몽처럼 나타나는 경우는 드물고, 수면다원검사와 연속적인 비디오 뇌파검사로 평가되어야 한다. 야간발작은 일반적으로 상동증적 운동활동을 보인다. 연관된 악몽이 회상된다면, 흔히 반복적인 특성과 주간의 전조(예, 이유 없는 공포), 광시증^phosphenes^ 또는 발작 영상^ictal imagery^ 같은 뇌전증 유발 양상을 보인다. 각성^arousal^장애, 특히 혼란된 각성도 나타날 수 있다.

호흡관련 수면장애. 호흡관련 수면장애는 자율신경계 각성을 동반한 각성을 초래할 수 있지만, 일반적으로 악몽 회상을 동반하지는 않는다.

공황장애. 수면 중 발생하는 공황발작 시, 자율신경계 각성과 공포를 동반하는 각성이 발생할 수 있다. 그러나 악몽은 일반적으로 보고되지 않고, 증상은 깨어 있는 동안에 발생하는 공황발작과 유사하다.

수면관련 해리장애. 이 장애가 있는 사람들은 뇌파검사로 확인된 각성 동안의 실제 신체적 또는 정서적 외상을 "꿈"이라고 회상할 수 있다.

치료약물 또는 물질 사용. 도파민 작용제, 베타 아드레날린성 길항제와 기타 항고혈압제, 암페타민, 코카인 및 기타 자극제, 항우울제, 금연보조제, 그리고 멜라토닌을 포함한 많은 물질/치료약물이 악몽을 유발할 수 있다. REM수면을 억제하는 치료약물(예, 항우울제)과 알코올의 중단은 악몽을 동반하는 REM수면 반동rebound을 유발할 수 있다. 악몽이 별도로 임상적 관심을 받아야 할 만큼 심각하다면, 물질/치료약물로 유발된 수면장애 진단이 고려되어야 한다.

동반이환

악몽은 관상동맥 심장질환, 암, 파킨슨병, 통증 같은 심한 의학적 상태와 동반될 수 있으며, 혈액투석과 같은 의학적 치료, 또는 치료약물이나 남용물질 중단과 동반될 수 있다. 악몽은 자주 PTSD, 불면장애, 조현병, 정신병, 기분장애, 불안장애, 적응장애, 성격장애, 사별로 인한 애도 같은 다른 정신질환과 동반된다. 공존하는 악몽장애 진단은 별도로 임상적 관심을 받아야 할 경우(즉, 진단기준 A~C 충족)에만 고려되어야 한다. 그렇지 않다면, 개별적인 진단은 필요하지 않다. 이러한 상태는 적절한 동반이환 범주의 명시자에 나열되어야 한다. 그러나 악몽이 PTSD와 시간적으로 관련이 없다면, PTSD 환자에게서 악몽장애가 별도로 진단될 수 있다(예, 다른 PTSD 증상보다 선행하거나, 또는 다른 PTSD 증상이 호전된 후에도 지속되는 경우).

악몽은 REM수면 행동장애, PTSD, 급성 스트레스장애에서 일반적으로 발생하는 특징이다. 그러나 악몽이 이러한 상태에 선행한다면, 악몽장애는 개별적으로 부호화될 수 있고, 그 빈도나 강도에 있어 별도의 임상적 관심을 필요로 한다. 악몽장애는 악몽이 다른 장애의 발생 이전의 문제인지 혹은 다른 증상이 호전된 후에도 지속되는지 알아보는 것을 통해 판단할 수 있다.

국제수면장애진단분류와의 관련성

『국제수면장애진단분류 제2판(ICSD-2)』에는 악몽장애와 유사한 진단기준이 있다.

REM수면 행동장애

Rapid Eye Movement Sleep Behavior Disorder

진단기준 **327.42 (G47.52)**

A. 발성 및 복합 운동행동과 관련된 수면 중 각성의 반복적인 삽화
B. 이러한 행동들은 REM수면 중 발생하므로 보통 적어도 수면 개시 후 90분이 지나 발생하며, 수면 후반부에 빈번하고, 낮잠 중에는 드물게 발생한다.
C. 이러한 삽화로부터 깨어날 때, 개인은 완전히 깨어나고 명료하며, 혼돈되거나 지남력을 상실하지 않는다.
D. 다음 중 하나를 만족한다.

1. 수면다원검사 기록상 무긴장증이 없는 REM수면
2. REM수면 행동장애를 시사하는 과거력 및 확정된 시누클레인에 의한 신경퇴행성 질환의 진단(예, 파킨슨병, 다계통 위축증)

E. 이러한 행동들은 사회적, 직업적, 또는 다른 중요한 기능 영역에서 임상적으로 현저한 고통이나 손상을 초래한다(자신 또는 침대를 같이 쓰는 사람에게 해를 끼치는 것을 포함한다).
F. 장해는 물질(예, 남용약물, 치료약물)의 생리적 영향이나 다른 의학적 상태로 인한 것이 아니다.
G. 공존하는 정신질환 및 의학적 장애가 이 삽화를 설명할 수 없다.

진단적 특징

REM수면 행동장애의 필수적인 특징은 REM수면으로부터 발생하는 발성 및 복합 운동행동을 동반하는 반복적인 각성 삽화다(진단기준 A). 이러한 행동들은 흔히 행동이 많은 꿈 내용, 공격을 받는 폭력적인 꿈, 또는 위협적인 상황으로부터 탈출을 시도하는 운동 반응으로 나타난다. 이는 꿈을 행동으로 옮기는 것이라 할 수 있다. 발성은 흔히 소리가 크고, 감정적이며, 모독적이다. 이러한 행동들은 환자와 침대를 같이 쓰는 사람에게 매우 성가신 것일 수 있고, 심한 손상을 초래할 수 있다(예, 추락, 점프, 또는 침대에서의 뛰쳐나감, 달리기, 주먹으로 치기, 밀기, 때리기, 또는 발로 차기). 개인은 잠에서 깨어나자마자 즉시 각성되어 의식이 명료해지고, 지남력이 유지되며(진단기준 C), 흔히 관찰된 행동과 밀접하게 관련된 꿈의 정신작용

mentation을 회상할 수 있다. 이러한 사건 동안 전형적으로 눈은 감은 상태를 유지한다. REM수면 행동장애의 진단은 임상적으로 현저한 고통이나 손상이 있어야 한다(진단기준 E). 진단은 사건의 빈도, 폭력이나 위해 행동의 잠재력, 당혹감, 그리고 다른 가족구성원의 고통을 포함한 다양한 요인에 의해 결정된다.

진단을 뒷받침하는 부수적 특징

심각도 결정은 단순한 발생 빈도보다는 행동의 성격이나 결과를 기초로 내려진다. 전형적으로 행동은 두드러지고 폭력적이지만, 심하지 않은 행동도 나타날 수 있다.

유병률

REM수면 행동장애의 유병률은 일반 인구의 약 0.38~0.5%다. 정신질환이 있는 환자들의 유병률이 높을 수 있는데, 이는 정신질환 치료를 위해 처방된 치료약물과 관련이 있을 수 있다.

발달과 경과

REM수면 행동장애는 점진적이거나 급격하게 발병할 수 있으며, 경과는 일반적으로 진행성이다. 신경퇴행성 질환들과 관련된 REM수면 행동장애는 기저의 신경퇴행성 질환이 진행됨에 따라 호전될 수 있다. REM수면 행동장애가 있는 사람들의 신경학적 상태는 면밀히 지켜봐야 하는데, 이는 기저의 신경퇴행성 질환, 특히 시누클레인에 의한 신경퇴행성 질환(파킨슨병, 다계통 위축증, 주요 또는 경도 루이소체 신경인지장애)의 이후 발병과 매우 밀접한 연관이 있기 때문이다. REM수면 행동장애는 압도적으로 50세 이상의 남성에게서 많이 발생하지만, 여성과 나이 어린 사람들에게서도 점차 증가하고 있다. 젊은 사람들, 특히 젊은 여성에게서 증상이 발생한다면, 기면증이나 치료약물로 유발된 REM수면 행동장애일 가능성이 높다.

위험 및 예후 요인

유전적 · 생리적. 삼환계 항우울제, 선택적 세로토닌 재흡수 억제제, 세로토닌 노르에피네프린 재흡수 억제제, 베타 차단제를 비롯하여 널리 처방되는 치료약물들은 수면다원검사상 이완이 없는 REM수면 양상을 초래할 수 있고, 진성 REM수면 행동장애를 유발할 수 있다. 이 치료약물들이 그 자체로 REM수면 행동장애를 유발하는 것인지, 아니면 기저의 소인을 드러나게 하는 것인지는 알려져 있지 않다.

진단적 표지자

수면다원검사에서 관련된 검사 소견은 정상적인 근육의 이완이 있어야 할 REM수면 동안에 근긴장 증가 및 반응성의 근전도 활동 증가 소견을 보이는 것이다. 증가된 근육 활동은 여러 근육군에 다양하게 영향을 주며, 일반적인 수면검사에서 사용되는 것보다 더욱 광범위한 근전도 모니터링이 요구된다. 이러한 이유로, 턱밑근, 양측 발가락 신근, 양측 앞정강근 군을 포함한 근전도 모니터링이 제안되었다. 지속적인 비디오 모니터링이 필수적이다. 다른 수면다원검사 소견은 NREM수면 중에 매우 빈번한 주기적이고, 비주기적인 사지 근전도 활동을 포함할 수 있다. 무긴장증이 없는 REM수면이라고 불리는 이러한 수면다원검사 관찰은 REM수면 행동장애의 거의 모든 경우에 실제로 나타나지만, 증상이 없으면서 수면다원검사 소견을 보일 수도 있다. 무긴장증atonia이 없는 REM의 수면다원검사 소견과 함께 임상적으로 꿈을 행동화하는 것은 REM수면 행동장애 진단에 필요하다. 무긴장증이 없는 REM수면은 관찰되지만 꿈을 행동하는 임상 과거력이 없는 경우는 단순히 무증상 수면다원검사 소견일 뿐이다. 무긴장증이 없는 REM수면만 보이는 것이 REM수면 행동장애의 전조 현상인지 여부는 알려져 있지 않다.

REM수면 행동장애의 기능적 결과

REM수면 행동장애는 이환되지 않은 개인에게서 단발성으로 발생할 수 있다. 삽화 관련 당혹감은 사회적 관계를 손상시킬 수 있다. 즉, 환자는 친구와 밤새 함께 있다거나 침대를 같이 쓰는 사람과 함께 잠을 자는 것 같이 다른 사람들이 자신의 장애를 알아챌 수 있는 상황을 피할 것이다. 사회적 고립 또는 직업적 어려움이 발생할 수 있다. 드물게 REM수면 행동장애는 환자 자신이나 침대를 같이 쓰는 사람에게 심한 부상을 초래할 수 있다.

감별진단

기타 사건수면. 혼돈 각성, 수면보행증, 그리고 야경증은 REM수면 행동장애와 쉽게 혼동될 수 있다. 일반적으로, 이러한 장애들은 나이 어린 사람들에게서 발생한다. REM수면 행동장애와는 달리, 이 장애들은 깊은 NREM수면에서 발생하기 때문에 수면 주기 초반에 발생하는 경향이 있다. 혼돈 각성에서 깨어날 때, 혼돈, 지남력장애, 행동과 동반된 꿈의 불완전한 회상증상이 나타난다. 이런 각성 장애에 있어서의 수면다원검사 모니터링에 의하면, 정상적인 REM 근이완 소견을 보인다.

야간발작. 야간발작은 REM수면 행동장애와 거의 유사하지만, 일반적으로 동작이 더 상동적이다. 전체 뇌파 발작 몽타주를 사용하는 수면다원검사 모니터링을 통해 이 2가지를 구별할 수 있다. 무긴장증이 없는 REM수면 소견은 수면다원검사 모니터링에 나타나지 않는다.

폐쇄성 수면무호흡증. 폐쇄성 수면무호흡증은 REM수면 행동장애와 구별하기 힘든 행동들을 유발할 수 있다. 이 2가지의 감별에는 수면다원검사가 요구된다. 이 경우, 증상은 폐쇄성 수면무호흡증의 효과적인 치료로 완화되며, 수면다원검사에는 무긴장증이 없는 REM수면이 나타나지 않는다.

달리 명시된 해리장애(수면관련 심인성 해리장애). NREM수면 또는 REM수면에서 급격히 발생하는 거의 모든 다른 사건수면과는 달리, 심인성 해리성 행동은 수면기간 중 명확한 각성기간에 발생한다. REM수면 행동장애와는 달리, 이 장애는 젊은 여성들에게서 유병률이 더 높다.

꾀병. 꾀병의 경우, 흔히 REM수면 행동장애의 임상적 특징을 거의 완벽하게 모방하여 수면문제 행동을 보고한다. 이 경우, 수면다원검사가 필수적이다.

동반이환

REM수면 행동장애는 기면증 환자의 약 30%에서 동반이환된다. REM수면 행동장애가 기면증에서 발생하는 경우, 나이 어린 사람들에게서 남성과 여성 동일한 빈도로 발생하는 기면증과 마찬가지의 인구통계학적 특징을 보인다. 수면클리닉에 내원하는 환자들로부터의 결과를 근거해서 보면, 초기에 "특발성" REM수면 행동장애가 있는 환자들 대부분(>50%)은 결국 특히 시누클레인에 의한 신경퇴행성 질환(파킨슨병, 다계통 위축증, 주요 또는 경도 루이소체 신경인지장애)을 발달시키는 것으로 여겨진다. REM수면 행동장애가 흔히 이러한 장애의 다른 어떤 징후보다 수년(때로 10년 이상) 앞서 나타난다.

국제수면장애진단분류와의 관련성

REM수면 행동장애는 『국제수면장애진단분류 제2판(ICSD-2)』의 REM수면 행동장애의 진단기준과 동일하다.

하지불안 증후군
Restless Legs Syndrome

진단기준 **333.94 (G25.81)**

A. 대개 다리에 불편하고 불쾌한 감각을 동반하거나 이에 대한 반응으로 나타나는 다리를 움직이고 싶은 충동이 다음 항목 모두를 충족한다.

1. 다리를 움직이고 싶은 충동이 쉬고 있거나 활동을 하지 않는 동안에 시작되거나 악화됨
2. 다리를 움직이고 싶은 충동이 움직임에 의해 부분적으로 또는 완전히 완화됨

3. 다리를 움직이고 싶은 충동이 낮보다 저녁이나 밤에 악화되거나 저녁이나 밤에만 발생함

B. 진단기준 A의 증상이 일주일에 적어도 3회 이상 발생하고, 3개월 이상 지속된다.
C. 진단기준 A의 증상이 사회적, 직업적, 교육적, 학업적, 행동적, 또는 다른 중요한 기능 영역에서 현저한 고통이나 손상을 동반한다.
D. 진단기준 A의 증상이 다른 정신질환이나 의학적 상태(예, 관절염, 하지부종, 말초 허혈, 하지 경련)로 인한 것이 아니며, 행동문제(예, 자세 불편감, 습관적으로 발을 구르는 것)로 더 잘 설명되지 않는다.
E. 증상이 남용약물이나 치료약물의 생리적 효과로 인한 것이 아니다(예, 좌불안석).

진단적 특징

하지불안 증후군(RLS)은 다리 또는 팔을 움직이고 싶은 충동이 특징인 감각운동성·신경학적 수면장애이며, 흔히 전형적으로 근질거림, 스멀거림, 따끔거림, 타는 듯 하거나, 가려움으로 표현되는 불쾌한 감각을 동반한다(진단기준 A). RLS의 진단은 주로 환자의 자기보고와 병력 청취에 기초한다. 증상은 쉬고 있을 때 악화되며, 불쾌한 감각을 완화하기 위한 노력으로 다리를 자주 움직이게 된다. 증상은 저녁이나 밤에 악화되며, 일부의 경우 저녁이나 밤에만 발생하기도 한다. 증상이 저녁에 악화되는 것은 활동상의 차이와 무관하게 발생한다. RLS와 자세 불편감, 하지 경련 같은 기타 상태를 감별하는 것이 중요하다(진단기준 D).

RLS 증상은 수면 시작을 지연시킬 수 있고, 잠을 깨우기도 하며, 심한 수면분절을 일으키기도 한다. 다리를 움직임으로써 증상이 완화되는 것은 증상이 심한 경우에는 잘 나타나지 않을 수도 있다. RLS는 주간 졸림을 일으키며, 흔히 임상적으로 현저한 고통이나 손상을 동반한다.

진단을 뒷받침하는 부수적 특징

수면 중 주기성 다리 움직임periodic leg movements in sleep(PLMS)은 RLS를 확증하는 단서가 될 수 있는데, 여러 밤에 걸쳐 기록할 때 RLS 환자의 90%까지 PLMS를 보였

다. 깨어 있는 동안의 주기적 다리 움직임은 RLS 진단에 도움이 된다. 수면 개시 및 유지에의 어려움 보고와 과도한 주간 졸림 호소도 RLS의 진단에 도움이 된다. 추가적인 보조적 특징에는 일차친족 중 RLS의 가족력과 도파민성 치료에 의해 적어도 초반에의 증상 완화가 포함된다.

유병률

RLS의 유병률은 광범위한 기준이 사용될 때 매우 다양하지만, 보다 명확한 기준이 적용될 때는 2~7.2% 정도다. 증상 빈도가 일주일에 3회 이상이고, 중등도 또는 고도의 고통을 초래할 때의 유병률은 1.6%다. 증상 빈도가 일주일에 1회 미만일 때의 유병률은 4.5%다. RLS의 발생률은 여성이 남성보다 1.5~2배 높다. 또한 RLS은 연령에 따라 증가한다. RLS의 유병률은 아시아 인구에서 낮을 수 있다.

발달과 경과

RLS는 전형적으로 10대 또는 20대에서 발병된다. 성인기에 RLS로 진단받은 사람들의 약 40%가 20세 이전에 증상을 경험했다고 보고하며, 20%는 10세 이전에 증상을 경험했다고 보고한다. RLS의 유병률은 60세 정도까지 점차 증가하며, 증상은 변화 없이 유지되거나 노년에 약간 감소한다. 가족력이 없는 경우에 비해 가족력이 있는 RLS는 대개 젊은 연령에 발병하고, 천천히 진행하는 경과를 보인다. RLS의 임상 경과는 발병 연령에 따라 다르다. 발병이 45세 이전일 때, 보통 증상은 천천히 진행한다. 발병이 늦을 경우, 급속한 진행이 일반적이고, 흔히 악화요인들이 있다. RLS의 증상은 일생 동안 비슷하게 나타나는데, 노년에서 증상은 그대로이거나 다소 감소한다.

자기보고 방식으로는 아동에 대한 RLS 진단이 어려울 수 있다. 성인의 경우, 진단기준 A에서는 "움직이고 싶은 충동urge to move"이라는 표현이 환자에 의한 것으로 가정한다. 따라서 아동의 경우에도 진단을 위해 부모나 보호자보다 아동 자신의 언어로의 표현이 요구된다. 일반적으로, 6세 이상의 아동들은 RLS에 대해 상세하고 적절하게 표현할 수 있다. 그러나 아동이 “충동urge”이라는 단어를 쓰거나 이해하는 것은 드물며, 대신에 그들의 다리를 “움직여야 한다” “움직이게 된다”고 보고한다. 또한 수업시간 중 앉아 있는 시간이 길어질 때 아동과 청소년의 2/3가 낮 동안 다리의 감각을 보고한다.

따라서 진단기준 A3에 대해 저녁이나 밤에 앉아 있거나 누워 있는 것과 낮 동안 앉아 있거나 누워 있는 동일한 기간을 비교해서 평가하는 것이 중요하다. RLS가 있는 아동의 경우에도 야간 증상 악화 경향은 유지된다. 성인 RLS와 마찬가지로, 수면, 기분, 인지 및 기능에 상당히 부정적인 영향이 있다. 아동 · 청소년의 손상은 행동 및 교육 영역에서 더 자주 나타난다.

위험 및 예후 요인

유전적 · 생리적. 소인적 요인으로는 여성, 고령, 유전적 위험 변이, 그리고 RLS의 가족력이 포함된다. 촉발 요인으로는 흔히 철분 결핍 같이 한시적이다. 이 경우, 대부분의 사람들은 초기의 유발사건이 사라지고 나면 정상 수면 패턴을 다시 보인다. 유전적 위험 변이는 또한 요독증 같은 질환에서 이차적으로 발생하는 RLS에 있어서 중요한 역할을 한다. 이는 유전적인 감수성이 높은 사람에게 추가적인 위험 요인이 존재할 때, RLS가 발생한다는 것을 시사한다. RLS는 가족성 요인이 강하다.

RLS를 일으키는 확인된 병태생리학적 경로들이 있다. 전장유전체genome-wide 연관 연구를 통해 RLS가 각각 염색체 2p, 6p, 그리고 15p 위치에 있는 MEIS1, BTBD9, MAP2K5의 인트론intron 또는 유전자간intergenic 부위에 흔한 유전자 변이와 상당한 연관이 있다는 사실이 밝혀졌다. 이러한 3가지 변이와 RLS의 연관성은 독립적인 연구들에서 재현되어 왔다. BTBD9는 하나의 대립유전자가 존재할 때조차도 매우 큰(80%) 추가적인 위험의 원인이 된다. 유럽의 혈통에서 이러한 변이가 높은 빈도로 나타나기 때문에, 인구기인위험population attributable risk(PAR)은 대략 50% 정도다. MEIS1과 BTBD9와 연관된 위험 대립유전자들 빈도는 아프리카나 아시아 혈통에서는 덜 흔하며, 이는 이들에게서 RLS의 위험성이 낮음을 시사한다.

RLS의 병태생리학적 기전에는 또한 중추 도파민 시스템의 장애와 철 대사 장애가 포함된다. 내인성 아편제 시스템 또한 관련될 수 있다. 도파민성 약물(주로 D2와 D3[non-ergot] 작용제)의 치료효과는 RLS가 중추 도파민 경로의 기능이상에 의한 것이라는 것을 더욱 지지한다. 또한 RLS의 효과적인 치료가 우울 증상을 상당히 경감시킨다고 밝혀져 있지만, 세로토닌계 항우울제들은 일부 개인들에게서 RLS을 유발하거나 악화시킬 수 있다.

성별과 관련된 진단적 쟁점

RLS는 남성보다 여성의 유병률이 높지만, 성별에 따른 진단상의 차이는 없다. 그러나 임신 중 RLS의 유병률은 일반 인구에 비해 2~3배다. 임신과 관련된 RLS는 임신 3분기 중에 최고치에 도달하며, 대부분의 경우 분만 후 즉시 호전되거나 해소된다. RLS의 유병률에 있어서의 성별에 따른 차이는 적어도 부분적으로는 출산력에 의해 설명되는데, 아이를 낳지 않은[nulliparous] 여성은 동일 연령의 남성과 RLS의 위험도가 동일하다.

진단적 표지자

RLS는 수면다원검사상 상당한 이상 소견이 나타나는데, 일반적으로 수면잠복기가 증가하고 높은 각성지수를 보인다. 선행하는 움직임억제검사[immobilization test]와 함께 수면다원검사를 시행할 경우, 둘 다 RLS 증상이 유발되기 쉬운 상황인 수면과 조용한 휴식의 표준적 상황에서 RLS의 운동 징후인 주기성 사지운동의 지표가 얻어질 수 있다.

하지불안 증후군의 기능적 결과

현저한 기능 손상이 있거나 우울과 불안 등의 정신질환과 관련될 정도로 심한 유형의 RLS는 인구의 약 2~3%에서 발생한다. 경도 증상은 그 영향이 덜 특징적이지만, RLS가 있는 사람들은 일상생활의 적어도 한 가지 활동에서 방해를 호소하는

데, 50% 정도까지 기분에 부정적인 영향을 보고하며, 47.6%에서 에너지 부족을 보고한다. RLS의 가장 흔한 결과는 수면시간 감소, 수면분절을 포함한 수면장해와 전반적인 장해(즉, 우울증, 범불안장애, 공황장애, 외상후 스트레스장애), 그리고 삶의 질 손상이다. RLS은 주간 졸림이나 피로를 초래할 수 있고, 흔히 정서적, 사회적, 직업적, 교육적, 학업적, 행동적, 또는 인지적 기능에서의 현저한 고통이나 손상을 동반한다.

감별진단

RLS의 감별진단에서 가장 중요한 상태는 하지경련, 자세 불편감, 관절통/관절염, 근육통, 자세 허혈ischemia(무감각), 하지 부종edema, 말초 신경병증, 신경근병증radiculopathy, 그리고 습관성 발 구르기다. 근육의 "뻣뻣해짐knotting(경련)", 자세 변경에 의한 완화, 한 관절에 제한, 촉지 시 통증(근육통), 그리고 신체검진상 다른 이상 소견들은 RLS에서 나타나지 않는다. RLS와는 달리, 야간 하지경련은 전형적으로 사지를 움직이고 싶은 충동이 나타나지 않으며, 사지의 움직임이 자주 나타나지 않는다. 덜 흔하지만 RLS와 감별되어야 할 상황으로는 신경이완제에 의한 정좌불능akathisia, 척수병증myelopathy, 증상이 있는 정맥부전, 말초동맥 질환, 습진, 다른 정형외과적 문제들, 그리고 불안에 의한 좌불안석restlessness이 있다. 밤중에 악화되고 주기적 사지운동을 보이는 것은 치료약물로 유발된 좌불안석이나 말초 신경병증보다 RLS에서 더 흔하다.

RLS 증상이 다른 의학적 또는 행동적 상태로 단순히 설명되지 않는다는 것이 중요하지만, RLS 환자에서도 이들과 유사한 상태가 발생할 수 있다는 것 또한 알고 있어야 한다. 진단 과정과 영향을 평가할 때, 각각의 가능한 상태에 대한 독립된 관심이 필요하다. RLS의 진단이 명확하지 않은 경우, PLMS나 RLS의 가족력과 같은 RLS의 보조적 특징에 대한 평가가 도움이 될 수 있다. 도파민성 제제에 대한 반응과 RLS의 가족력 등과 같은 임상적 특징이 감별진단에 도움을 줄 수 있다.

동반이환

우울장애, 불안장애, 주의력장애는 흔히 RLS와 동반되며, 이는 "RLS의 기능적 결과" 부분에서 설명되었다. RLS와 동반되는 주된 의학적 장애는 심혈관계 질환이다. 고혈압, 기면증, 편두통, 파킨슨병, 다발성 경화증, 말초 신경병증, 폐쇄성 수면무호흡증, 당뇨병, 섬유 근육통, 골다공증, 비만, 갑상선 질환, 암 등 수많은 의학적 장애가 연관이 있을 수 있다. 철결핍, 임신, 만성 신부전 또한 RLS와 동반될 수 있다.

국제수면장애진단분류와의 관련성

『국제수면장애진단분류 제2판(ICSD-2)』에는 RLS와 유사한 진단기준이 제시되어 있지만, 증상 빈도나 지속기간이 구체적으로 명시된 진단기준은 포함되어 있지 않다.

물질/치료약물로 유발된 수면장애
Substance/Medication-Induced Sleep Disorder

진단기준

A. 수면에 있어서의 현저하고 심한 장해가 있다.
B. 병력, 신체검진 또는 검사 소견에 (1)과 (2) 둘 다의 증거가 있다.
   1. 진단기준 A의 증상이 물질중독이나 물질금단 동안 혹은 직후에, 혹은 치료약물 노출 후에 발생한다.
   2. 수반된 물질/치료약물이 진단기준 A의 증상을 일으킬 만한 능력이 있다.
C. 장해가 물질/치료약물로 유발된 것이 아닌 수면장애로 더 잘 설명되지 않는다. 독립적인 우울장애라는 증거로 다음이 포함될 수 있다.

   증상이 물질/치료약물 사용 시작보다 선행한다. 증상이 급성 금단 혹은 심한 중독의 중단 이후에도 상당한 기간(예, 약 1개월) 계속된다. 혹은 물질/치료약물로 유발된 것이 아닌 독립적인 수면장애의 다른 증거(예, 재발성 비물질/치료약물 관련 삽화의 병력)가 있다.

D. 장해가 섬망의 경과 중에만 발생하지는 않는다.
E. 장해가 사회적, 직업적, 또는 다른 중요한 기능 영역에서 임상적으로 현저한 고통이나 손상을 초래한다.

주의점: 이 진단은 진단기준 A의 증상이 임상 양상에서 두드러지고 임상적 주목을 보증할 정도로 충분히 심할 때에만 물질중독이나 물질금단의 진단 대신에 내려져야 한다.

부호화 시 주의점: [특정 물질/치료약물]로 유발된 수면장애에 대한 ICD-9-CM과 ICD-10-CM 부호는 다음 표에 제시되어 있다. ICD-10-CM 부호는 동일 종류의 물질에 대한 물질사용장애의 동반이환 여부에 따라 달라진다는 점에 주의한다. 만약 경도의 물질사용장애가 물질로 유발된 수면장애와 동반이환된다면, 4번째 자리의 글자는 "1"이고, 임상가는 물질로 유발된 수면장애 앞에 "경도 [물질]사용장애"를 기록해야 한다(예, 경도 코카인사용장애, 코카인으로 유발된 수면장애 동반). 만약 중등도 또는 고도 물질사용장애가 물질로 유발된 수면장애와 동반이환된다면, 4번째 자리의 글자는 "2"이고, 임상가는 동반이환하는 물질사용장애의 심각도에 따라 "중등도 [물질]사용장애 또는 고도 [물질]사용장애"를 기록해야 한다. 만약 동반이환하는 물질사용장애가 없다면(예, 1회의 심한 물질 사용 후), 4번째 자리의 글자는 "9"이며, 임상가는 물질로 유발된 수면장애만을 기록해야 한다. 중등도 또는 고도 담배사용장애는 담배로 유발된 수면장애를 부호화하기 위해 필요하다. 담배로 유발된 수면장애를 동반하는 경도 담배사용장애나 담배사용장애가 없는 것을 부호화하는 것은 허용되지 않는다.

		ICD-10-CM		
	ICD-9-CM	사용장애 경도	사용장애 중등도 또는 고도	사용장애 없음
알코올	291.82	F10.182	F10.282	F10.982
카페인	292.85	F15.182	F15.282	F15.982
대마	292.85	F12.188	F12.288	F12.988
아편계	292.85	F11.182	F11.282	F11.982
진정제, 수면제, 또는 항불안제	292.85	F13.182	F13.282	F13.982
암페타민(또는 기타 자극제)	292.85	F15.182	F15.282	F15.982
코카인	292.85	F14.182	F14.282	F14.982
담배	292.85	해당사항 없음	F17.208	해당사항 없음
기타(또는 미상의) 물질	292.85	F19.182	F19.282	F19.982

다음 중 하나를 명시할 것:

불면형: 잠에 들거나 잠을 유지하는 것의 어려움, 잦은 야간 각성, 또는 개운하지 않은 수면이 특징적이다.

주간 졸림형: 깨어 있는 기간 또는 드물지만, 긴 수면기간 동안에 과도한 현저한 졸림/피로 호소가 특징이다.

사건수면형: 수면 중 비정상적인 행동 사건이 특징적이다.

혼재형: 명백히 우세한 증상은 없는 다양한 유형의 수면 증상, 물질/치료약물로 유발된 수면문제가 특징적이다.

다음의 경우 명시할 것(물질 종류와 연관된 진단을 위해서는 "물질관련 및 중독 장애" 장의 표 1을 참조할 것):

중독 중 발병: 이 명시자는 기준이 물질/치료약물 중독에 맞고, 증상이 중독 동안에 발생하는 경우에 사용한다.

중단/금단 중 발병: 이 명시자는 기준이 물질/치료약물 중단/금단에 맞고, 증상이 물질/치료약물을 중단한 동안 혹은 그 직후 발생하는 경우에 사용한다.

기록절차

ICD-9-CM. 물질/치료약물로 유발된 수면장애의 명칭은 수면장해의 원인으로 가정되는 특정 물질(예, 코카인, 부프로피온bupropion)로 시작한다. 진단부호는 진단기준 세트에 포함된 표에서 선택되는데, 이 진단기준은 약물의 종류에 기초한 것이다. 어느 종류에도 부합하지 않는 약물(예, 부프로피온)의 경우, "기타 물질"을 위한 부호를 사용해야 한다. 물질이 병인 요인이라고 여겨지나 물질의 특정 종류를 알 수 없는 경우에는 "미상의 물질unknown substance" 범주를 사용해야 한다.

장애명 뒤에는 발병에 대한 명시사항(예, 중독 중 발병, 중단/금단 중 발병)과 아형의 명칭(예, 불면형, 주간 졸림형, 사건수면형, 혼재형)이 뒤따른다. 물질로 유발된 장애와 물질사용장애를 결합한 ICD-10-CM의 기록절차와는 달리, ICD-9-CM에서는 물질사용장애에 별도의 진단부호가 부여된다. 예를 들어, 고도 로라제팜사용장애가 있는 사람에게서 금단 중 발병한 불면증의 경우, 진단은 292.85 로라제팜으로 유발된 수면장애, 금단 중 발병, 불면형이다. 추가 진단으로 304.10 고도 로라제팜사용장애 역시 부여된다. 한 가지 이상의 물질이 수면장해의 발생에 상당한 역할을 한 것으로 여겨질 때, 각각이 모두 별도로 나열되어야 한다(예, 292.85 알코올로 유발된 수면장애, 중독 중 발병, 불면형, 292.85 코카인으로 유발된 우울장애, 중독 중 발병, 불면형).

ICD-10-CM. 물질/치료약물로 유발된 수면장애의 명칭은 수면장해의 원인으로 가정되는 특정 물질(예, 코카인, 부프로피온)로 시작한다. 진단부호는 진단기준 세트에 포함된 표에서 선택되며, 이 표는 약물 종류와 동반된 물질사용장애의 유무에 기초한 것이다. 어느 종류에도 부합하지 않은 약물(예, 부프로피온)의 경우, "기타 물질"을 위한 부호가 사용되어야 한다. 물질이 병인 요인이라고 여겨지나 물질의 특정 부류를 알 수 없는 경우에는 "미상의 물질" 범주를 사용해야 한다. 장애명을 기록할 때는 동반 물질사용장애를(있다면) 먼저 기재하고, 이어서 '동반 with'이라는 단어와 함께 물질로 유발된 우울장애의 이름이 뒤따르며, 그다음으로 발병에 대한 명시사항(예, 중독 중 발병, 중단/금단 중 발병)과 세부 명칭(예, 불면형, 주간 졸림형, 사건수면형, 혼재형)을 적는다. 예를 들어, 고도 로라제팜사용장애가 있는 사람의 경우, 금단 중 발병한 불면증의 진단은 F13.282 고도 로라제팜사용장애, 로라제팜으로 유발된 수면장애 동반, 금단 중 발병, 불면형이다. 고도 로라제팜사용장애에 대해서는 별도로 진단하지 않는다. 만약 물질로 유발된 수면장애가 물질사용장애(예, 치료약물 사용 동반)의 동반 없이 일어난 경우라면, 부수적인 물질사용장애는 기록되지 않는다(예, F19.982 부프로피온으로 유발된 수면장애, 치료약물 사용 중 발병, 불면형). 한 가지 이상의 물질이 수면장해 발생에 상당한 역할을 한 것으로 여겨지는 경우에는 각각을 모두 별도로 나열해야 한다(예, F10.282 고도 알코올사용장애, 알코올로 유발된 수면장애 동반, 중독 중 발병, 불면형, F14.282 고도 코카인사용장애, 코카인으로 유발된 수면장애 동반, 중독 중 발병, 불면형).

진단적 특징

물질/치료약물로 유발된 수면장애의 필수적인 특징은 별도로 임상적인 관심을 받아야 할 만큼 심각하고(진단기준 A), 물질(즉, 남용약물, 치료약물, 독소 노출)의 약물학적 효과와 주로 관련된 것이라고 판단되는 수면장해다(진단기준 B). 관련되는 물질에 따라 수면장해의 4가지 유형 가운데 하나의 유형이 기록된다. 불면형과 주간 졸림형이 가장 흔하고, 사건수면형은 흔하지 않다. 혼재형은 한 가지 이상의 수면장해와 관련된 증상이 존재하고 어떤 특징도 우세하지 않을 때 진단된다. 장해는 다른 수면장애에 의해 더 잘 설명되지 않아야 한다(진단기준 C). 물질/치료약물로 유발된 수면장애는 발병 및 경과에 있어 불면장애 또는 과도한 주간 졸림과 관련된 장애와 차이가 난다.

약물남용으로 인한 수면장애로 진단하려면 중독 또는 금단 병력, 신체검진 또는 검사 소견상 증거가 있어야 한다. 다른 수면장애는 물질 사용 시작에 선행하거나 지속적으로 물질을 사용하지 않는 동안에도 일어날 수 있는 반면, 물질/치료약물로 유발된 수면장애는 중독이나 중단/금단 상태와 관련이 있을 때에만 일어난다. 특정 물질의 중단/금단 상태는 오래 지속될 수 있기 때문에 수면장해 발병은 물질 사용 중단 후 4주까지도 발생할 수 있으며, 장해는 다른 수면장해의 비전형적인 특징을 보일 수 있다(예, 발병과 경과의 비전형적인 나이).

만약 수면장해가 섬망의 경과 중에만 발생한다면, 이 진단은 내려지지 않는다(진단기준 D). 증상이 사회적, 직업적, 또는 다른 중요한 기능 영역에서 임상적으로 현저한 고통이나 손상을 초래해야 한다(진단기준 E). 이 진단은 진단기준 A의 증상이 임상에서 우세하고 증상이 별도로 임상적인 관심을 받아야 할 만큼 심각할 경우에 한해서 물질중독 또는 물질금단 진단 대신 내려진다.

진단을 뒷받침하는 부수적 특징

물질/치료약물 사용, 중독, 또는 금단 기간에, 개인은 우울 및 불안과 같은 불쾌 기분, 과민성, 인지 손상, 집중력 저하, 피로를 자주 호소한다. 두드러지고 심한 수면장해는 다음과 같은 물질군의 중독과 관련하여 발생할 수 있다(알코올, 코카인, 대마, 아편계, 진정제, 수면제 또는 항불안제, 자극제[코카인 등], 기타[또는 미상의] 물질들). 수면장해를 유발하는 일부 치료약물에는 아드레날린 작용제와 길항제, 도파민 작용제와 길항제, 콜린성 작용제와 길항제, 세로토닌성 작용제와 길항제, 항히스타민제, 코르티코스테로이드가 들어 있다.

알코올. 알코올로 유발된 수면장애는 전형적으로 불면형으로 나타난다. 급성 중독 상태에서 알코올은 농도에 따라 즉각적인 진정효과를 일으키는데, 3, 4단계 NREM수면이 증가하고 REM수면이 감소된다. 이러한 초기 효과에 이어서 나머지 수면기간 동안 증가된 각성 상태, 불안정한 수면, 그리고 생생하고 불안한 꿈이 나타날 수 있다. 동시에 3, 4단계 수면은 감소하고 각성 상태와 REM수면은 증가한다. 알코올은 호흡관련 수면장애를 악화시킬 수 있다. 습관적으로 사용할 경우, 알코올은 밤의 전반기 동안 단기간의 진정효과를 보이고, 이어서 후반기 동안 수면의 연속성을 방해하게 된다. 알코올 금단 상태에서 수면의 연속성은 심하게 손상되고, REM수면의 양과 강도가 증가하며, 빈번하게 생생한 꿈과 연관된다. 가장 심한 예는 알코올 금단 섬망의 일부가 되는 것이다. 급성 금단 이후 만성적인 알코올 사용자들은 서파수면의 지속적인 부족과 관련하여 수 주에서 수년까지 얕고 분절된 수면을 호소한다.

카페인. 카페인으로 유발된 수면장애는 용량 의존적으로 불면증으로 나타나며, 일부 개인들은 금단과 관련하여 주간 졸림을 나타낸다.

대마. 대마의 급성 투여는 수면잠복기를 짧게 하고, 수면잠복기의 증가를 동반한 각성효과도 발생시킬 수 있다. 대마는 급성 투여 시 서파수면을 증가시키고 REM수면을 억제한다. 만성 사용자의 경우, 수면유도와 서파수면 증가 효과에 대한 내성이 발생한다. 금단 시, 수면문제와 불쾌한 꿈이 수 주 동안 지속된다고 보고되고 있다. 이 기간에 수면다원검사는 서파수면의 감소와 REM수면의 증가를 보여 준다.

아편계. 아편계는 급성으로 단기 사용 시에 졸림과 주관적인 수면 깊이의 증가, 그리고 REM수면의 감소를 일으킨다. 지속적으로 투여하면, 아편계의 진정효과에 대한 내성이 생기고 불면증을 호소하게 된다. 아편계는 호흡저하를 일으키면서 수면무호흡을 악화시킨다.

진정제, 수면제 또는 항불안제. 진정제, 수면제 또는 항불안제(예, 바비튜레이트, 벤조디아제핀 수용체 작용제, 메프로바메이트, 글루테티마이드, 메티프릴론)는 수면에 있어서 아편계와 유사한 효과가 있다. 급성 중독 상태에서 진정·수면제는 기대되는 바와 같이 졸림의 증가와 각성의 감소를 일으킨다. 만성적인 사용(특히 바비튜레이트와 과거의 비바비튜레이트계, 비벤조디아제핀계 약물)은 내성을 일으키고, 결과적으로 다시 불면증을 일으키게 된다. 주간 졸림도 발생할 수 있다. 진정제·수면제는 폐쇄성 수면무호흡 사건의 횟수와 심각도를 증가시킬 수 있다. 사건수면은 벤조디아제핀 수용체 작용제의 사용과 관련되며, 특히 이러한 치료약물을 높은 용량으로 복용할 때 또는 다른 진정제와 함께 사용할 때 그렇다. 만성적인 진정제, 수면제, 또는 항불안제의 사용을 갑작스럽게 중단하는 것은 금단을 유발할 수 있으나, 더 흔하게는 반동불면증rebound insomnia을 유발할 수 있다. 1~2일 동안 약물을 중단한 상태에서 불면증이 악화되는 상황은 단기간의 사용에서도 발생한다. 작용기간이 긴 진정제, 수면제, 또는 항불안제가 주간 졸림과 연관성이 있는 반면, 작용기간이 짧은 진정제, 수면제, 또는 항불안제는 대개 반동불면증을 일으킨다. 어떠한 진정제, 수면제, 또는 항불안제도 잠재적으로 주간 진정, 금단, 또는 반동불면증을 일으킬 수 있다.

암페타민과 관련된 물질 및 기타 자극제. 암페타민 관련 물질 및 기타 자극제로 유발된 수면장애는 중독 상태에서의 불면증과 금단 상태에서의 과도한 졸림이 특징이다. 급성 중독 상태에서 자극제는 수면의 총량을 감소시키고, 수면의 잠복기를 증가시키며, 수면의 지속성을 방해하고, REM수면을 감소시킨다. 서파수면은 감소되는 경향을 보인다. 만성적인 자극제 사용 후 금단 상태에서 야간 수면시간이 길어지고, 과도한 주간 졸림이 나타나게 된다. 다중 수면잠복기 검사에서는 금단기 동안 주간 졸림 증가가 나타난다. 3,4-메틸렌디옥시메스암페타민3,4-methylenedioxy methamphetamine (MDMA, "엑스터시")와 같은 약물과 그와 관련된 물질은 섭취 48시간 이내에 불안정하고 손상된 수면을 유발한다. 이러한 물질의 빈번한 사용은 불안, 우울, 그리고 수면장해의 지속을 가져오며, 이는 장기간 물질 중단 시에도 나타날 수 있다.

담배. 만성적인 담배 소비는 주로 불면증, 수면효율의 저하와 서파수면의 감소, 그리고 주간 졸림의 증가와 연관성이 있다. 담배의 금단도 수면 손상을 유발할 수 있다. 흡연자들은 담배에 대한 갈망에 의해 유발되는 규칙적인 야간 각성을 경험할 수 있다.

기타 또는 미상의 물질/치료약물. 기타 물질/치료약물, 특히 중추신경계나 자율신경계에 영향을 미치는 치료약물(예, 아드레날린 작용제 및 길항제, 도파민 작용제 및 길항제, 콜린성 작용제 및 길항제, 세로토닌성 작용제 및 길항제, 항히스타민제, 코르티코스테로이드)은 수면장해를 일으킬 수 있다.

발달과 경과

아동의 불면증은 부모나 아동에 의해 확인될 수 있다. 아동의 경우, 흔히 투약 시작과 연관되어 명백한 수면장해를 보이는데, 부모에 의해 수면장해가 관찰되더라도 아동은 이를 보고하지 않을 수 있다. 일부 불법물질(예, 대마, 엑스터시)의 사용은 청소년기와 성인기 초기에 흔하므로, 이 연령집단에서 나타날 수 있는 불면증 또는 다른 모든 수면장해가 물질사용에 의한 것인지를 주의 깊게 고려해야 한다. 이 연령집단에서 수면장해에 대해 도움을 청하는 일은 드물다는 점에서 확증적인 보고는 부모, 보호자, 또는 교사로부터 얻어진다. 나이가 들면 더 많은 치료약물을 복용할 수 있고, 물질/치료약물로 유발된 수면장애가 발생할 위험이 높다. 사람들은 수면장해를 정상적인 노화의 한 부분으로 여기고 증상을 보고하지 않을 수 있다. 주요신경인지장애(예, 치매)가 있는 사람들은 물질/치료약물로 유발된 수면장애의 위험이 높지만, 증상을 보고하지 않을 수 있다. 그러므로 보호자로부터의 확증적인 보고가 특히 중요하다.

위험 및 예후 요인

물질남용/의존 또는 치료약물 사용과 연관된 위험 및 예후 요인은 특정 연령 집단마다 표준이 있다. 이는 발생한 수면장해 유형에 따라 적절하고 적용될 수 있다(각각의 물질사용장애에 대해 설명되어 있는 "물질관련 및 중독 장애" 장을 참조할 것). 기질적 물질 사용은 일반적으로 취약한 개인에서 불면증을 일으키거나 동반하게 한다. 따라서 스트레스 또는 수면환경이나 시간 변화로 인한 불면증의 발생은 물질/치료약물로 유발된 수면장애가 발생할 위험을 나타낼 수 있다. 유사한 위험이 다른 수면장애가 있는 개인에게서 존재할 수 있다(예, 자극제를 사용하는 과다수면 환자).

문화와 관련된 진단적 쟁점

처방된 치료약물을 포함한 물질의 사용은 부분적으로 문화적 배경과 지역의 약물 규제에 따라 달라질 수 있다.

성별과 관련된 진단적 쟁점

성별 유병률(예, 2:1의 비율로 남성보다 여성에서 더 많은 영향)은 일부 물질(예, 알코올)의 소비 패턴에 따라 나타난다. 예를 들면, 간기능에 있어서의 성차로, 특정 물질의 소비량과 지속기간이 같아도 남성과 여성에서 매우 다른 수면과 관련된 결과를 유발할 수 있다.

진단적 표지자

각각의 물질/치료약물로 유발된 수면장애는 다른 장애들과 연관성이 있지만, 진단을 고려하기에는 어려운 뇌파상 수면양상을 보인다. 각 물질에 대한 뇌파상 수면 특성은 섭취/중독, 만성적 사용, 또는 중단에 따른 금단 같은 물질의 사용 단계와 관련된다. 다중 수면잠복기 검사는 주간 졸림의 심각도에 대한 정보를 제공하는 반면, 야간 수면다원검사는 불면증의 심각도 정의에 도움이 된다. 수면다원검사를 통한 야간 호흡과 주기성 사지운동에 대한 모니터링은 야간 호흡과 운동 행동에 대한 물질의 영향을 확인할 수 있다. 2주간의 수면일지와 활동기록기는 물질/치료약물로 유발된 수면장애 여부 확인에 도움이 된다. 약물선별검사는 개인이 물질 섭취와 관련된 정보를 알지 못하거나 꺼리는 경우에 사용된다.

물질/치료약물로 유발된 수면장애의 기능적 결과

수면장애와 관련하여 많은 기능적 결과가 있지만, 물질/치료약물로 유발된 수면장애의 고유한 결과는 재발 위험이 높다는 것이다. 알코올 금단상태에서 수면장해의 정도(예, REM수면 반동은 음주 재발의 위험을 예측한다), 금단 중과 금단 이후의 수면의 질과 주간 졸림에 대한 모니터링은 개인에서 재발의 위험에 대한 임상적으로 중요한 정보를 제공할 수 있다.

감별진단

물질중독 또는 물질금단. 수면장해는 흔히 물질중독이나 물질 중단/금단 상태에서 일어난다. 수면장해가 임상에서 두드러지고 별도의 임상적인 관심을 받아야 할 만큼 심한 경우에 한해서 물질중독 또는 물질금단 대신 물질/치료약물로 유발된 수면장애로 진단 내릴 수 있다.

섬망. 만약 물질/치료약물로 유발된 수면장해가 섬망의 경과 중에만 발생한다면, 수면장해는 별도로 진단 내리지 않는다.

기타 수면장애. 물질/치료약물이 증상과 인과관계가 있다고 판단되는 경우, 물질/치료약물로 유발된 수면장애는 다른 수면장애와 구별될 수 있다. 정신질환이나 의학적 상태에 대해 처방된 치료약물로 인한 물질/치료약물로 유발된 수면장애는 개인이 치료약물을 투약받는 동안에 발생해야 한다. 만약 투약과 관련된 중단/금단 증후군이 있다면, 금단기간에 발생해야 한다. 치료가 중단되면, 수면장해는 대개 수일에서 수 주 이내에 회복된다. 만약 증상이 4주를 넘어서도 지속되면,

수면장해와 관련된 증상의 다른 원인을 고려해야 한다. 드물지 않게 다른 수면장애가 있는 사람들은 증상을 스스로 치료하기 위해 치료약물 또는 남용약물을 사용한다(예, 불면증 치료를 위한 알코올 사용). 만약 물질/치료약물이 수면장해의 악화에 중요한 역할을 했다고 판단된다면, 추가적으로 물질/치료약물로 유발된 수면장애 진단을 내릴 수 있다.

다른 의학적 상태로 인한 수면장애. 물질/치료약물로 유발된 수면장애와 다른 의학적 상태와 관련된 수면장애는 불면증, 주간 졸림, 또는 사건수면과 유사한 증상을 일으킬 수 있다. 수면장해를 유발하는 기타 의학적 상태가 있는 많은 사람들이 수면장해를 유발할 수 있는 치료약물로 치료를 받고 있다. 증상들에 대한 발생 순서가 수면 증상의 이러한 2가지 원인을 구별해 줄 수 있는 가장 중요한 요소다. 의학적 상태를 치료하는 치료약물을 사용하기 이전에 수면곤란이 선행되었다면, 다른 의학적 상태와 관련된 수면장애의 진단을 시사한다. 이와 반대로, 특정 물질/치료약물로 치료를 시작한 이후에 수면 증상이 나타났다면, 물질/치료약물로 유발된 수면장애를 시사한다. 만약 이러한 장해가 다른 의학적 상태와 동반되고 물질 사용에 의해 악화되었다면, 2가지 진단(즉, 다른 의학적 상태와 관련된 수면장애와 물질/치료약물로 유발된 수면장애) 모두 내려질 수 있다. 수면장해가 물질/치료약물이나 다른 의학적 상태로 인한 것인지, 또는 원발성인지(즉, 물질/치료약물이나 다른 의학적 상태로 인한 것이 아닐 때)를 구별하기에 증거가 불충분한 경우, 달리 명시된 수면-각성장애 또는 명시되지 않는 수면-각성장애로 진단된다.

동반이환

이 장의 불면증, 과다수면, 중추성 수면무호흡증, 수면관련 호흡저하, 그리고 일주기리듬 수면-각성장애, 교대근무형을 포함한 다른 수면장애에 대한 "동반이환" 부분을 참조하라.

국제수면장애진단분류와의 관련성

『국제수면장애진단분류 제2판(ICSD-2)』에는 각각의 표현형(예, 불면증, 과다수면) 하에 "약물 또는 물질로 인한" 수면장애들이 수록되어 있다.

달리 명시된 불면장애

Other Specified Insomnia Disorder

780.52 (G47.09)

이 범주는 사회적, 직업적, 또는 다른 중요한 기능 영역에서 임상적으로 현저한 고통이나 손상을 일으키는 불면장애의 특징적인 증상들이 두드러지지만, 불면장애 또는 수면-각성장애의 진단부류에 속한 장애 중 어느 것에도 완전한 기준을 만족하지 않는 발현 징후들에 적용된다. 달리 명시된 불면장애 범주는 발현 징후가 불면장애 또는 특정 수면-각성장애의 기준에 맞지 않은 특정한 이유를 소통하기 위해 임상가가 선택한 상황들에서 사용된다. 이는 "달리 명시된 불면장애"를 기록하고, 이어서 특정한 이유(예, "단기 불면장애")를 기록한다.

"달리 명시된"이라는 지정 문구를 사용해 분류할 수 있는 발현 징후들의 예는 다음과 같다.

1. **단기 불면장애:** 지속기간은 3개월 미만
2. **비회복성 수면에 국한된:** 지배적인 증상은 비회복성 수면이며, 수면 개시 또는 유지의 어려움과 같은 다른 수면 증상을 동반하지 않음

명시되지 않는 불면장애

Unspecified Insomnia Disorder

780.52 (G47.00)

이 범주는 사회적, 직업적, 또는 다른 중요한 기능 영역에서 임상적으로 현저한 고통이나 손상을 일으키는 불면장애의 특징적인 증상들이 두드러지지만, 불면장애 또는 수면-각성장애의 진단부류에 속한 장애 중 어느 것에도 완전한 기준을 만족하지 않는 발현 징후들에 적용된다. 명시되지 않는 불면장애 범주는 기준이 불면장애 또는 특정 수면-각성장애의 기준에 맞지 않은 이유를 명시할 수 없다고 임상가가 선택한 상황들에서 사용되며, 보다 구체적인 진단을 내

리기에는 정보가 불충분한 발현 징후들을 포함한다.

달리 명시된 과다수면장애
Other Specified Hypersomnolence Disorder

780.54 (G47.19)

이 범주는 사회적, 직업적, 또는 다른 중요한 기능 영역에서 임상적으로 현저한 고통이나 손상을 일으키는 과다수면장애의 특징적인 증상들이 두드러지지만, 과다수면장애 또는 수면-각성장애의 진단부류에 속한 장애 중 어느 것에도 완전한 기준을 만족하지 않는 발현 징후들에 적용된다. 달리 명시된 과다수면장애 범주는 발현 징후가 과다수면장애 또는 특정 수면-각성장애의 기준에 맞지 않은 특정한 이유에 대해 소통하기 위해 임상가가 선택한 상황들에서 사용된다. 이는 "달리 명시된 과다수면장애"를 기록하고, 이어서 특정한 이유(예, 클라인-레빈 증후군에서의 "단기간 과다수면")를 기록한다.

명시되지 않는 과다수면장애
Unspecified Hypersomnolence Disorder

780.54 (G47.10)

이 범주는 사회적, 직업적, 또는 다른 중요한 기능 영역에서 임상적으로 현저한 고통이나 손상을 일으키는 과다수면장애의 특징적인 증상들이 두드러지지만, 과다수면장애 또는 수면-각성장애의 진단부류에 속한 장애 중 어느 것에도 완전한 기준을 만족하지 않는 발현 징후들에 적용된다. 명시되지 않는 과다수면장애 범주는 기준이 과다수면장애 또는 특정 수면-각성장애의 기준에 맞지 않은 이유를 명시할 수 없다고 임상가가 선택한 상황들에서 사용되며, 좀 더 특정한 진단을 내리기에는 정보가 불충분한 발현 징후들을 포함한다.

달리 명시된 수면-각성장애
Other Specified Sleep-Wake Disorder

780.59 (G47.8)

이 범주는 사회적, 직업적, 또는 다른 중요한 기능 영역에서 임상적으로 현저한 고통이나 손상을 일으키는 수면-각성장애의 특징적인 증상들이 두드러지지만, 수면-각성장애의 진단부류에 속한 장애 중 어느 것에도 완전한 기준을 만족하지 않는 발현 징후들에 적용된다. 달리 명시된 수면-각성장애 범주는 발현 징후가 어떤 특정 수면-각성장애의 기준에 맞지 않은 특정한 이유에 대해 교감하기 위해 임상가가 선택한 상황들에서 사용된다. 이는 "달리 명시된 수면-각성장애"를 기록하고, 이어서 특정한 이유(예, "수면다원검사 또는 파킨슨병이나 다른 시누클레인에 의한 신경퇴행성 질환 병력 없이 REM수면 동안에 반복되는 각성")를 기록한다.

명시되지 않는 수면-각성장애
Unspecified Sleep-Wake Disorder

780.59 (G47.9)

이 범주는 사회적, 직업적, 또는 다른 중요한 기능 영역에서 임상적으로 현저한 고통이나 손상을 일으키는 수면-각성장애의 특징적인 증상들이 두드러지지만, 수면-각성장애의 진단부류에 속한 장애 중 어느 것에도 완전한 기준을 만족하지 않는 발현 징후들에 적용된다. 명시되지 않는 수면-각성장애 범주는 특정 수면-각성장애의 기준에 맞지 않은 이유를 명시할 수 없다고 임상가가 선택한 상황들에서 사용되며, 좀 더 특정한 진단을 내리기에는 정보가 불충분한 발현 징후들을 포함한다.

02

수면-각성장애 DSM-5® 가이드북

307.42 (F51.01)	불면장애
307.44 (F51.11)	과다수면장애
	기면증
호흡관련 수면장애	
327.23 (G47.33)	폐쇄성 수면 무호흡 저호흡
	중추성 수면무호흡증
327.2_ (G47.3_)	수면관련 환기저하
일주기리듬 수면-각성장애	
307.45 (G47.21)	뒤처진 수면위상형
307.45 (G47.22)	앞당겨진 수면위상형
307.45 (G47.23)	불규칙한 수면-각성형
307.45 (G47.24)	비24시간 수면-각성형
307.45 (G47.26)	교대근무형
307.45 (G47.20)	명시되지 않는 유형
사건수면	
	NREM수면 각성장애
307.46 (F51.3)	수면보행증형
307.46 (F51.4)	야경증형
307.47 (F51.5)	악몽장애
327.42 (G47.52)	REM수면 행동장애
333.94 (G25.81)	하지불안 증후군
	물질/치료약물로 유발된 수면장애
780.52 (G47.09)	달리 명시된 불면장애
780.52 (G47.00)	명시되지 않는 불면장애
780.54 (G47.19)	달리 명시된 과다수면장애
780.54 (G47.10)	명시되지 않는 과다수면장애
780.59 (G47.8)	달리 명시된 수면-각성장애
780.59 (G47.9)	명시되지 않는 수면-각성장애

수면 또는 각성에 있어서의 기능이상은 사람들이 건강관리를 추구하는 가장 흔한 이유들 중에 속한다. 정상적인 수면과 각성 주기 유지는 생애주기 동안 성공적인 적응의 중요한 요소다. 안정적인 일주기리듬은 기분 조절과 인지 수행 향상에 도움을 주기 때문이다. 수면, 수면의 질, 그리고 주간 각성도 문제는 삶의 질과 기능 수준에 지대한 영향을 미친다.

수면의 4단계에는 급속안구운동(REM)과 비급속안구운동(NREM)의 3단계가 포함된다. 제1단계 NREM수면은 뇌전도electroencephalogram(EEG) 상에 알파파alpha waves 소실과 세타파theta waves 출현이 특징이다. 이 단계에서는 수면 중 갑작스러운 버둥거림이 흔하다. 제2단계 NREM수면에서는 EEG상에 수면방추와 K복합파가 나타난다. 종전에는 2단계로 분리되어 있던 제3단계 NREM수면은 서파수면 또는 숙면이다. EEG상에는 델타파delta wave가 나타난다. 꿈은 다른 NREM수면 단계에서보다 이 단계에서 더 흔히 꾸게 되지만, REM수면에서만큼은 자주 꾸게 되지는 않는다. REM수면은 급속안구운동, 낮은 근긴장, 그리고 급속, 저전압 뇌파계electroencephalographic 활동이 특징이다. REM수면은 대략 90분 간격으로 NREM수면과 번갈아 나타난다. 성인의 경우, REM수면은 전형적으로 전체 수면의 20~25%를 차지한다. 정상적인 야간 수면 동안, 성인들 대부분은 4~5차례의 REM수면을 취한다. REM 삽화는 야간에 그 기간이 증가한다. REM수면의 상대적인 양은 연령에 따라 다르다. 노년층의 경우, 수면의 효율성이 떨어지고 REM수면을 취하게 되는 시간이 줄어든다.

이러한 수면 단계에서의 기능이상은 수면-각성장애를 초래할 수 있다. DSM에서는 오래전부터 특정 방식으로 수면장애를 인정해 왔다. 몽유병somnambulism 또는 수면보행장애sleepwalking disorder는 DSM-I에 포함된 최초의 수면-각성장애였다. 장애명은 DSM-II에서 수면장애로 변경되었다. DSM-III에는 수면보행장애와 수면경악장애가 포함되었다. 그러나 이 장애들은 "유아기, 아동기, 또는 청소년기에 보통 처음 진단되는 장애"에 배치되었다. 독자적인 장은 DSM-III-R에서 개발되었고, 현재 수면장애로 인정되고 있는 다양한 장애들이 포함되었다. 기면증과 호흡관련 수면장애 같은 몇몇 장애는 DSM-IV에서 추가되었다.

DSM-5에서는 12가지 특정 수면-각성장애뿐 아니라 몇 가지 달리 명시된 및 명시되지 않는 장애들(표 1)이 인정되었다. 이 장의 개정은 미국수면의학학술원 American Academy of Sleep Medicine(2005)에서 출간된 『국제수면장애분류체계 제2판(ICSD-2)』의 영향을 받았다. ICSD-2에는 8개 범주(① 불면증, ② 호흡관련 수면장애, ③ 중추성 과다수면증, ④ 일주기리듬 수면장애, ⑤ 사건수면, ⑥ 수면관련 운동장애, ⑦ 특이성 증상 및 정상적인 이형, ⑧ 기타 수면장애)로 분류된 70가지 이상의 특정한 수면-각성 진단으로 구성되어 있다. DSM-5에는 ICSD-2에서처럼 많은 진단이 포함되어 있지는 않지만, 현재의 진단은 이들과 호환된다. DSM-5에서의 개정은 임상적으로 유용한 임상적 접근을 나타내고 있다. DSM-IV에 있어서 수면장애는 임상가로 하여금 수면문제가 일차 쟁점인지 또는 다른 문제의 결과인지에 대한 임상가의 결정이 필수적으로 요구되었다. DSM-5에서는 진단기준에 부합된다면 단순히 불면장애로 기재하도록 하기 위해 '일차성primary'이라는 용어는 더 이상 사용되지 않는다. 공존하는 정신장애와 신체장애가 수록되어 있지만, DSM-IV에서 사용되던 '~와 관련된related to' 또는 '~로 인한due to' 같은 용어들은 빠져 있다. 이러한 용어들은 흔히 설정될 수 없는 인과관계를 암시하기 때문이다. 병인학적 기본가정을 회피함으로써 분류체계는 임상가들로 하여금 공존하는 정신장애와 신체장애의 관리 외에도, 불면장애가 보통 독립적인 임상적 주의를 필수적으로 요구한다는 점을 상기시켜 준다. 또한 이러한 변화는 수면장애와 공존하는 의학적 및 정신장애들 사이의 양방향적 · 상호작용 효과를 인정한 것이다.

수면장해에 대한 호소 내용에 직면한 임상가는 반드시 그 내용의 성질, 즉 일차적으로 불면증, 과도한 주간 졸림, 정신작용 장해 또는 수면 중 행동, 또는 수면 일주기에서의 어려움인지의 여부를 정의해야 한다. 진단의 첫 단계에서는 개인의 호소 내용이 다른 의학적 상태에 영향을 미치는 수면장애를 나타내는지의 여부를 결정하기 위해 개인의 일반적인 의학적 상태를 고려해야 한다. 더욱이 만일 개인이 치료약물을 복용하고 있거나 물질을 사용하고 있다면, 임상가는 물질/치료약물로 유발된 수면장애의 가능성을 고려할 필요가 있다.

표 1. DSM-5 수면-각성장애

- 불면장애
- 과다수면장애
- 기면증
- 호흡관련 수면장애
  - 폐쇄성 수면 무호흡 저호흡
  - 중추성 수면무호흡증
  - 수면관련 환기저하
- 일주기리듬 수면-각성장애
  - 뒤처진 수면위상형
  - 앞당겨진 수면위상형
  - 불규칙한 수면-각성형
  - 비24시간 수면-각성형
  - 교대근무형
- 사건수면
  - NREM수면 각성장애
    - 수면보행증형
    - 야경증형
  - 악몽장애
  - REM수면 행동장애
  - 하지불안 증후군
- 물질/치료약물로 유발된 수면장애
- 달리 명시된 불면장애
- 명시되지 않는 불면장애
- 달리 명시된 과다수면장애
- 명시되지 않는 과다수면장애
- 달리 명시된 수면-각성장애
- 명시되지 않는 수면-각성장애

만일 주요 호소 내용이 지속적인 불면증 및/또는 수면 개시 또는 유지 곤란이라면, 불면장애 진단이 적절할 수 있다. 만일 일차적 호소 내용이 과도한 졸림이라면, 임상가는 과다수면장애, 기면증, 또는 호흡관련 수면장애의 감별진단을 고려해야 한다. 만일 개인이 자주 여행하거나 교대근무를 하거나 수면시기에 문제가 있다면, 일주기리듬 수면-각성장애가 고려되어야 한다. 만일 개인의 증상이 수면 중 현저한 행동 또는 정신적 사건들로 구성된다면(예, 갑작스러운 각성, 악몽, 또는 수면 중 보행), 임상가는 NREM수면 각성장애 진단을 고려해야 한다.

불면장애

라틴어로 "잠이 없음no sleep"을 의미하는 불면증insomnia에는 수면 개시 또는 유지 불능에 대한 현저한 불편감이 포함되어 있다. 이 단어는 또한 심신의 회복 또는 상쾌해지는 느낌이 없는 각성 상태를 기술하기 위해 사용된다. 불면증은 일반 인구에 있어서 가장 흔한 수면관련 호소 내용이다. 이는 급성(예, 하룻밤에서 며칠 밤 지속됨) 또는 만성(예, 1개월 또는 그 이상 지속됨) 형태를 띤다. 미국국립보건원National Institutes of Health의 미국국립수면장애연구센터National Center on Sleep Disorders Research에 의하면, 성인의 약 30~40%는 자신이 당해에 불면증 증상이 있음을, 약 10~15%는 만성 불면증이 있음을 보고하고 있다(National Institutes of Health 2005). 만성 불면증을 호소하는 사람들의 대부분은 만성 또는 간헐적 증상을 호소한다. 이는 며칠 밤에 걸쳐 수면곤란을 겪다가 문제가 다시 나타나기 전까지 며칠 밤은 적절한 수면을 취하고 있음을 의미한다.

불면증을 호소하는 사람들 중 수면유지 불면증은 가장 잦은 문제로, 수면 개시 곤란과 이른 아침 각성으로 이어진다. 수면곤란 또는 불면증은 연령에 따라 증가한다. 이는 수면 단계 생리학에 있어서 연령관련 변인들과 병렬관계에 있다. 불면증이 있는 젊은 사람들은 흔히 수면 개시 곤란을 호소하는 반면, 노년층 사람들은 수면 중간 및 종결 단계에서의 불면증을 호소한다. 더욱이, 전체 연령층의 여성들은 남성들보다 더 수면문제를 호소한다. 불면증을 호소하는 사람들의 수가 많음에도 불구하고, 상대적으로 의학적 주의는 거의 기울이지 않고 있다.

불면증은 그 자체로 장애 또는 다른 질환의 증상일 수 있다. 스트레스와 걱정은 흔히 불면증의 원인이 된다. 불면증은 또한 시차, 교대근무, 그리고 기타 주요 일정 변화로 인해 발생할 수 있다. 지속적인 연구에서 생애주기 동안 불면증과 정신병적 장애(특히 우울증과 불안)와 깊은 연관이 있음이 밝혀졌다. 지속적인 수면장해는 역학권역 연구에 있어서 주요우울장애의 부수적인 발달의 매우 심각한 위험요인으로 밝혀졌다(Ford & Kamerow 1989). 이런 이유로, 수면장해 치료를 위한 조기 개입을 통해 우울증을 예방할 수 있을 것이다.

DSM-5의 수면-각성장애 진단범주에는 많은 변화가 있었다. DSM-IV의 3가지 장애(일차성 불면증, 다른 정신장애 관련 불면증, 일반적인 의학적 상태로 인한 불면장애)가 DSM-5에서는 하나의 불면장애로 합쳐졌다. 이러한 변화로 인해 동반 발생하는 장애들 사이의 인과관계를 규명할 필요성이 없어지게 되었다. 또한 수면장애와 동반 발생하는 의학적 또는 정신의학적 상태들 간의 상호작용 효과를 인정하게 되었다. 자료에 의하면, 불면증 사례의 대부분에 있어서 개인은 불면증 그 자체로서의 장애가 아니라 다른 정신의학적 또는 의학적 상태를 나타낸다(예, DSM-IV에서 일차성 불면증). 더욱이 불면증, 특히 일차성 불면증의 진단적 신뢰도는 비교적 낮다. 일차성 불면증과 정신장애 또는 의학적 상태에 의한 불면증 사이의 구분은 흔히 어렵다(또는 불가능하다). 그리고 이차성 불면증의 구인^{construct}은 흔히 불충분한 치료로 이어졌다. 일차성과 이차성 불면증 구분을 삭제함으로써 DSM-5에서는 수면장애가 독립적인 임상적 주의를 필요로 한다는 점이 강조되고 있다.

불면장애 진단기준 **307.42(F51.01)**

A. 수면의 양이나 질의 현저한 불만족감으로 다음 중 한 가지 이상의 증상과 연관된다.

1. 수면 개시의 어려움(아동의 경우 보호자의 중재 없이는 수면 개시가 어려운 것으로 나타나기도 함)
2. 수면유지의 어려움으로 자주 깨거나 깬 뒤에 다시 잠들기 어려운 양상으로 나타남(아동의 경우, 보호자의 중재 없이는 다시 잠들기 어려운 것으로 나타나기도 함)
3. 이른 아침 각성하여 다시 잠들기 어려움

B. 수면장해가 사회적, 직업적, 교육적, 학업적, 행동적 또는 다른 중요한 기능 영역에서 임상

적으로 현저한 고통이나 손상을 초래한다.

C. 수면문제가 적어도 일주일에 3회 이상 발생한다.

D. 수면문제가 적어도 3개월 이상 지속된다.

E. 수면문제는 적절한 수면 기회가 주어졌음에도 불구하고 발생한다.

F. 불면증이 다른 수면-각성장애(예, 기면증, 호흡관련 수면장애, 일주기리듬 수면-각성장애, 사건수면)로 더 잘 설명되지 않으며, 이러한 장애들의 경과 중에만 발생하지는 않는다.

G. 불면증은 물질(예, 남용약물, 치료약물)의 생리적 영향으로 인한 것이 아니다.

H. 공존하는 정신질환과 의학적 상태가 현저한 불면증 호소를 충분히 설명할 수 없다.

다음의 경우 명시할 것:

비수면장애 정신질환 동반이환 동반, 물질사용장애 포함

기타 의학적 상태 동반이환 동반

기타 수면장애 동반

부호화 시 주의점:

부호 307.42(F51.01)는 3가지 명시자에 모두 적용할 수 있다. 관련 정신질환, 의학적 상태 또는 기타 수면장애에 대해 관련성을 기술하기 위해 불면장애 부호 바로 뒤에 부호를 기재한다.

다음의 경우 명시할 것:

삽화성: 증상이 적어도 1개월 이상, 3개월 미만으로 지속된다.

지속성: 증상이 3개월 이상 지속된다.

재발성: 2회 이상의 삽화가 1년 내에 발생한다.

주의점: 급성 및 단기 불면증(예, 빈도, 강도, 고통 및/또는 손상을 고려했을 때 모든 진단기준을 만족하나 증상이 3개월 이내로 지속될 경우)은 달리 명시된 불면장애로 부호화한다.

진단기준 A

DSM-5에서는 수면 불만족이 불면증의 정의에 통합되었다. 증거에 의하면, 불면증 증상 외에 수면 불만족의 발현은 불면증 증상만을 가지고 있는 사람들에 비해 주간 손상이 있는 사람들의 비율을 크게 증가시킬 것이다. 이런 이유로, 수면 불만족을 불면증의 정의에 추가하는 것은 진단적 구체성을 증진시키게 될 것이다. 이러한 변화는 또한 전형적으로 불면증 증상과 연관된 손상 또는 고통을 거의 보고하지 않지만, 수면 불만족 상태에 있는 하위집단 사람들(예, 나이 든 성인들) 사이에 임상적으로 심각한 불면증의 발견 비율을 높일 수 있을 것이다. 진단기준 A에서는 수면 개시, 수면유지, 또는 이른 아침 각성에 관한 양 또는 질에 대한 불만족을 필수적으로 요구하고 있다. 추가로, 이 진단기준에는 이러한 필수요건이 아동들에게서는 어떻게 다른지가 정리되어 있다(아동은 보호자의 개입 없이 수면 개시 또는 유지 곤란을 나타낼 수 있음).

진단기준 B

이 진단기준에는 불면증으로 인한 주간 기능에 있어서의 고통 또는 손상에 대한 특정 예들이 수록되어 있다. 지속적인 불면증이 있는 많은 사람(예, 나이 든 성인들)은 불면증이 자신들의 주간 기능에 미치는 영향을 축소하거나 과소평가하는 경향이 있다. 이는 부분적으로는 이러한 손상의 뚜렷한 지표가 없기 때문이다. 이는 진단되는 비율을 낮추는 한편, 치료를 받지 못하게 되는 결과로 이어질 수 있다. 손상의 특정 예시의 추가는 평가를 향상시키고 주간 기능에 대한 불면증의 영향 인식을 촉진시킬 수 있다.

진단범주 C, D

진단기준 C에 의하면, 수면장해가 매주 적어도 3일 밤 동안 나타나야 한다(DSM-5에서 추가됨). 매주 3일 밤의 최소 빈도수 진단기준은 간헐적(역치 아래의) 불면증이 있는 사람들과 보다 임상적으로 의미 있는 불면증이 있는 사람들을 감별하게 될 것이다. 매주 3~4일 밤의 불면증 발생 빈도수로 민감성과 특이성 지수는 극대화된다(예, 진성 불면증 사례의 올바른 확인 및 허위 양성의 올바른 배제). 또한 이러한 빈도수 진단기준은 ICD-10에서 사용된 것과 이 분야에서 현재의 연구 수행과 일치한다. 증거에 의하면, 불면증 증상의 발생 빈도수는 병적 상태와 손상의 중요한 결정요인이다.

3개월의 최소 기간은 종전의 필수요건인 1개월에서 변화된 것이 반영된 것이다. 1개월이라는 기간은 불면증을 만성 상태로 정의하기에는 너무 짧은 기간이었기 때문이었다. 비교해 보면, 6개월 또는 12개월 기간을 초과하지 않은 상태에서 만성으로 고려되는 정신의학적 또는 의학적 상태는 거의 없다. 고작 1개월 동안 지속되는 불면증은 장애라기보다는 삽화로 더 잘 개념화될 수 있다. 병적 상태는 또는 3개월 이상 지속되는 불면증과 함께 악화될 수 있다.

진단기준 E

이 진단기준에 의하면, 수면장해는 적절한 수면 기회에도 불구하고 발생해야 한다. 이 진단기준은 임상적 불면증과 의지에 의한 수면박탈의 구분을 돕기 위해 추가되었다.

진단범주 F, G, H

이 진단범주는 다른 정신장애와 의학적 상태들을 배제하기 위한 것이다. 이 진단범주에 의하면, 불면증이 기면증과 같은 다른 수면장애에 의해 더 잘 설명되지 않아야 하고(또는 다른 수면장애의 경과 동안 독자적으로 발생하지 않아야 함), 물질의 효과에 의한 것이 아니어야 하며(예, 카페인), 공존하는 의학적 상태 또는 정신 상태에 의해 더 잘 설명되지 않아야 한다.

명시자

동반 발생하는 정신건강, 물질 사용, 그리고 수면장애는 명시될 수 있다. 추가로, 불면장애의 경과를 나타내는 3개의 명시자가 있다[① **삽화성**(증상이 적어도 1~3개월 지속됨), ② **지속성**(증상이 3개월 또는 그 이상 지속됨), ③ **재발성**(2가지 또는 그 이상의 삽화가 1년 이내에 발생함)]. 지속적인 불면증은 또한 장기적인 결과(예, 주요우울장애, 고혈압, 심근경색 증가), 잦은 결근(결석) 증가 및 직장에서의 생산성 감소, 그리고 경제적 부담 증가와 연관성이 있다.

과다수면장애

과도한 졸림은 이러한 문제를 호소하는 미국 성인들의 약 1/3에게 커다란 도전이 되고 있다(Ohayon et al. 2012). 건강한 사람들이 생기를 되찾고 정신이 맑아지기 위해서는 주요 수면 삽화 동안 약 7시간의 수면시간이 필수로 요구되지만, 많은 사람들은 사회적, 직업적, 또는 다른 요구 충족을 위해 수면시간을 줄인다. 이는 높은 대가를 치르게 된다. 이들 중 많은 사람은 완전히 깨어 있을 때조차 과도한 주간 졸림으로 허덕이게 된다.

과도한 졸림은 폐쇄성 수면 무호흡 저호흡, 일주기리듬 수면-각성장애, 하지불안 증후군과 같은 많은 수면장애와 연관성이 있다. 이는 또한 불면장애, 불충분한 수면, 또는 열악한 수면위생에 의해 유발된다. 과도한 졸림이 다른 증상들과 연관되는 경우, 과다수면장애로 진단된다. 디멘트 외(Dement et al. 1966)는 과도한 주간 졸림은 있지만, 탈력발작, 수면마비, 또는 수면 개시 REM 기간이 없는 사람들에게 기면증이 있다고 단정 지어서는 안 된다고 제안했다. 그 후, 로스 외(Roth et al. 1972)는 깊고 긴 수면이 동반된 완전한 각성 상태 회복곤란, 혼돈, 혼미, 낮은 운동 협응, 그리고 잠에 취해 느려진 상태의 과다수면증 유형에 대해 기술하였다. 고전적인 기면증에서 보이는 갑작스러운 수면발작은 과다수면장애에서는 나타나지 않는다.

DSM-5의 과다수면장애는 불충분한 수면과 관련 있는 과도한 졸림과 피로(반드시 수면 증가에 의해 해소되지 않고 수면의 양 또는 질과 무관한 피로)와는 구분되어야 한다. 과도한 졸림과 피로는 과다수면장애와의 감별이 어렵고 상당 부분 중복될 수 있다. 이 장애가 있는 사람들은 수면 개시에 어려움이 없고, 일반적으로 90% 이상으로 수면효율성이 높다. 이들은 아침뿐 아니라 낮잠에서 깨어날 때 혼돈성 각성을 겪기도 한다. 이 기간에 개인은 깨어 있는 것처럼 보이지만, 행동이 매우 부적절하고 기억 결여, 시간과 공간에 있어서 혼미한 상태, 그리고 느린 정신작용 상태에서 말하는 것처럼 보인다. 감소된 각성과 손상된 인지적 반응은 30~60분 이내(때로는 그 이상의 시간)에 정상으로 회복된다. 과다수면장애가 있는 사람들의 경우, 주요 수면 삽화기간(사람들 대부분의 경우에는 야간 수면)은 9시간 또는 그 이상이다. 그러나 과다수면장애가 있는 사람들의 약 80%는 자신들의 수면이 비회복적이라고 보고한다. 또한 비슷한 수의 사람들은 아침에 각성곤란을 겪고 있다고 보고하고 있다. 과다수면장애가 있는 사람들은 야간 수면기간과 관계없이 거의 매일 낮잠을 잔다.

DSM-IV에서 몇 가지 변화가 있었다. DSM-5에서는 과면증hypersomnia이라는 용어가 과다수면증hypersomnolence으로 대체되었다. 이 장애는 과도한 졸림이 특징으로, 증상이 2가지 주요 범주로 표출될 수 있다. 하나는 과도한 수면량(확대된 야간 수면 또는 불수의적 주간 수면을 뜻함)이고, 다른 하나는 악화된 각성의 질(필요한 경우, 각성곤란 또는 각성 상태 유지 불능을 뜻함)이다. DSM-IV의 많은 사례에서는 과도한 졸림 증상이 각성의 질과 관련되어 있으므로 매우 심한 졸림 증상들이 진단되지 않은 상태로 남아 있었다. 과면증hypersomnia이라는 용어는 과도한 수면량을 기술하는 반면, 과다수면증hypersomnolence은 과도한 졸림의 주요 증상을 의미한다. 연구에 의하면, 많은 사람은 다른 수면장애에 의해 설명되지 않는 과도한 졸림이 있지만, 수면량은 정상으로 나타난다.

병인학적 · 임상적 자료에 의하면, 과다수면장애가 있는 사람들은 흔히 다른 정신의학적 또는 의학적 상태와 함께 증상을 보인다. DSM-5에서는 3가지 장애, 즉 일차성 과면증, 다른 정신장애와 관련된 과면증, 그리고 일반적인 의학적 상태로 인한 수면장애를 임상적으로 동반이환 상태의 특이성을 지닌 단일 진단적 독립체로 대체하였다. 용어상의 변화로, 더 이상 공존 장애들 사이의 인과관계를 따질 필요가 없어지게 되었고, 수면장애와 공존하는 의학적 및/또는 정신병적 장애의 상호작용 효과를 인정할 수 있게 되었다.

과다수면장애 진단기준 307.44 (F51.11)

A. 주요 수면시간이 7시간 이상임에도 불구하고 과도한 졸림(과다수면)을 호소하며, 다음 중

한 가지 이상의 증상을 호소한다.

1. 동일한 날에 반복적인 수면기를 보이거나 혹은 반복적으로 깜박 잠듦
2. 하루에 주요 수면 삽화가 9시간 이상 지속되나 피로 해소가 되지 않음(예, 개운하지 않음)
3. 갑자기 깬 후에 완전히 각성 상태를 유지하기 어려움

B. 과다수면이 일주일에 3회 이상 발생하고, 적어도 3개월 이상 지속된다.
C. 과다수면이 인지적, 사회적, 직업적, 또는 다른 중요한 기능 영역에서 현저한 고통이나 손상을 동반한다.
D. 과다수면이 다른 수면장애(예, 기면증, 호흡관련 수면장애, 일주기리듬 수면-각성장애 또는 사건수면)로 더 잘 설명되지 않으며, 다른 수면장애의 경과 중에만 발생하지는 않는다.
E. 과다수면 물질(예, 남용약물, 치료약물)의 생리적 영향으로 인한 것이 아니다.
F. 뚜렷한 과다수면 호소가 공존하는 정신질환과 의학적 장애가 현저한 과다수면 호소를 충분히 설명할 수 없다.

다음의 경우 명시할 것:

정신질환 동반, 물질사용장애 포함

의학적 상태 동반

다른 수면장애 동반

부호화 시 주의점: 부호 307.44(F51.11)은 3가지 명시자 모두에 적용할 수 있다. 또한 밀접하게 관련이 있는 정신질환, 의학적 상태, 또는 기타 수면장애에 대해 관련성을 명시하기 위해 과다수면장애 부호 바로 뒤에 이들 질환을 부호화한다.

다음의 경우 명시할 것:

급성: 지속시간이 1개월 미만이다.

아급성: 지속시간이 1~3개월이다.

지속성: 지속시간이 3개월 이상이다.

현재의 심각도를 명시할 것:

저항할 수 없는 졸림이 앉아 있거나, 운전하거나, 친구를 만나거나, 일을 할 때 반복적으로 발생하는 것으로 나타나는 주간 각성을 유지하기 어려운 정도에 근거하여 심각도를 명시한다.

경도: 주간 각성 유지의 어려움이 주당 1~2일이다.

중등도: 주간 각성 유지의 어려움이 주당 3~4일이다.

고도: 주간 각성 유지의 어려움이 주당 5~7일이다.

진단기준 A

DSM-IV에서의 과도한 졸림 증상에 대한 임상적 기술은 모호했다(예, 과도한 졸림에 대한 호소를 "거의 매일 발생하는 장기적인 수면 삽화 또는 주간 수면 삽화에 의한 증거로서"). 많은 사례에서 심한 과도한 졸림은 수면의 양이 아닌 각성의 질과 관련이 있었기 때문에 심한 과도한 졸림 증상은 진단되지 않은 상태로 남겨졌다. 추가로, DSM-IV에서는 장기적인 수면 삽화 구성을 기술하기 위한 절단점이 주어지지 않았다. 장기적인 주요 수면 삽화의 지표로, 9시간의 역치threshold는 수면량이 과도한 사람들을 확인하는 데 도움이 될 것이다. 9시간의 선택은 과다수면장애가 있는 사람들(긴 수면시간이 있든 없든 간에)이 주중에 평균 8~8.5시간 수면을 취한다는 임상적 증거에 기초한 것이다. 또한 일반 인구에서 정상적인 수면분포의 상위 50백분위수를 나타낸 것이다.

DSM-IV의 "주간 수면 삽화" 증상은 "동일한 날에 반복적인 수면기를 보이거나 반복적으로 깜박 잠듦"이라는 문구로 수정되었다. 이러한 변화는 적어도 7시간 수면을 취하는 것으로 정의되는 정상적인 기간 중 주요 수면기가 있고, 동일한 날에 반복적인 졸림 삽화(최소한 2가지 삽화)가 있는 사람들을 포함시킬 수 있게 되었다. 7시간의 기간은 이 시간이 건강한 성인들의 평균 수면시간이라는 점에서 채택되었다. 그리고 이 기준은 과도한 졸림이 불충분한 수면으로 인한 것일 수 있는 사람들을 포함할 가능성을 낮추게 될 것이다.

DSM-5에는 "갑자기 깬 후에 완전히 각성 상태를 유지하기 어려움"이라는 문구가 과도한 졸림의 핵심적인 특징으로 추가되었다. 잠에서 깨기 어려운 것은 긴 수면시간이 특징인 과다수면증이 있는 사람들 대부분(78%까지)에서 나타난다.

수면무력증sleep inertia(즉, 잠에 취한 상태)은 과다수면장애가 있는 사람들의 21~72%에서 보고되고 있다. 이 증상의 추가는 과다수면증이 있는 사람들을 발견해내는 정확도를 높일 것이다.

진단기준 B

DSM-5에서는 과도한 졸림과 함께 최소 빈도수 진단기준이 추가되었다(예, 주당 3회). 빈도수 진단기준(적어도 주당 3회)은 과도한 졸림과 연관된 손상 또는 고통을 보고하는 사람들을 확인하는 데 있어서, 졸림에 대한 최적의 절단점임을 가리키는 인구자료에 기초하여 선택되었다. DSM-5의 진단기준은 DSM-IV의 "거의 매일"이라는 필수요건을 대체한 것으로, 이 기준은 간헐적 졸림이 있는 사람들과 보다 심한 과도한 졸림 증상이 있는 사람들을 구분하는 데 도움이 될 것이다.

DSM-5에 의하면, 과도한 졸림은 적어도 3개월 동안 지속되어야 한다. DSM-IV에서는 1개월 기간이 필수적으로 요구되었지만, 과도한 졸림을 만성 상태로 정의하기에는 기간이 너무 짧은 것으로 인식되었다. 과다수면장애가 전형적으로 성인기 초기에 시작되는 만성 상태라는 점에서 보다 긴 기간의 만성성을 반영하는 기간이 채택되었다.

진단기준 C

과민성과 인지적 기능이상은 과다수면증이 있는 사람들에게 빈번하게 대두되는 관심사다. 다른 증상들로는 불안, 기력감퇴, 초조, 느린 말, 식욕감퇴, 그리고 기억곤란이 있다. 일부 사람들은 가정, 사회, 직업, 또는 기타 장면에서의 기능 능력이 소실된다. 자동차 사고는 과도한 졸림에서 파생되는 가장 심각한 결과에 속한다. 국립수면재단(National Sleep Foundation 2005)이 실시한 미국 내 수면에 관한 여론조사에 의하면, 성인의 60%는 졸린 상황에서 자동차 운전을 한 적이 있고, 13%는 적어도 매월 1회 실제로 잠이 든 적도 있다.

진단범주 D, E, F

호흡관련 수면장애가 있는 사람들은 과도한 졸림 패턴을 가지고 있다. 그리고 일주기리듬 수면-각성장애는 또한 흔히 주간 졸림이 특징이다. 주간 졸림의 호소는 의학적 상태(예, 주요신경인지장애), 치료약물(예, 항정신병 약물), 또는 정신장애(예,

주요우울삽화 또는 양극성장애의 우울 국면 동안)와 함께 발생할 수 있다. 과다수면장애는 다른 장애가 과다수면증을 완전히 설명하지 않는다면 다른 현재 또는 과거의 정신장애의 발현 상태에서 진단될 수 있다.

명시자

임상가는 물질사용장애를 비롯한 다른 정신장애, 다른 의학적 상태, 그리고 다른 수면장애 등과의 동반이환 상태의 발현을 명시할 수 있다. 각 사례에서 명시자는 개인의 상태를 명료하게 하는 데 도움이 된다. 동반발생 상태에 관한 명시자 외에, 경과를 기술할 수 있는 3가지 명시자로는 ① 급성(1개월 미만의 기간), ② 아급성(1~3개월 기간), ③ 지속성(3개월 이상의 기간)이 있다. 주간 각성 유지 곤란에 기초한 심각도 명시자 역시 포함되어 있다.

기면증

기면증narcolepsy은 수면-각성 주기에 있어서 불안정으로 이어지는 장애다. 이 장애는 과도한 주간 졸림의 원인이 되고, 갑작스러운 REM수면으로 이어진다. 기면증은 사람들의 삶을 심하게 제한한다. 그 이유는 오랫동안 각성 상태를 유지할 수 없게 할 뿐 아니라 갑작스러운 수면을 동반하기 때문이다. 이 장애는 치료는 가능하지만, 완쾌될 수는 없는 만성 질환이다. 증상은 보통 15~25세 또는 30~35세 사이에 시작되지만, 어떤 연령에서든지 시작될 수 있다. 증상에는 매 3~4시간마다 극도의 졸림, 꿈 같은 환각, 수면마비, 탈력발작(예, 신체의 모든 근긴장 소실), 그리고 "수면발작"(예, 과식, 심한 스트레스 또는 긴장 순간, 또는 4시간 이상의 각성과 같이 다양한 상태에 의해 촉발되는 단기 발작) 삽화들이 포함된다. 탈력발작cataplexy은 개인으로 하여금 머리를 떨구거나, 무릎으로 쓰러지게 하거나, 또는 의자나 바닥에 쓰러지게 해서 잠재적으로 위험한 결과로 이어지게 할 수 있다.

기면증이라는 용어는 1880년 프랑스의 신경학자 겔리노Gélineau가 처음 사용하였다. 그는 재발성이면서 저항할 수 없는 주간 수면 삽화이며, 때로 갑자기 쓰러짐을 동반하는 증후군을 기술하기 위해 이 용어를 사용하였다(Morin & Edinger 2009). 이 장애는 DSM-IV에 처음 수록되었고, DSM-5에서도 지속적으로 인정받았다. 『ICSD-2』에는 강경증catalepsy이 있는 기면증과 강경증이 없는 기면증으로, 아형에 따라 구분되어 있다.

증거에 의하면, 기면증은 뇌에서 하이포크레틴hypocretin으로 불리는 단백질 양의 감소와 연관이 있다. 1990년대에는 개의 기면증에 관한 연구에서 하이포크레틴-2 유전자 삭제가 질병 메커니즘이 되는 것이 확인되었다. 인간 대상의 연구에서는 기면증 환자들의 뇌척수액에서 하이포크레틴-1 수준이 낮다는 사실이 발견되었다. 또한 부검연구로부터는 배측면 시상하부dorsolateral hypothalamus에서 하이포크레틴(오렉신orexin) 생산 뉴런의 80% 이상의 소실이 보고되었다. 한 가지 설명은 하이포크레틴 생산세포들이 자가면역 과정에 의해 파괴된다는 것이다.

기면증 진단기준

A. 억누를 수 없는 수면 욕구, 깜박 잠이 드는 것, 또는 낮잠이 하루에 반복적으로 나타난다. 이런 양상은 3개월 동안 적어도 주당 3회 이상 발생한다.

B. 다음 중 한 가지 이상이 나타난다.

1. (a)나 (b)로 정의되는 탈력발작이 1개월에 수차례 발생함
   a. 장기간 유병된 환자의 경우, 웃음이나 농담에 의해 유발되는 짧은(수 초에서 수 분) 삽화의 의식이 있는 상태에서 양측 근긴장의 갑작스러운 소실
   b. 아동이나 발병 6개월 이내의 환자의 경우, 분명한 감정의 계기가 없이 혀를 내밀거나 근긴장 저하를 동반한 얼굴을 찡그리거나 턱이 처지는 삽화
2. 뇌척수액(CSF) 하이포크레틴-1 면역반응성 수치를 이용하여 측정된 하이포크레틴 결핍증(동일 검사에서 측정된 정상 수치의 1/3 이하 또는 110pg/mL 이하). 하이포크레틴-1의 낮은 CSF 수치는 급성 뇌손상, 염증, 감염으로 인한 경우에는 관찰되지 않음
3. 야간 수면다원검사에서 급속안구운동(REM)수면잠복기가 15분 이내로 나타나거나, 또는 수면잠복기 반복검사에서 평균 수면잠복기가 8분 이내로 나타나고, 2회 이상의 수면

개시 REM수면이 나타남

다음 중 하나를 명시할 것:

347.00 (G47.419) 탈력발작이 없지만 하이포크레티 결핍증이 있는 기면증: 낮은 뇌척수액 하이포크레틴-1 수치와 수면다원검사/수면잠복기 반복검사상 양성의 진단기준 B를 만족하지만 탈력발작이 없다(진단기준 B1 불만족).

347.01 (G47.411) 탈력발작이 있지만 하이포크레틴 결핍증이 없는 기면증: 드문 아형으로(기면증 환자 중 5% 이내), 진단기준 B의 탈력발작과 수면다원검사/수면잠복기 반복검사 양성을 만족하지만, 뇌척수액 하이포크레틴-1 수치는 정상이다(진단기준 B2 불만족).

347.00 (G47.419) 상염색체 우성 소뇌실조, 난청 및 기면증: 이 아형은 엑손[exon] 21 DNA (cytosine-5)-메틸트랜스퍼라제[methyltransferase]-1 돌연변이에 의해 유발되고, 후발성(30~40세) 기면증(뇌척수액 하이포크레틴-1 수치는 낮거나 중간 정도), 난청, 소뇌실조, 그리고 결국에는 치매에 이르는 특성을 보인다.

347.00 (G47.419) 상염색체 우성 기면증, 비만 및 제2형 당뇨: 기면증, 비만 및 제2형 당뇨와 낮은 뇌척수액 하이포크레틴-1을 특징으로 하며, 드물게 수초 희소돌기아교세포 당단백질 유전자의 돌연변이와 연관이 있다.

347.10 (G47.429) 다른 의학적 상태로 인한 이차성 기면증: 이 아형은 하이포크레틴 뉴런의 감염(예, 휘플병, 사르코이드증), 외상 또는 종양성 파괴를 유발하는 의학적 상태에 이차적으로 발생한 기면병이다.

부호화 시 주의점(ICD-9-CM 부호 347.10만 해당): 먼저 기저 의학적 상태를 부호화하시오(예, 040.2 휘플병, 347.10 휘플병에 이차적으로 발생한 기면증).

현재의 심각도를 명시할 것:

경도: 드문 탈력발작(1주에 1회 이내), 하루에 1~2회의 낮잠 필요, 덜 혼란된 야간 수면

중등도: 매일 또는 며칠마다 탈력발작, 혼란된 야간 수면, 매일 수차례 낮잠 필요

고도: 하루에도 여러 차례 발생하는 약물 저항성 탈력발작, 거의 지속적인 졸림, 혼란된 야간 수면(예, 움직임, 불면, 생생한 꿈)

진단기준 A

진단기준 A의 문구는 "적어도 3개월 이상 매일 발생하는 신선한 수면의 저항할 수 없는 발작"으로부터 지난 3개월에 걸쳐 매주 적어도 3회 발생하는 억누를 수 없는 수면 욕구, 깜박 잠이 드는 것, 또는 낮잠에 초점을 맞추는 것으로 수정되었다(개인이 치료되지 않은 경우).

진단기준 B

DSM-IV에서는 2가지 진단범주 중 한 가지만 부합되어야 했다. 그러나 DSM-5에서는 3가지 진단범주 중에서 적어도 한 가지가 부합되어야 한다. 기면증은 처음에는 탈력발작의 발현과 함께 기술되었다. 탈력발작cataplexy은 보통 강한 정서에 의해 촉발된다. 그러나 연구에 의하면, 정서 유형은 강도보다 더 중요하다. 흥미롭게도 농담은 기면증이 있는 사람들의 진성 탈력발작과 기면증이 없는 사람들이 보고하는 다른 경험들을 구분하는 가장 구체적인 촉발요인이다. 또한 흔히 웃음이 포함된다. 그렇지만 이는 웃음이 실제 촉발요인이라는 점에서 문화와 더욱 관련되어 있다. 추가로, 탈력발작은 거의 언제나 짧다. 그리고 환자의 15% 미만이 자신의 발작이 2분 이상 지속된다고 보고한다. 5~10%의 사람은 1년에 한 차례의 발작을 경험하고, 20% 미만은 적어도 매월 한 차례의 발작을 경험한다고 보고했다(Dauvilliers et al. 2007). 이러한 이유로, 매월 수차례의 발작이 합리적인 빈도수로 간주된다. 어린 아동의 경우, 이 장애는 수 주에 걸쳐 발생할 수 있는 급성 발병이 될 수 있다. 이 경우, 탈력발작은 혀 돌출이 동반된 턱의 반영구적이며 틱과 유사한 부분적 근긴장 저하hypotonia 또는 명백한 촉발요인이 없는 일반화된 무기력증에 의해 다르게 발현된다. 이처럼 드문 경우는 6개월에서 1년 이내에 보다 고전적인 형태(통상적인 촉발요인)로 전개된다. 기면증이 있는 사람들의 경우, 뇌척수액cerebrospinal fluid(CSF) 하이포크레틴-1 수준이 낮다는 사실은 전 세계의 연구자들에 의해 반복적으로 검증되었다. 평균 통제치의 1/3 미만 또는 동일한 특정 역치(≤110 pg/mL)는 기면증이 있는 사람들로부터 추출된 표본과 건강한 통제집단, 다른 수면장애(탈력발작이 없는 기면증, 과다수면증, 불면증 포함)가 있는 환자들, 그리고 다양한 급성 또는 만성 신경학적 상태가 있는 환자들로부터 추출된 표본과 비교한 양적 수신자 조작 특성receiver operating characteristic(ROC) 곡선에 의해 설정되었다(Burgess and Scammell 2012). 추가로, 정상적인 피험자들은 근본적으로 CSF 하이포크레틴 수준이 낮지 않았다. 그러나 심각한 급성 신경학적 장애(예, 급성 뇌막염, 심한 두부 외상)가 있는 일부 환자들은 CSF 하이포크레틴 수준이 낮아서, 상태가 호전된다면 이 증거는 원래대로 되돌려질 수 있다. 탈력발작이 있는 기면증은 거의 언제나 하이포크레틴 결핍이 원인이다. 탈력발작이 있는 거의 모든 환자는 CSF에 있어서 하이포크레틴-1 수준이 낮거나 감지할 수 없는 수준이었다. 반대로, 탈력발작이 없는 사례의 5~30%만이 CSF 하이포크레틴-1 수준이 낮았다.

1950년대 말, 기면증이 있는 사람들은 REM수면잠복기가 짧다는 사실이 발견되었다. 이 소견은 다중 수면잠복기 검사(MSLT)를 기면증 진단검사로 사용하게 되는 계기가 되었다(야간 수면에 대한 수면다원검사에 의하면, 평균 수면잠복기는 ≤15분 또는 보다 최근의 MSLT에 의하면, 양성검사로서 수면잠복기는 ≤8분으로, 4~5차례의 낮잠에서 ≥2회의 수면 개시 REM기가 있음). 기면증-탈력발작에 대한 MSLT에 의하면, 탈력발작이 금본위제로 사용될 때와 CSF 하이포크레틴이 측정되었을 때는 약 95%의 민감성과 특이성이 나타났다. 연구에 의하면, 야간 수면 연구 동안 짧은 REM 잠복기에 대한 관찰은 보다 구체적(~99%)이지만, 긍정적인 MSLT 결과에 비해서는 덜 민감한(~50%) 것으로 나타났다(Andlauer et al. 2013). 기면증과 일치하는 수면검사 진단범주는 야간 수면 개시 REM 기간(예, REM수면 잠복기 ≤15분) 또는 긍정적인 MSLT 소견이 될 수 있다.

아형 및 명시자

아형으로 인해 임상가들은 기면증과 하이포크레틴 결핍, 염색체 21 돌연변이, 제2형 진성 당뇨, 신경학적 장애, 또는 감염성 원인의 관계를 정확히 찾아낼 수 있게 됨으로써, 인과관계에 관해 보다 구체적으로 알 수 있게 되었다. 현재의 심각도(경도, 중등도, 고도) 역시 명시될 수 있다.

호흡관련 수면장애

DSM-IV에서 제공된 것처럼, 한 세트로 된 호흡관련 수면장애의 진단범주에 비해, DSM-5에는 호흡관련 수면장애 스펙트럼(폐쇄성 수면 무호흡 저호흡, 중추성 수면무호흡증, 그리고 수면관련 환기저하)에 대한 구체적인 진단기준이 마련되어 있다. 이러한 장애들은 흔히 기저의 생리학적 위험요인들(호흡조절 불안정성)을 공유할 수 있지만, 생리학 · 해부학 연구들에 의하면, 이러한 장애들의 병인에는 차이가 있다. 즉, 중추성 수면무호흡증은 폐쇄성 수면무호흡증과 비교할 때, 구조적 기도의 비정상성의 영향을 덜 받는 것으로 나타났다. 폐쇄성 수면무호흡증은 증가된 상기도 저항에 보다 더 영향을 받고, 수면관련 환기저하는 흔히 환기를 가로막는 다른 장애들과 동반이환된다. DSM-5에는 이처럼 상호 관련된 장애들에 대한 개관과 이러한 장애들에 대한 구체적인 정의가 마련되어 있다.

폐쇄성 수면 무호흡 저호흡

폐쇄성 수면 무호흡 저호흡obstructive sleep apnea hypopnea은 가장 흔한 호흡관련 수면장애의 범주에 속한다. 이는 수면 중 호흡이 중지와 시작을 반복하는, 잠재적으로 심각한 장애다. 호흡의 일시정지(이에 따른 공기 흐름의 완전 결여)는 무호흡증apnea 삽화라고 불린다. 호흡 중 공기 흐름의 감소는 저호흡증hypopnea 삽화라고 불린다. 거의 모든 사람이 수면 중에 짧은 무호흡증 삽화가 있다. 폐쇄성 수면 무호흡 저호흡이 있는 사람은 깨어 있을 때조차 자신에게 호흡곤란이 있음을 잘 알지 못한다. 근육이 이완되어 있는 경우, 사람의 기도는 숨을 들 때 좁아지거나 닫힌다. 그리고 호흡은 10~20초 동안 불충분할 수 있다. 이렇게 불충분한 호흡기간은 혈중 산소 수준을 떨어뜨릴 수 있다. 뇌는 이렇게 손상된 호흡을 감지하여 잠시 자는 사람을 깨우게 된다.

폐쇄성 수면 무호흡 저호흡의 가장 눈에 띄는 징후는 코골이다. 이는 개인의 수면 중 삽화를 목격한 다른 사람들에 의해 문제로 인식되거나, 코콜기가 신체에 미치는 영향 때문에 의혹이 제기된다. 신체의 근긴장은 보통 수면 중에 이완되고, 목구멍의 기도는 붕괴되기 쉬운 부드러운 조직으로 된 벽으로 구성되어 있다는 점에서 수면 중 호흡이 차단될 수 있음은 그리 놀랄만한 일은 아니다. 매우 사소한 정도의 폐쇄성 수면 무호흡 저호흡은 정상적인 수면범주에 속하는 것으로 간주되고, 많은 사람들이 삶의 어떤 시점에서 폐쇄성 수면무호흡증 삽화를 경험하지만, 적은 비율의 사람들만이 만성, 고도 폐쇄성 수면 무호흡 저호흡에 시달린다.

폐쇄성 수면 무호흡 저호흡은 중·장년층 성인들과 과체중인 사람들을 괴롭힌다. 폐쇄성 수면 무호흡 저호흡의 징후와 증상으로는 과도한 주간 졸림(과다수면증), 큰 소리로 코골이, 관찰된 수면 중 호흡중지 삽화, 숨가쁨을 동반한 갑작스러운 각성, 구강 건조 또는 목구멍 통증으로 인한 각성, 아침 두통, 수면유지 곤란(불면증), 그리고 고혈압 조절곤란이 있다. 호흡방해는 깊고 편안한 수면 국면에 도달할 수 있는 능력을 손상시켜서 각성시간 동안 졸림을 유발한다. 진단은 수면다원검사 소견과 증상에 기초한다.

폐쇄성 수면 무호흡 저호흡 진단기준 **327.23 (G47.33)**

A. (1) 또는 (2) 중 한 가지에 이상이 있다.

1. 수면다원검사에서 수면시간당 적어도 5회 이상 폐쇄성 무호흡이나 저호흡이 있고 다음 중 한 가지 이상의 수면 증상이 있음
   a. 야간 호흡장애: 코골이, 거친 콧숨/헐떡임, 또는 수면 중 호흡정지
   b. 충분한 수면을 취했음에도 주간 졸림, 피로감, 또는 개운하지 않은 수면으로, 다른 정신질환(수면장애 포함)으로 더 잘 설명되지 않으며, 다른 의학적 상태로 인한 것이 아님
2. 동반된 증상과 관계없이 수면다원검사에서 확인된 수면시간당 15회 이상 폐쇄성 무호흡 및/또는 저호흡

현재의 심각도를 명시할 것:

경도: 무호흡 저호흡 지수가 15 이내다.
중등도: 무호흡 저호흡 지수가 15~30이다.
고도: 무호흡 저호흡 지수가 30을 초과한다.

진단기준 A

DSM-5에는 폐쇄성 수면 무호흡 저호흡의 진단기준에 야간 호흡장해 증상들이 포함되어 있다. 야간 증상은 수면기 동안 호흡장애의 발생을 반영한다. 코골이의 강도에 대한 객관적인 측정은 무호흡증 저호흡증 지수와 상관관계가 있다. 코골이와 헐떡임은 수면무호흡증의 예측에 상당히 기여할 뿐 아니라 일부 연구에서는 수면무호흡증과 연관된 가장 심각한 증상으로 나타났다. DSM-5에서도 수면다원검사 진단범주를 진단기준에 포함시키고 있다. 증상 보고는 호흡관련 수면장애의 진단에 충분히 민감하거나 구체적이지 않지만, 선별도구로 사용될 수는 있다.

명시자

폐쇄성 수면 무호흡 저호흡의 심각도는 무호흡증 저호흡증 지수를 기초로 기술된다(예, 수면다원검사 또는 다른 밤새 모니터링에 의한 수면시간당 무호흡증과 저호흡증 횟수를 더한 수). 만일 지수가 15 미만이면 경도, 15~30이면 중등도, 30 이상이면 고도다. 무호흡증 저호흡증 지수와 관계없이 증가된 각성지수(30 이상의 각성지수) 또는 깊은 수면의 감소된 단계에 의해 나타나는 것처럼, 무호흡증과 저호흡증이 심각한 산소 헤모글로빈 탈포화를 동반하거나 수면이 심각하게 분절된다면 이 장애는 보다 심각한 것으로 간주된다.

중추성 수면무호흡증

중추성 수면무호흡증central sleep apnea은 수면 중 호흡이 멈추었다가 시작하기를 반복하는 장애다. 이 장애는 뇌가 호흡 조절을 위한 적절한 신호를 근육에 보내지 못하기 때문에 발생한다. 반대로, 폐쇄성 수면 무호흡 저호흡은 상기도 폐색 때문에 정상적으로 호흡을 할 수 없는 장애다. 중추성 수면무호흡증은 수면무호흡증 사례의 5% 미만일 정도로 자주 발생하는 장애는 아니다.

중추성 수면무호흡증의 공통 징후와 증상으로는 수면 중 호흡 중단 또는 비정상적인 호흡 패턴, 숨가쁨을 동반한 갑작스러운 각성, 잠이 깸으로써 숨가쁨 해소, 수면유지 곤란(불면증), 과도한 주간 졸림(과다수면증), 집중곤란, 아침 두통, 그리고 코골이가 있다. 코골이는 공기 흐름의 차단 수준이 증가함을 가리키지만, 코골이 역시 중추성 수면무호흡증에서도 들릴 수 있다. 그러나 중추성 수면무호흡증에서의 코골이는 폐쇄성 수면 무호흡 저호흡에서와는 달리 현저하지는 않다. 중추성 수면무호흡증은 심부전과 만성 아편계 사용을 비롯한 몇 가지 상태와 연관이 있다.

DSM-IV에서 중추성 수면무호흡증은 호흡관련 수면장애 진단에 포함되어 있었고 분리된 진단범주가 없었다. 중추성 수면무호흡증의 구체적인 진단기준은 DSM-5에서 개발되었다.

중추성 수면무호흡증 진단기준

A. 수면다원검사에서 수면시간당 5회 이상의 중추성 무호흡이 존재한다.
B. 장애가 다른 수면장애로 더 잘 설명되지 않는다.

다음 중 하나를 명시할 것:

327.21 (G47.31) **특발성 중추성 수면무호흡증:** 기도 폐색의 증거 없이 호흡 노력의 변동성에 의해 발생하는 수면 중 무호흡증 또는 저호흡증의 반복적인 삽화가 특징이다.

786.04 (R06.3) **체인 스토크스 호흡:** 중추성 수면무호흡증과 저호흡증을 수면시간당 5회 이상 일으키는 일회 호흡량^tidal volume^이 주기적으로 점점 세지다가 점점 약해지는 변동 양상. 보통 빈번한 각성을 동반한다.

780.57 (G47.37) **아편계 사용과 동반이환된 중추성 수면무호흡증:** 이 아형의 발병 기전은 연수에 위치한 호흡리듬 발생 장치에 대한 아편계의 영향뿐 아니라 저산소 대 고탄산 호흡 구동에 대한 차별된 영향에 기인한다.

부호화 시 주의점(780.57[47.37]을 부호화할 때에 한함):
아편계사용장애가 있을 때, 아편계사용장애를 먼저 부호화한다. 305.50 (F11.10) 경도의 아편계 사용장애 또는 304.00 (F11.20) 중등도 또는 고도의 아편계사용장애, 그리고 780.57 (G47.37) 아편계 사용과 동반이환된 중추성 수면무호흡증을 부호화한다. 아편계사용장애가 없을 때(예, 1회의 심한 물질 사용 이후), 780.57 (G47.37) 아편계 사용과 동반이환된 중추성 수면무호흡증만을 부호화한다.

주의점: 본문의 "진단적 특징" 부분을 참조할 것.

현재의 심각도를 명시할 것:
중추성 수면무호흡증의 심각도는 호흡장애의 빈도뿐 아니라 반복적인 호흡장애의 결과로서 발생하는 연관 산소불포화와 수면분절의 정도에 따라 정해진다.

진단범주 A, B

무호흡증 삽화는 수면시간당 5회 또는 그 이상의 중추성 무호흡증을 가리키는 수면다원검사 자료가 필수적으로 요구된다. 임상적 증상들은 중추성 수면무호흡증 진단에 충분히 민감하거나 구체적이지 않지만, 선별도구로 사용될 수는 있다. 다른 수면장애들은 장해의 원인으로 배제될 필요가 있다.

아형 및 명시자

임상가들은 ① 이 장애가 특발성ideopathic이고 기도폐색과 무관한지, ② 체인 스토크스Cheyne-Stokes 호흡패턴이 발현되는지(잦은 각성이 동반되는 시간당 적어도 5회 발생하는 중추성 무호흡증과 저호흡증을 초래하는 일회 호흡량tidal volume이 주기적으로 점점 세지다가 점점 약해지는 변동 패턴이 특징임), 또는 ③ 이 장애가 아편계 사용과 동반이환되는 것처럼 보이는지 확인해야 할 것이다. 현재 심각도 역시 기록되어야 한다.

수면관련 환기저하

수면관련 환기저하는 수면 중 이산화탄소 수준 증가와 연관된 호흡 감소의 결과다. 수면관련 환기저하는 수면 중 10초 이상 지속되는 얕은 호흡의 잦은 삽화가 특징이다. 이는 흔히 폐병이나 신경근 또는 흉부 벽 장애, 또는 치료약물 사용과 연관이 있다. DSM-5에는 DSM-IV에서처럼 호흡관련 수면장애의 단일 진단범주 세트 내에 이 상태를 결합시키기보다는 수면관련 환기저하에 대한 구체적인 진단기준이 마련되어 있다. 호흡관련 수면장애는 공통적인 기저의 생리학적 위험인자들(호흡조절 불안정)을 공유하고 있다. 그러나 생리학 · 해부학 연구들에 의하면, 수면관련 환기저하는 흔히 환기를 가로막는 다른 장애들과 동반이환된다는 점에서 이러한 장애의 병인기전pathogenesis에 있어서는 차이가 있다.

수면관련 환기저하 진단기준 **327.23 (G47.33)**

A. 수면다원검사에서 이산화탄소 농도 상승과 연관한 호흡저하 삽화들이 나타난다(주의점: 이산화탄소의 객관적인 측정이 없는 경우에는 무호흡/저호흡 사건과 연관 없이 지속적으로 헤모글로빈 산소포화도가 낮은 수치를 유지하는 것이 환기저하를 의미한다).
B. 장해가 현재의 다른 수면장애로 더 잘 설명되지 않는다.

다음 중 하나를 명시할 것:

327.24 (G47.34) **특발성 환기저하:** 이 아형은 이미 확인된 다른 상태에 의한 것이 아니다.
327.25 (G47.35) **선천성 중추성 폐포 환기저하:** 이 아형은 드문 선천성 장애로 전형적으로 주산기에 얕은 호흡 또는 수면 중 청색증과 무호흡으로 나타난다.
327.26 (G47.36) **동반이환된 수면관련 환기저하:** 이 아형은 폐장애(예, 간질성 폐질환, 만성 폐쇄성 폐질환) 또는 신경근육이나 흉벽장애(예, 근위축증, 소아마비후 증후군, 척수 손상, 척추측후만증), 또는 치료약물(예, 벤조디아제핀, 아편제)과 같은 의학적 상태의 결과로 발생한다. 또한 이 아형은 비만으로 인해 발생하기도 하는데(비만 환기저하장애), 이는 흉벽 탄성의 감소와 환기관류 불균형으로 인한 호흡 노력의 증가 및 다양한 정도로 저하된 환기동인ventilatory drive이 함께 영향을 미친다. 이러한 환자들은 대개 BMI가 30 이상이고 각성 중 고탄산혈증(pCO_2이 45 이상)이 특징이다.

현재의 심각도를 명시할 것:

심각도는 수면 중 나타나는 저산소혈증과 고탄산혈증의 정도와 이러한 이상으로 인한 종말기관end organ 손상의 증거(예, 우심실부전)에 따라 정해진다. 각성 시기에 존재하는 혈액가스 이상은 심한 심각도의 지표다.

진단범주 A, B

다른 수면장애의 경우처럼, 진단에는 구체적인 수면다원검사상의 소견이 필수적으로 요구된다. 다른 수면장애들은 이 진단을 내리기에 앞서 배제될 필요가 있다.

아형 및 명시자

임상가는 환기저하가 특발성인지, 드문 선천성 폐포저환기증후군alveolar hypoventilation syndrome(주산기에 얕은 호흡, 또는 치아노제cyanosis[***역자 주.** 산소결핍 때문에 혈액이 검푸르게 되는 상태로, '청색증'이라고도 불림]와 수면 중 무호흡증과 함께 발현됨)에 기인하는지, 또는 폐병 같이 동반이환되는 장애에 기인하는지를 기록할 수 있다. 현재의 심각도 역시 기재될 수 있다.

일주기리듬 수면-각성장애

일주기리듬 수면-각성장애

인간에게는 생물학적 시계에 의해 조절되고 매일의 시간 척도 상에서 작동되는 일주기리듬circadian rhythm이라고 알려진 생체리듬이 있다. 이러한 리듬은 체온, 각성도, 식욕, 그리고 호르몬 분비뿐 아니라 수면시기에도 영향을 미친다. 개인의 일주기 시계 때문에 시간이 경과하면서 졸림이 계속해서 증가하지는 않는다. 수면에 대한 개인의 욕구와 능력은 개인이 적절한 수면으로부터 각성된 이후의 시간 길이와 내인성 일주기리듬에 의해 영향을 받는다. 따라서 신체는 하루의 다른 시간에 수면과 각성에 대한 준비가 되어 있다.

일주기리듬 수면-각성장애는 변경된 수면-각성 일정 또는 개인의 자연적 수면-각성 주기와 그에 대한 수면관련 요구 사이의 불균형으로 인한 지속적이고 반복적인 수면방해sleep disruption 패턴이다. 일주기리듬circadian rhythm이라는 용어는 24시간에 걸쳐 발생하는 개인의 내인성 수면과 각성 관련 리듬을 말한다. 수면방해는 하루 중 불면증 또는 과도한 졸림으로 이어져서 기능 손상을 초래한다. 일주기리듬 수면-각성장애가 있는 사람들은 수면을 취할 수 없을 뿐 아니라 정상적인 직장, 학교, 사회의 요구에 필수적인 시간에 잠을 깰 수 없다. 그러나 이들은 일반적으로 생체시계에 따른 시간에 수면을 취하고 각성할 수 있는 여건만 주어진다면, 충분한 수면을 취할 수 있다. 이들이 다른 수면장애가 없다면, 이들의 수면의 질은 정상이다.

DSM-5의 일주기리듬 수면-각성장애 진단범주는 2가지 눈에 띄는 영역에 있어서 다르다. 첫째, 명칭이 "일주기리듬 수면장애circadian rhythm sleep disorders"로부터 변경된 것이다. 이 장애명은 일주기리듬 수면-각성장애가 있는 사람들이 수면 개시 및/또는 유지에 어려움이 있음을 잘 기술하고 있었지만, 이들은 또한 각성 손상으로 인해 뚜렷하게 고통을 받고 있고 흔히 과도한 졸림으로 치료를 요청하고 있다. 따라서 수면-각성이라는 용어가 일주기 기능이상이 특징인 주간 및 야간의 기능 손상의 의미를 포함할 수 있다. 둘째, 이 절의 후반에 기술된 것처럼, 명시자가 개정되었다.

일주기리듬 수면-각성장애 진단기준 327.23 (G47.33)

A. 일차적으로 일주기리듬의 변화 또는 내인성 일주기리듬과 개인의 물리적 환경 또는 사회적, 직업적 일정에 의해 요구되는 수면-각성 일정 사이의 조정 불량으로 인한 수면장해가 지속되거나 반복되는 양상이 있다.

B. 수면방해는 과도한 졸림 또는 불면, 또는 2가지 모두 초래한다.
C. 수면장해는 사회적, 직업적, 또는 다른 중요한 기능 영역에서 임상적으로 현저한 고통이나 손상을 초래한다.

부호화 시 주의점: ICD-9-CM에서는 모든 아형을 307.45로 부호화한다. ICD-10-CM에서는 아형에 따라 부호화한다.

다음 중 하나를 명시할 것:

307.45 (G47.21) 뒤처진 수면위상형: 수면 개시 및 각성 시간이 지연되어 있는 양상으로, 기대되는 시간이나 통상적으로 받아들여지는 이른 시간에 잠들고 깨어날 수 없다.

다음의 경우 명시할 것:

가족성: 뒤처진 수면위상형의 가족력이 있다.

다음의 경우 명시할 것:

비24시간 수면-각성형과 중복: 뒤처진 수면위상형은 비24시간 수면-각성형의 다른 종류의 일주기리듬 수면-각성장애와 중복될 수 있다.

307.45 (G47.22) 앞당겨진 수면위상형: 기대되는 시간이나 통상적으로 받아들여지는 늦은 시간까지 깨어 있거나 잠들어 있을 수 없으며 일찍 자고 일찍 일어나는 양상이다.

다음의 경우 명시할 것:

가족성: 앞당겨진 수면위상형의 가족력이 있다.

307.45 (G47.23) 불규칙한 수면-각성형: 일시적으로 와해된 수면-각성 양상으로, 잠들어 있고 깨어 있는 기간이 24시간에 걸쳐 다양하다.

307.45 (G47.24) 비24시간 수면-각성형: 수면-각성 주기의 양상이 24시간 환경에 일치하지 않고, 일관된 일일 이동(대개 더 늦은 시간으로)이 있다.

307.45 (G47.26) 교대근무형: 교대근무(통상적이지 않은 근무시간을 요하는)와 연관되는 주요 수면시간 동안의 불면 및/또는 보통 각성시간 동안의 과도한 졸림(우발성 수면 포함)이 있다.

307.45 (G47.20) 명시되지 않는 유형

다음의 경우 명시할 것:

삽화성: 증상이 적어도 1개월 이상, 3개월 미만으로 지속된다.

지속성: 증상이 3개월 이상 지속된다.

재발성: 2회 이상의 삽화가 1년 내에 발생한다.

진단범주 A, B, C

수면방해는 주로 일주기체계 변경 또는 개인의 환경이나 직장/사회적 일정의 요구와 개인의 내인성 일주기 수면-각성 주기 사이의 불일치로 인한 것이다. 이러한 불일치는 수면장해로 이어져서 과도한 졸림 및/또는 불면증뿐만 아니라 고통 또는 기능 손상을 초래한다.

아형 및 명시자

아형으로는 뒤처진 수면위상형, 앞당겨진 수면위상형, 불규칙한 수면-각성형, 비24시간 수면-각성형, 그리고 교대근무형뿐만 아니라 명시되지 않는 유형이 있다. 뒤처진 수면위상형은 더 나아가서 가족성으로 명시되거나 비24시간 수면-각성형과 중첩되기도 한다.

뒤처진 수면위상형delayed sleep phase type 진단은 아침 각성곤란, 직장에서의 과도한 졸림, 그리고 가정에서의 손상된 수면을 초래하는 바라던 수면 및 각성 시간과 관련해서 주요 수면기(보통 2시간 이상) 시기의 지연을 기초로 내려진다.

앞당겨진 수면위상형advanced sleep phase type의 진단은 주로 바라던 수면 및 각성 시간과 관련해서 주요 수면기(보통 2시간 이상) 시기가 앞당겨진 과거력을 기초로 내려진다. 이들은 이른 아침 불면증과 과도한 주간 졸림 증상을 초래한다. 앞당겨진 수면위상형을 포함시킨 것은 정상보다 2~4시간 앞서 발생하는 일주기 생물표지자biomarkers(멜라토닌과 핵심적인 심부체온의 리듬 포함)의 강력한 경험적 증거를 기반으로 이루어졌다.

불규칙한 수면-각성형irregular sleep-wake type 진단은 주로 야간(보통 수면기 동안) 불면증 증상과 주간(낮잠) 과도한 졸림 증상의 과거력을 기반으로 이루어진다. 이 유형은 식별 가능한 수면-각성 일주기리듬의 결여가 특징이다. 개인은 주요 수면기가 없고 수면은 하루 24시간 동안 적어도 3시기로 분절된다. 그렇지 않고 건강한 피험자의 경우는 이 상태가 매우 좋지 않은 수면위생의 결과일 수 있다. 그러나 불규칙한 수면-각성형은 흔히 아동들은 발달장애, 나이 든 성인들은 치매와 같은 신경학적 손상과 연관되어 있다.

비24시간 수면-각성형non-24-hour sleep-wake type 진단은 주로 내인성 일주기리듬과 24시간 광-암 주기의 시기 사이의 비정상적인 동기화synchronization로 인한 불면증 및/또는 과도한 졸림의 과거력을 기반으로 내려진다. 비24시간 수면-각성형으로 진단되는 사람들은 전형적으로 불면증, 과도한 졸림, 또는 둘 다의 기간이 증상기간과 번갈아 가며 나타낼 것이다. 이들의 수면위상이 외부 환경과 맞추어지면서 증상기간이 시작되면, 수면잠복기는 점차 늘어나고 이들은 수면 개시 불면증을 호소하게 된다. 수면위상이 계속 이동하여 수면시간이 낮시간에 이루어지면, 이들은 낮시간 동안 각성 유지에 어려움을 겪게 되고 졸림 증상을 호소하게 될 것이다. 이는 결국 정동, 인지, 그리고 기능에 부정적인 영향을 미치게 된다. 일주기가 외부의 24시간 환경에 맞추어지기 때문에 증상은 수면 경향성의 일주기 단계와 관련해서 수면을 취하려는 시기에 따라 달라진다.

교대근무형shift work type 진단은 주로 정기적인 일정상 오전 8시부터 오후 6시까지의 낮시간 범위를 벗어나서 일을 하는 사람들의 과거력에 근거하여 내려진다. 이는 직장에서의 과도한 졸림과 가정에서의 손상된 수면을 초래한다. DSM-IV의 시차형jet lag type은 삭제되었다. 시차형은 시간대를 가로질러 여행하는 것은 전형적으로 일과성 또는 단기 손상을 포함하고 수면-각성 기능이상이 병리적 반응이라기보다는 정상적인 생리 현상을 나타내는 것이라는 점에서 삭제되었다.

사건수면

사건수면parasomnia은 수면, 특정 수면 단계, 또는 수면-각성 변이와 연관되어 발생하는 이상 행동적, 경험적, 또는 생리적 사건이 특징이다.

NREM수면 각성장애

NREM수면 각성장애를 구성하고 있는 상태들—수면보행증과 야경증—은 각성과 NREM수면 요소들의 동시 혼합, 즉 의식적 각성이 없는 복합운동 행동(때로 '상태 해리state dissociation'로 불림)의 출현을 초래하는 복합의 변이를 나타낸다. 이러한 상태는 사람과 동물에 있어서 잘 중첩되어 있다. 인간의 수면이 각성유사 및 수면유사 뇌파계 패턴들의 동시 공존이 특징일 수 있다는 사실은 NREM수면 각성장애의 상태 해리 개념을 지지한다.

NREM수면 각성장애 진단기준

A. 대개 주요 수면 삽화의 초기 1/3 동안에 발생하는 잠에서 불완전하게 깨는 반복적인 삽화가 있고, 다음 중 한 가지 이상이 동반된다.

1. **수면보행증:** 수면 동안 침대에서 일어나서 걸어 다니는 반복적인 삽화. 수면 중 보행 동안 개인은 무표정하게 응시하는 얼굴을 보이고, 대화하려는 다른 사람의 노력에 비교적 반응을 보이지 않음. 깨우기가 매우 어려움
2. **야경증:** 돌발적인 비명과 함께 시작되는, 수면 중 급작스럽게 잠이 깨는 반복적인 삽화. 각 삽화 동안 심한 공포와 동공산대, 빈맥, 빈호흡, 발한 같은 자율신경계 반응의 징후가 있고, 삽화 동안 안심시키려는 다른 사람의 노력에 비교적 반응하지 않음

B. 꿈 이미지를 전혀 또는 거의(예, 단지 시각적 한 장면) 회상하지 못한다.

C. 삽화를 기억하지 못한다.

D. 삽화가 사회적, 직업적, 또는 다른 중요한 기능 영역에서 임상적으로 현저한 고통이나 손상을 초래한다.

E. 장해가 물질(예, 남용약물, 치료약물)의 생리적 영향으로 인한 것이 아니다.

F. 공존하는 정신질환과 의학적 장애가 수면보행증이나 야경증 삽화를 충분히 설명할 수 없다.

부호화 시 주의점: ICD-9-CM에서 모든 아형을 307.46으로 부호화한다. ICD-10-CM에서는 아형에 따라 부호화한다.

다음 중 하나를 명시할 것:

307.46 (F51.3) 수면보행증형

다음의 경우 명시할 것:
수면관련 섭식 동반
수면관련 성적 행동 동반(수면섹스장애)

307.46 (F51.4) 야경증형

진단범주 A, B, C

NREM수면 각성장애는 반복적으로 발생하는 불완전한 각성 삽화들이 특징이다. 이 삽화들은 보통 주요 수면 삽화의 초기 1/3 동안 시작된다. 개인은 수면보행 sleepwalk(수면 중 시작되는 반복적인 복합 운동행동 삽화[침대에서 일어나 걸어 다니는 행동 포함]로 정의됨)을 하거나 야경증sleep terrors(보통 공황 상태의 비명으로 시작되는 갑작스러운 공포로 잠을 깨는 일이 반복됨)을 경험한다. 만일 개인이 이러한 각성 후에 잠을 깼다면, 꿈의 내용을 거의 또는 전혀 회상하지 못하거나 단지 단편적인 이미지로만 회상할 수 있고, 이 삽화에 대한 기억을 상실하게 된다.

진단범주 D, E, F

다른 DSM-5 장애들과 일관되게, NREM수면 각성장애는 임상적으로 심각한 고통 또는 손상과 연관성이 있어야 한다. 물질(예, 남용약물, 치료약물)의 생리적 영향은 공존하는 다른 정신장애와 의학적 상태와 마찬가지로 이 장애의 원인이 아니어야 한다.

악몽장애

악몽장애nightmare disorder는 위협 또는 두려움을 느끼게 하거나 불쾌감을 일으키는 반복적인 꿈이 특징이다. 이 장애가 있는 사람은 잠이 깰 때 지남력orientation이 온전하고 보통 꿈을 기억할 수 있다. 악몽은 일반 인구에서 비교적 흔하기 때문에 악몽장애는 악몽이 반복적이고 심각한 고통 또는 손상을 초래하는 경우에 한해서 고려되어야 한다.

악몽장애 진단기준 **307.47 (F51.5)**

A. 대개 생존, 안전, 신체적 온전함에 대한 위협을 피하고자 노력하는 광범위하고 극도로 불쾌하며 생생하게 기억나는 꿈들의 반복적 발생이 일반적으로 야간 수면시간의 후기 1/2 동안 일어난다.
B. 불쾌한 꿈으로부터 깨어나면 빠르게 지남력을 회복하고 각성한다.
C. 수면장해가 사회적, 직업적, 또는 다른 중요한 기능 영역에서 임상적으로 현저한 고통이나 손상을 초래한다.
D. 악몽 증상이 물질(예, 남용약물, 치료약물)의 생리적 영향으로 인한 것이 아니다.
E. 공존하는 정신질환과 의학적 장애가 불쾌한 꿈에 대한 호소를 충분히 설명할 수 없다.

다음의 경우 명시할 것:
수면 개시 중 발생

다음의 경우 명시할 것:
관련된 비수면장애 동반, 물질사용장애 포함
관련된 기타 의학적 상태 동반
관련된 기타 수면장애 동반
부호화 시 주의점: 부호 307.47(F51.5)는 모든 3가지 명시자에 적용된다. 이러한 연관성을 표시하기 위하여 악몽장애의 부호 바로 뒤에 적절하게 관련된 정신질환, 의학적 상태 또는 기타 수면장애를 부호화해야 한다.

다음의 경우 명시할 것:
급성: 악몽기의 지속기간이 1개월 이하다.
아급성: 악몽기의 지속기간이 1개월 초과, 6개월 미만이다.
지속성: 악몽기의 지속기간이 6개월 이상이다.

현재의 심각도를 명시할 것:
심각도는 악몽이 발생하는 빈도에 의해 평가될 수 있다.
경도: 평균적으로 주당 1회 미만의 삽화가 발생한다.
중등도: 주당 1회 이상의 삽화가 발생하지만 매일 밤 발생하지는 않는다.
고도: 매일 밤 발생한다.

진단범주 A, B

DSM-5에서는 "반복적으로 잠을 깸repeated awakenings"이라는 문구가 "반복적 발생 repeated occurrences"으로 대체되었다. 이러한 변화로 악몽이 개인의 잠을 깨워야 한다는 필수요건이 제거되는 한편, 악몽(각성의 원인이 되는)과 나쁜 꿈(각성의 원인이 되지 않는) 사이를 구분할 필요가 없어지게 되었다. 악몽으로 인한 고통은 각성을 야기하는 야간 수면방해 이상으로 확대되었다. 첫째, 만성 악몽 환자의 36%까지, 그리고 급성 악몽 환자의 56%가 잠이 깨는 것으로부터 고통을 느끼지 않는다고 보고하는 반면, 11% 미만은 악몽으로 인해 항상 잠을 깬다고 보고한다. 둘째, 악몽장애가 있는 환자의 69%는 정서적 강도가 자신들의 악몽으로 보고된 것과 동일하거나 보다 더 강한 정도의 나쁜 꿈을 적어도 한 차례 꾼 적이 있다(비각성)고 보고하고 있다. 이들의 22%의 경우, 나쁜 꿈의 평균 강도치는 이들의 악몽의 평균 강도치와 동일하거나 초과하는 것이었다(Hasler & Germain 2009).

셋째, 가장 불쾌한 꿈을 꾸더라도 반드시 잠을 깰 필요는 없다. 임상가들은 무참히 죽는 꿈을 꾸었지만 잠은 깨지 않은 많은 환자에 대해 기술해 왔다. 이러한 소견들은 모두 극도로 강렬하고 충격적인 꿈을 꾸지만 잠을 깨지는 않는 사람들의 집단이 상당히 많이 있음을 가리킨다. 잠을 깨서 악몽이 끝나면, 사람들은 완전한 각성 상태로 신속하게 회복된다. 그러나 불쾌감은 생생하게 남아서 수면 상태로 되돌아갈 수 없게 하는 한편, 낮시간의 고통으로 이어질 수 있다.

DSM-5에서는 "보통 생존, 안전, 또는 자존감에 대한 위협이 포함된 광범위하고 극도로 공포스러운 꿈들"이라는 문구에서 "보통 생존, 안전, 신체적 온전함에 대한 위협을 피하고자 노력하는 광범위하고 극도로 불쾌하며 생생하게 기억나는 꿈들"이라는 문구로 수정되었다. 공포는 악몽을 특징짓는 가장 흔한 정서일 것이다. 그러나 이는 결코 유일한 것임을 의미하지 않는다. 연구에 의하면, 악몽에는 분노, 슬픔, 좌절, 역겨움, 혼돈, 그리고 죄의식과 같은 다양한 불쾌감 정서가 발생한다. 실제로 악몽의 30%와 나쁜 꿈의 51%에는 공포 외에 일차 정서들이 담겨져 있다(Nielsen & Zadra 2010).

진단기준 C

악몽은 입증 가능한 사회적 또는 직업적 손상보다 더 심각한 주관적 고통의 원인이 되어야 한다. 그러나 만일 악몽이 잦은 각성 또는 수면 회피를 초래한다면, 사람들은 과도한 주간 졸림, 집중력 저하, 우울증, 불안, 또는 과민증을 겪게 될 수 있다. 악몽장애가 있는 일부 사람들은 악몽이 자신들의 기능에 미치는 영향을 축소 또는 과소평가한다. 이는 부분적으로 이러한 손상에 대한 명확한 지표가 없기 때문이다. 이는 진단 가능성 감소 및 치료 신청률 감소로 이어질 수 있다.

진단범주 D, E

악몽 증상은 물질의 생리적 효과로 인한 것이 아니어야 한다. "~에 기인하는 attributable to"이라는 용어는 악몽의 정확한 인과관계가 알려지지 않아야 한다는 사실을 반영하고 있다. 다른 정신장애(예, 공황장애)와 의학적 상태(예, 야간 발작)는 불쾌한 꿈의 가능한 원인으로 배제될 필요가 있다. 사별 역시 꿈의 원인이 될 수 있다.

REM수면 행동장애

인간과 동물에 있어서의 REM수면 행동장애는 잘 설정되어 있고, REM수면으로부터 발생하는 극적이고 잠재적으로 폭력적 또는 부상을 입힐 수 있는 행동의 원인이 될 수 있는 잠재력을 지니고 있다. 1960년대의 동물실험에서와 같이 REM수면 행동장애REM sleep behavior disorder는 1986년 처음으로 인간에 대해 묘사되었다. 이후, 이 장애는 NREM수면 각성장애 다음으로 유병률이 높은, 사건수면의 주요 유형의 하나로 간주되었다. 임상적 양상, 수면다원검사 소견(거의 매 사례에서 나타남), 그리고 치료약물에 대한 반응이 특징이 되었다. REM수면 행동장애는 수면관련 유해행동 또는 폭력적인 행동의 가장 중요한 원인의 하나다.

REM수면 행동장애와 신경퇴행성 장애(특히 파킨슨병, 루이소체병으로 인한 치매, 그리고 다계통 위축증multiple system atrophy) 간의 특별한 관계가 명확하게 설정되었다. 수면클리닉을 찾는 REM수면 행동장애가 있는 사람들의 최소한 50%는 결국(흔히 10년 이상 지연됨) 이러한 상태들 중 하나를 발달시킬 것이다. REM수면 행동장애는 정신의학적 인구에 있어서 더욱 만연되어 있다. 추가로, 흔히 정신과 의사에 의해 처방되는 치료약물(예, 삼환계 항우울제, 선택적 세로토닌 재흡수 억제제, 또는 세로토닌 노르에피네프린 재흡수 억제제)로 유발된 REM수면 행동장애는 점차 인식되고 있다.

REM수면 행동장애 진단기준 327.42 (G47.52)

A. 발성 및 복합 운동행동과 관련된 수면 중 각성의 반복적인 삽화
B. 이러한 행동들은 REM수면 중 발생하므로 보통 적어도 수면 개시 후 90분 이후에 발생하며, 수면 후반부에 빈번하고, 낮잠 중에는 드물게 발생한다.
C. 이러한 삽화로부터 깨어날 때, 개인은 완전히 깨어나고 명료하며, 혼돈되거나 지남력을 상실하지 않는다.
D. 다음 중 하나를 만족한다.

1. 수면다원검사 기록상 무긴장증이 없는 REM수면
2. REM수면 행동장애를 시사하는 과거력 및 확정된 시누클레인에 의한 신경퇴행성 질환의 진단(예, 파킨슨 병, 다계통 위축증)

E. 이러한 행동들은 사회적, 직업적, 또는 다른 중요한 기능 영역에서 임상적으로 현저한 고통이나 손상을 초래한다(자신 또는 침대를 같이 쓰는 사람에게 해를 끼치는 것을 포함한다).
F. 장해는 물질(예, 남용약물, 치료약물)의 생리적 효과나 다른 의학적 상태로 인한 것이 아니다.
G. 공존하는 정신질환 및 의학적 장애가 이 삽화를 설명할 수 없다.

진단범주 A, B, C, D

REM수면 행동장애는 흔히 REM수면 동안 발성 및/또는 복합 운동행동과 연관된 반복적인 각성 삽화가 특징이다. 이러한 행동들은 흔히 행동으로 가득차거나 폭력

적인 꿈의 내용에 대한 운동 반응을 반영하는 것으로, '꿈의 재연행동dream-enacting behaviors'으로 불리기도 한다. 이러한 행동들은 개인과 침대 파트너에게는 매우 성가실 수 있고, 심각한 부상을 초래할 수 있다(예, 낙상, 침대에서 뛰어나오기, 주먹질, 발길질). 이러한 행동들은 REM수면 동안에 한해서 발생한다. 이 삽화에서 깨어나면, 개인은 즉각적으로 정신이 명료해지고 지남력이 있으며, 보통 꿈의 내용을 회상할 수 있다. 더욱이, ① 수면다원검사 기록상에 무긴장증이 없는 REM수면 또는 ② REM수면 행동장애와 시누클레인병 진단(예, 파킨슨병)을 받은 과거력이 있어야 한다.

진단범주 E, F, G

REM수면 행동장애의 진단에는 임상적으로 심각한 고통 또는 손상이 필수적으로 요구된다. 물질(예, 남용약물, 치료약물) 또는 다른 의학적 상태의 생리적 영향은 이 장해의 원인으로 배제되어야 한다. 그리고 공존하는 정신장애 또는 의학적 장애들 역시 원인으로서는 배제되어야 한다.

하지불안 증후군

하지불안 증후군restless legs syndrome은 다리(또는 팔)를 움직이고 싶어 하는 충동이 특징인 감각운동성, 신경학적 수면장애다. 이는 전형적으로 근질거림, 스멀거림, 따끔거림, 타는 듯 하거나, 가려움으로 표현되는 불편한 감각과 보통 연관이 있다. 증상은 쉬고 있을 때 악화되며, 불쾌한 감각을 완화하기 위한 노력으로 다리를 자주 움직이게 된다. 증상은 저녁 또는 밤에 악화되며, 일부 사람들에게 있어서는 저녁이나 밤에만 발생한다. 하지불안 증후군은 DSM-5에서 정식 장애로 승격되었다. DSM-IV에는 달리 명시되지 않는 수면곤란dyssomnia의 폭넓은 범주 내에 하지불안 증후군에 대한 간략한 요약 정도로 수록되어 있었다.

하지불안 증후군은 흔한데, 유병률은 2.7~7.2%다(보다 낮은 비율은 최소한 중등도의 고통을 필수로 요구하는 추가된 요건을 반영한 것임). 하지불안 증후군은 여성이 남성보다 1.5~2배 더 많다(Allen et al. 2005). 하지불안 증후군은 심각한 임상적 및 기능 손상과 연관이 있다. 이 장애가 수면시간 감소, 수면 분절fragmentation, 그리고 보다 잦은 수면장해 보고와 연관이 있다는 사실은 잘 검증되어 있다. 객관적인 연구에 의하면, 하지불안 증후군이 있는 사람들에게는 심각한, 객관적인 수면의 비정상성이 있다. 특히, 수면 잠복기 증가와 각성지수 상승이 가장 일관된 소견이었다.

하지불안 증후군 진단기준 333.94 (G25.81)

A. 대개 다리에 불편하고 불쾌한 감각을 동반하거나 이에 대한 반응으로 나타나는 다리를 움직이고 싶은 충동이 다음 항목 모두를 충족한다.

1. 다리를 움직이고 싶은 충동이 쉬고 있거나 활동을 하지 않는 동안에 시작되거나 악화됨
2. 다리를 움직이고 싶은 충동이 움직임에 의해 부분적으로 또는 완전히 완화됨
3. 다리를 움직이고 싶은 충동이 낮보다 저녁이나 밤에 악화되거나 저녁이나 밤에만 발생함

B. 진단기준 A의 증상이 일주일에 적어도 3회 이상 발생하고, 3개월 이상 지속됨
C. 진단기준 A의 증상이 사회적, 직업적, 교육적, 학업적, 행동적 또는 다른 중요한 기능 영역에서 현저한 고통이나 손상을 동반한다.
D. 진단기준 A의 증상이 다른 정신질환이나 의학적 상태(예, 관절염, 하지부종, 말초허혈, 하지경련)로 인한 것이 아니며, 행동문제(예, 자세 불편감, 습관적으로 발을 구르는 것)로 더 잘 설명되지 않는다.
E. 증상이 남용약물이나 치료약물의 생리적 효과로 인한 것이 아니다(예, 좌불안석).

진단범주 A, B

진단범주 A와 B는 DSM-IV에서 정의된 핵심적인 진단적 특징과 일관되고, 문헌상에서의 설명과 일치한다. 이 진단에 부합되려면, 다리를 움직이고 싶은 충동은 적어도 3개월 동안 주당 3회 발생해야 한다. 이 기준은 이 장애가 단순히 일과성 장해가 아니어야 한다는 점을 확인하는 데 도움이 된다.

진단기준 C

하지불안 증후군은 기능에 심각하게 영향을 미치고 고통을 유발해야 한다. 보다 경미한 증상의 영향의 특징은 잘 나타나지 않지만, 사람들은 적어도 일상생활 중 한 가지 활동에 있어서 방해를 받고 있음을 호소할 수 있다. 즉, 절반 정도의 사람들은 기분에 대한 부정적인 영향을 받고 있다고 보고할 수 있고, 나머지 절반은 에너지 결여를 호소할 수 있다. 하지불안 증후군의 가장 흔한 결과는 수면시간 감소와 수면 분절을 비롯한 수면장해이다.

진단범주 D, E

하지불안 증후군의 증상은 다른 정신장애나 의학적 또는 행동적 상태 또는 치료약물 효과에 의해서만 설명되어서는 안 된다. 하지불안 증후군과 다른 상태들과의 감별은 중요하다. 왜냐하면 많은 사람들이 쉬거나 이 장애가 없어도 다리를 움직이고 싶어 하는 충동 또는 욕구를 느낀다고 보고하고 있기 때문이다. 하지불안 증후군의 가장 중요한 유사 형태는 다리의 근질거림, 자세 불편감, 관절통 또는 관절염, 근육통, 자세로 인한 국소빈혈ischemia(무감각), 다리 부종edema, 말초신경증peripheral neuropathy, 신경근증radiculopathy, 습관적인 발 구르기가 있다. 근육 "매듭" 또는 근질거림, 자세 바꿈으로 인한 고통 해소, 관절 제한, 촉지palpation로 인한 쓰라림, 그리고 기타 신체검진 상의 비정상성은 이 증후군의 특징이 아니다. 밤에 악화되는 현상과 주기적인 사지운동 증상은 치료약물로 인한 좌불안석증 또는 말초신경증에서보다 하지불안 증후군에서 더 흔히 나타난다.

물질/치료약물로 유발된 수면장애

DSM-5에서는 물질로 유발된 수면장해와 치료약물로 유발된 수면장해가 단일 범주로 결합되었다. 물질/치료약물로 유발된 수면장애의 필수적인 특징은 주로 남용물질 또는 치료약물의 알려진 효과와 연관성이 있다고 판단되는 현저한 수면장해이다. 이러한 장해들은 임상 장면에서 비교적 흔하지만, 항상 진단이 간단하지는 않다. 그리고 이들은 물질(또는 치료약물) 유형, 약제에 대한 개인의 반응, 그리고 물질의 약리학을 비롯한 몇 가지 요인들에 따라 다르다. 예를 들어, 카페인은 수면방해의 가장 흔한 원인들 중 하나이고, 불면증의 원인으로는 배제될 필요가 있다. 물질에 따라 다르겠지만, 한 가지 이상의 수면장해가 발현되고 두드러지는 유형이 없는 사례인 경우에는 수면장해의 4가지 아형들(불면형, 주간 졸림형, 사건 수면형, 혼재형) 중 한 가지가 보고되어야 한다. DSM-5에서는 진단목록에 담배로 유발된 수면장애가 포함되어 있다. 경험적 증거에 의하면, 니코틴은 수면방해 물질이 될 수 있다.

물질/치료약물로 유발된 수면장애 진단기준

A. 수면에 있어서의 현저하고 심한 장애가 있다.
B. 병력, 신체검진 또는 검사 소견에 (1)과 (2) 둘 다의 증거가 있다.

1. 진단기준 A의 증상이 물질중독이나 물질금단 동안 혹은 직후에, 혹은 치료약물 노출 후에 발생한다.
2. 수반된 물질/치료약물이 진단기준 A의 증상을 일으킬 만한 능력이 있다.

C. 장해가 물질/치료약물로 유발된 것이 아닌 수면장애로 더 잘 설명되지 않는다. 독립적인 우울장애라는 증거로 다음이 포함될 수 있다.
   증상이 물질/치료약물 사용 시작보다 선행한다. 증상이 급성 금단 혹은 심한 중독의 중단 이후에도 상당한 기간(예, 약 1개월) 동안 계속된다. 혹은 물질/치료약물로 유발된 것이 아닌 독립적인 수면장애의 다른 증거(예, 재발성 비물질/치료약물 관련 삽화의 병력)가 있다.

D. 장해가 섬망의 경과 중에만 발생되지는 않는다.
E. 장해가 사회적, 직업적, 또는 다른 중요한 기능 영역에서 임상적으로 현저한 고통이나 손상을 초래한다.

주의점: 이 진단은 진단기준 A의 증상이 임상 양상에서 두드러지고 임상적 주목을 보증할 정도로 충분히 심할 때에만 물질중독이나 물질금단의 진단 대신에 내려져야 한다.

부호화 시 주의점: [특정 물질/치료약물]로 유발된 수면장애에 대한 ICD-9-CM과 ICD-10-CM

부호는 다음 표에 제시되어 있다. ICD-10-CM 부호는 동일 종류의 물질에 대한 물질사용장애의 동반이환 여부에 따라 달라진다는 점에 주의한다. 만약 경도의 물질사용장애가 물질로 유발된 수면장애와 동반이환된다면, 4번째 자리의 글자는 "1"이고, 임상가는 물질로 유발된 수면장애 앞에 "경도 [물질]사용장애"를 기록해야 한다(예, 경도 코카인사용장애, 코카인으로 유발된 수면장애 동반). 만약 중등도 또는 고도 물질사용장애가 물질로 유발된 수면장애와 동반이환된다면, 4번째 자리의 글자는 "2"이고, 임상가는 동반이환하는 물질사용장애의 심각도에 따라 "중등도 [물질]사용장애 또는 고도 [물질]사용장애"를 기록해야 한다. 만약 동반이환하는 물질사용장애가 없다면(예, 1회의 심한 물질사용 후), 4번째 자리의 글자는 "9"이며, 임상가는 물질로 유발된 수면장애만을 기록해야 한다. 중등도 또는 고도 담배사용장애는 담배로 유발된 수면장애를 부호화하기 위해 필요하다. 담배로 유발된 수면장애를 동반하는 경도 담배사용장애나 담배사용장애가 없는 것을 부호화하는 것은 허용되지 않는다.

		ICD-10-CM		
	ICD-9-CM	사용장애 경도	사용장애 중등도 또는 고도	사용장애 없음
알코올	291.82	F10.182	F10.282	F10.982
카페인	292.85	F15.182	F15.282	F15.982
대마	292.85	F12.188	F12.288	F12.988
아편계	292.85	F11.182	F11.282	F11.982
안정제, 수면제, 또는 항불안제	292.85	F13.182	F13.282	F13.982
암페타민(또는 기타 자극제)	292.85	F15.182	F15.282	F15.982
코카인	292.85	F14.182	F14.282	F14.982
담배	292.85	해당사항 없음	F17.208	해당사항 없음
기타(또는 미상의) 물질	292.85	F19.182	F19.282	F19.982

다음 중 하나를 명시할 것:

불면형: 잠에 들거나 잠을 유지하는 것의 어려움, 잦은 야간 각성, 또는 개운하지 않은 수면이 특징적이다.

주간 졸림형: 깨어 있는 기간 또는 드물지만 긴 수면기간에 과도한 현저한 졸림/피로 호소가 특징이다.

사건수면형: 수면 중 비정상적인 행동사건이 특징적이다.

혼재형: 명백히 우세한 증상은 없는 다양한 유형의 수면 증상, 물질/치료약물로 유발된 수면문제가 특징적이다.

다음의 경우 명시할 것(물질 종류와 연관된 진단을 위해서는 "물질관련 및 중독 장애" 장의 표 1을 참조할 것):

중독 중 발병: 이 명시자는 기준이 물질/치료약물 중독에 맞고, 증상이 중독 동안에 발생하

는 경우 사용한다.

중단/금단 중 발병: 이 명시자는 기준이 물질/치료약물 중단/금단에 맞고, 증상이 물질/치료약물을 중단한 동안 혹은 그 직후 발생하는 경우에 사용한다.

진단범주 A, B

이 진단범주에 의하면, 수면장해가 심한 정도여야 한다. 이 범주는 진단을 독립적인 임상적 주의를 요하는 수면 문제에만 한정시키고 있다. 더 나아가서, 이 진단범주에 의하면, 물질의 약리적 효과에 기인된 수면장해도 진단기준에 포함된다는 것을 밝히고 있다.

진단기준 C

진단기준 C에 의하면, 이 장해는 물질 또는 치료약물에 의해 유발된 수면장애로 더 잘 설명되어서는 안 된다. 증거로는 다음과 같은 사항이 포함될 수 있다. 첫째, 증상이 물질 또는 치료약물 사용 시작에 앞서 나타나야 한다. 둘째, 증상이 급성 금단 또는 심한 중독의 중단 후 상당한 기간(예, 약 1개월) 지속되어야 한다. 셋째, 독립적인 비물질/치료약물로 유발된 수면장애가 있음을 나타내는 다른 증거가 있어야 한다(예, 반복적인 비물질/치료약물 관련 삽화의 과거력).

진단기준 D

만일 수면장해가 섬망 경과 동안에 한해서 발생한다면, 분리된 진단을 내려서는 안 된다.

진단기준 E

물질로 인한 수면장해는 임상적으로 심각한 고통 또는 손상을 초래할 필요가 있다. 재발 위험의 증가는 이 장애의 한 가지 독특한 기능적 결과다.

달리 명시된 불면장애와 명시되지 않는 불면장애

달리 명시된 불면장애other specified insomnia disorder는 임상적으로 심각한 고통 또는 손상의 원인이 되지만 진단부류 내의 보다 구체적인 장애의 진단범주를 충족시키지 못하는 불면장애의 증상에 대해 사용하기 위한 잔류 범주다. 달리 명시된 불면장애 범주는 임상가가 증거가 진단범주를 완전히 충족시키지 못하는 이유를 소통하기를 택하는 경우에 사용된다. 임상가에게는 특정한 이유를 기록할 것이 권장된다(예, 단기 불면증 장애).

명시되지 않는 불면장애unspecified insomnia disorder 범주는 임상가가 진단범주에 부합되지 않는 이유를 명시하지 않기로 선택하거나 보다 구체적인 진단을 내릴 만큼 정보가 충분하지 않은 경우에 사용된다.

달리 명시된 불면장애 780.52 (G47.09)

이 범주는 사회적, 직업적, 또는 다른 중요한 기능 영역에서 임상적으로 현저한 고통이나 손상을 일으키는 불면장애의 특징적인 증상들이 두드러지지만, 불면장애 또는 수면-각성장애의 진단부류에 속한 장애 중 어느 것에도 완전한 기준을 만족하지 않는 발현 징후들에 적용된다. 달리 명시된 불면장애 범주는 발현 징후가 불면장애 또는 어떤 특정 수면-각성장애의 기준에 맞지 않은 특정한 이유에 대해 소통하기 위해 임상가가 선택한 상황들에서 사용된다. 이는 "달리 명시된 불면장애"를 기록하고, 이어서 특정한 이유(예, "단기 불면장애")를 기록한다.

"달리 명시된"이라는 지정 문구를 사용해 분류될 수 있는 발현 징후들의 예는 다음과 같다.

1. **단기 불면장애:** 지속기간은 3개월 미만
2. **비회복성 수면에 국한된:** 지배적인 증상은 비회복성 수면이며, 잠에 들거나 수면을 유지하는 데 있어서의 어려움과 같은 다른 수면 증상을 동반하지 않음

명시되지 않는 불면장애 780.52 (G47.00)

이 범주는 사회적, 직업적, 또는 다른 중요한 기능 영역에서 임상적으로 현저한 고통이나 손상을 일으키는 불면장애의 특징적인 증상들이 두드러지지만, 불면장애 또는 수면-각성장애의 진단부류에 속한 장애 중 어느 것에도 완전한 기준을 만족하지 않는 발현 징후들에 적용된다.

명시되지 않는 불면장애 범주는 기준이 불면장애 또는 특정 수면-각성장애의 기준에 맞지 않은 이유를 명시할 수 없다고 임상가가 선택한 상황들에서 사용되며, 좀 더 특정한 진단을 내리기에는 정보가 불충분한 발현 징후들을 포함한다.

달리 명시된 과다수면장애와 명시되지 않는 과다수면장애

달리 명시된 과다수면장애other specified hypersomnolence disorder는 임상적으로 심각한 고통 또는 손상을 유발하지만 이 진단부류의 보다 구체적인 장애의 진단기준을 만족하지 않는 과다수면증 증상들을 위해 사용하기 위한 잔류 범주들이다. 달리 명시된 과다수면장애 범주는 발현 징후가 완전한 기준을 만족하지 않는 이유를 소통하기 위해 임상가가 선택하는 경우에 사용된다. 임상가는 구체적인 이유를 기록할 것이 권장된다(예, 단기 과다수면증).

명시되지 않는 과다수면장애unspecified hypersomnolence disorder 범주는 진단범주에 부합되지 않는 이유를 명시하지 않기로 임상가가 선택하는 경우 또는 보다 구체적인 진단을 내릴 수 있을 정도로 충분한 정보가 없는 경우에 사용된다.

달리 명시된 과다수면장애 780.54 (G47.19)

이 범주는 사회적, 직업적, 또는 다른 중요한 기능 영역에서 임상적으로 현저한 고통이나 손상을 일으키는 과다수면장애의 특징적인 증상들이 두드러지지만, 과다수면장애 또는 수면-각성장애의 진단부류에 속한 장애 중 어느 것에도 완전한 기준을 만족하지 않는 발현 징후들에 적용된다. 달리 명시된 과다수면장애 범주는 발현 징후가 과다수면장애 또는 어떤 특정 수면-각성장애의 기준에 맞지 않은 특정한 이유에 대해 소통하기 위해 임상가가 선택한 상황들에서 사용된다. 이는 "달리 명시된 과다수면장애"를 기록하고, 이어서 특정한 이유(예, 클라인-레빈 증후군Klein-Levin syndrome에서의 "단기간 과다수면")를 기록한다.

명시되지 않는 과다수면장애 **780.54 (G47.10)**

이 범주는 사회적, 직업적, 또는 다른 중요한 기능 영역에서 임상적으로 현저한 고통이나 손상을 일으키는 과다수면장애의 특징적인 증상들이 두드러지지만, 과다수면장애 또는 수면-각성장애의 진단부류에 속한 장애 중 어느 것에도 완전한 기준을 만족하지 않는 발현 징후들에 적용된다. 명시되지 않는 과다수면장애 범주는 기준이 과다수면장애 또는 특정 수면-각성장애의 기준에 맞지 않은 이유를 명시할 수 없다고 임상가가 선택한 상황들에서 사용되며, 좀 더 특정한 진단을 내리기에는 정보가 불충분한 발현 징후들을 포함한다.

달리 명시된 수면-각성장애와 명시되지 않는 수면-각성장애

달리 명시된 수면-각성장애other specified sleep-wake disorder 범주는 수면-각성장애의 특징적인 증상이 임상적으로 심각한 고통 또는 기능 손상을 유발하지만 어떤 수면-각성장애의 진단부류의 진단기준에 부합되지 않고, 달리 명시된 불면장애 또는 달리 명시된 과다수면장애의 진단기준을 충족시키지 못하는 상황에 적용된다.

명시되지 않는 수면-각성장애unspecified sleep-wake disorder 범주는 임상가가 구체적인 수면-각성장애의 진단범주에 부합되지 않는 이유를 명시하지 않기로 선택하거나 보다 구체적인 진단을 내리기에는 정보가 불충분한 상황에 적용된다.

달리 명시된 수면-각성장애 **780.59 (G47.8)**

이 범주는 사회적, 직업적, 또는 다른 중요한 기능 영역에서 임상적으로 현저한 고통이나 손상을 일으키는 수면-각성장애의 특징적인 증상들이 두드러지지만, 수면-각성장애의 진단부류에 속한 장애 중 어느 것에도 완전한 기준을 만족하지 않는 발현 징후들에 적용된다. 달리 명시된 수면-각성장애 범주는 발현 징후가 어떤 특정 수면-각성장애의 기준에 맞지 않은 특정한 이유에 대해 소통하기 위해 임상가가 선택한 상황들에서 사용된다. 이는 "달리 명시된 수면-각성장애"를 기록하고, 이어서 특정한 이유(예, "수면다원검사 또는 파킨슨병이나 다른 시누클레인에 의한 신경퇴행성 질환 병력 없이 REM수면 동안에 반복되는 각성")를 기록한다.

명시되지 않는 수면-각성장애 **780.59 (G47.9)**

이 범주는 사회적, 직업적, 또는 다른 중요한 기능 영역에서 임상적으로 현저한 고통이나 손상을 일으키는 수면-각성장애의 특징적인 증상들이 두드러지지만, 수면-각성장애의 진단부류에 속한 장애 중 어느 것에도 완전한 기준을 만족하지 않는 발현 징후들에 적용된다. 명시되지 않는 수면-각성장애 범주는 특정 수면-각성장애의 기준에 맞지 않은 이유를 명시할 수 없다고 임상가가 선택한 상황들에서 사용되며, 좀 더 특정한 진단을 내리기에는 정보가 불충분한 발현 징후들을 포함한다.

KEY POINTS

- DSM-5에서 수면장애 장의 개정은 미국수면의학회에서 출간된 『국제수면장애분류 제2판』의 영향을 받았다.
- 일차성 불면증 진단은 일차성 불면증과 이차성 불면증 사이의 감별을 피하기 위해 **불면장애**로 개칭되었다. 기면증—현재 하이포크레틴과 연관이 있는 것으로 알려진—은 과다수면장애의 다른 유형들과 구별된다.
- 호흡관련 수면장애는 3가지 별개의 장애(① 폐쇄성 수면 무호흡 저호흡, ② 중추성 수면무호흡증, ③ 수면관련 환기저하)로 나뉜다.
- 일주기리듬 수면장애의 아형(현재 **일주기리듬 수면-각성장애**로 불림)은 앞당겨진 수면위상형과 불규칙한 수면-각성형으로 확대되었고, 시차형jet lag type은 삭제되었다.
- REM수면 행동장애와 하지불안 증후군은 독립적인 장애로서의 입지를 굳혔다. 이 두 진단명은 DSM-IV에서는 "달리 명시되지 않는" 진단의 예로 포함되었다.

참고문헌

Allen RP, Walters AS, Montplaisir J, et al: Restless legs syndrome prevalencean and impact: REST general population study. Arch Intern Med 165:1286-1292, 2005

Andlauer O, Moore H, Jouhier L, et al: Nocturnal rapid eye movement sleep latency for identifying patients with narcolepsy/hypocretine deficiency.

JAMA Neurol 6:1–12, 2013

Burgess CR, Scammell TE: Narcolepsy: neural mechanisms of sleepiness and cataplexy. J Neurosci 32:12305–12311, 2012

Dauvilliers Y, Arnulf I, Mignot E: Narcolepsy with cataplexy. Lancet 369:499–511, 2007

Dement W, Rechtschaffen A, Gulevich G: The nature of the narcoleptic sleep attack. Neurology 16:18–33, 1966

Ford DE, Kamerow DB: Epidemiologic study of sleep disturbances and psychiatric disorders: an opportunity for prevention? JAMA 262:1479–1484, 1989

Hasler B, Germain A: Correlates and treatments of nightmares in adults. Sleep Med Clin 4:507–517, 2009

National Institutes of Health: National Institutes of Health State of the Science Conference statement on Manifestations and Management of Chronic Insomnia in Adults, June 13–15, 2005. Sleep 28:1049–1057, 2005

National Sleep Foundation: 2005 adult sleep habits and styles (Sleep in America polls). Available at: http://www.sleepfoundation.org/article/sleep-america-polls/2005-adult-sleep-habits-and-styles. Accessed July 12, 2013

Nielsen T, Zadra A: Idiopathic nightmares and dream disturbances associated with sleep–wake transitions, in Principles and Practice of Sleep Medicine, 5th Edition. Edited by Kryger MH, Roth T, Dement WC. New York, Elsevier, 2010, pp 1106–1115

Morin CM, Edinger JD: Sleep/Wake Disorders, in Oxford Textbook of Psychopathology, 2nd Edition. Edited by Blaney PH, Millon T. New York, Oxford University Press, 2009, pp 506–526

Ohayon MM, Dauvilliers Y, Reynolds CF: Operational definitions and algorithms for excessive sleepiness in the general population: implications for DSM-5 nosology. Arch Gen Psychiatry 69:71–79, 2012

Roth B, Nevsimalova S, Rechtschaffen A: Hypersomnia with "sleep drunkenness." Arch Gen Psychiatry 26:456–462, 1972

03

수면-각성장애

DSM-5® 임상사례집

서문

John W. Barnhill, M.D.

편안한 수면의 추구는 일과 가족의 압력, 장거리 여행, 도처에 산재한 자극제(예, 커피)와 전자공학의 산물(예, 이메일e-mail)로 인해 크게 저해될 수 있다. 편안한 밤잠은 불안, 우울증, 그리고 양극성장애 및 정신병적 장애를 비롯한 일련의 정신과적 장애뿐 아니라 다양한 비정신과적 의학적 상태라는 재앙이 될 수 있다. 수면문제는 단순히 부차적인 문제가 아니라 이러한 기타 정신과 및 의학적 상태를 촉진, 연장, 악화시킬 수 있다. 그러나 너무도 자주 DSM-5의 수면-각성장애는 고통과 기능이상의 원인을 제공하는 조용하면서도 진단되지 않는 인자로 기능한다.

DSM-5에서는 수면장애에 대해 '통합' 및 '분리' 접근을 적용하고 있다. 불면장애는 독자적으로 존재할 수 있다. 그러나 DSM-5에서는 정신과적 및 비정신과적 의학적 상태와의 동반이환 여부를 고려할 것을 권장하고 있다. 이렇게 함에 있어서, DSM-5에서는 인과적 귀인(예, 우울증은 필연적으로 불면증을 유발함)을 지양하는 대신, 수면장애와 기타 장애 사이에 양방향적 상호작용을 인정하고 있다. 또한 독자적인 수면장애로 구분함으로써, 임상가에게 수면문제가 스스로 해결될 수는 없고 독자적인 정신의학적 주의가 필요하다는 점을 상기시켜 주고 있다.

폭넓은 임상적 접근 외에, DSM-5에서는 수면장애를 아주 구체적인 생리학 연구결과가 필수로 요구되는 장애로 간주하고 있다. 예를 들어, 환자에 따라서는 잠을 못 이루고 대낮에 피로를 느끼는 증상을 나타낼 수 있다. 만일 환자와 함께 자는 사람에 의해 특이하게 큰 소리로 코고는 것이 확인된다면, 수면무호흡증sleep apnea이 고려될 수 있다. DSM-5의 폐쇄성 수면 무호흡 저호흡obstructive sleep apnea hypopnea으로 진단되려면, 수면시간당 적어도 5회의 폐쇄성 무호흡증obstructive apneas 또는 저호흡증hypopneas(또는 야간 호흡곤란, 즉 시간당 15회 또는 그 이상 횟수의 무호흡의 증거가 없는 경우)을 나타내는 임상적 증거뿐 아니라 수면다원검사가 필수로 요구된다.

기타 수면장애는 임상적 증거, 또는 환자의 보고 내용, 검사실 결과, 수면 연구를 통합한 자료를 통해 진단될 수 있다. 예를 들어, 기면증은 2가지 필수기준에 의해 정의된다. 첫째, 임상보고서에 억제할 수 없는 수면 또는 억제할 수 없는 수면 욕구가 특징적으로 나타나는 재발성 · 지속성 삽화들이 있음이 제시되어야 한다. 두 번째 기준은 다음 3가지 방식, 즉 ① 탈력발작[***역자 주**. 공포 등으로 갑자기 마비를 일으켜 움직일 수 없는 상태]의 재발성 삽화들(임상적으로 정의됨), ② 하이포크레틴 결핍증(요추천자lumbar puncture[***역자 주**. 척추 아랫부분에 바늘을 꽂아 골수를 뽑아내는 것]를 통해 얻어지는 뇌척수액 수준으로 정의됨), 또는 ③ 야간 수면에 대한 수면다원검사 또는 다중수면잠복기 검사multiple sleep latency test에 의해 결정되는 명확하게 비정상적인 급속안구운동rapid eye movement(REM)[***역자 주**. 수면 중에 안구가 급속히 움직이는 현상으로, 이때 꿈을 꾸는 일이 많음] 수면 잠재성 기준에 부합되어야 한다.

REM수면 행동장애와 하지불안 증후군은 DSM-5의 주요 본문 내에서는 새로운 장애에 속한다. 각 장애에 대해서는 실증적인 증거를 통해 생리적 기초, 유병률, 그리고 임상적 연관성이 있음이 확인되었다. 이 2가지 장애 모두 흔히 다른 정신과적 및 비정신과적 의학적 상태와 동반이환된다. 예를 들어, REM수면 행동장애는 기면증, 파킨슨병과 같은 신경퇴행성 질환과 동반이환되는 한편, 하지불안 증후군은 우울증과 심혈관계 질병과 동반이환된다.

초기 수면평가에는 일반적으로 환자의 회상적인 보고가 포함된다. 임상가들은 주관적 보고에 익숙하지만, 불가능한 수면에 대한 호소("벌써 몇 주일째 한숨도 못 잤어요.")는 임상가로 하여금 불면증을 생각하게 하여 평가의 다른 측면으로 관심을 옮겨 가게 할 수 있다. 보다 엄격해진 수면-각성장애의 진단범주는 여러 가지 이유에서 도움이 되지만, 일반 임상가들에게는 흔히 잘 진단되지 않으면서도 심한 고통과 기능이상의 원인을 제공하는 공통적인 호소 내용을 탐색하도록 상기시켜 주는 데 특히 도움이 된다.

읽을거리

Edinger JD, Wyatt JK, Stepanski EJ, et al: Testing the reliability and validity of DSM-IV-TR and ICSD-2 insomnia diagnoses: results of a multitrait-multimethod analysis. Arch Gen Psychiatry 68(10):992-1002, 2011

Ohayon MM, Reynolds CF 3rd: Epidemiological and clinical relevance of insomnia diagnosis algorithms according to the DSM-IV and the International Classification of Sleep Disorders(ICSD). Sleep Med 10(9):952-960, 2009

Reite M, Weissberg M, Ruddy J: Clinical Manual for Evaluation and Treatment of Sleep Disorders. Washington, DC, American Psychiatric Publishing, 2009

사례 1: 수면유지 곤란

Difficulty Staying Asleep

Charles F. Reynolds III, M.D.

에이던 존스Aidan Jones(30세, 남)는 영어 전공 대학원생으로, 수면 상태 유지곤란에 대해 상의하기 위해 정신과 전문의를 찾았다. 문제는 4개월 전에 시작되었다. 당시 그는 잠을 자기 시작한 시간과 상관없이 매일 새벽 3시에 잠이 깨기 시작했고, 다시 잠을 이룰 수 없었다. 그 결과, 낮 시간에는 종일 "지친out of it" 상태로 지냈다. 존스 씨는 이로 인한 피로감 때문에 집중할 수 없다면 박사논문을 어떻게 끝마칠 수 있을지에 대해 걱정하게 되었다. 처음에 그는 마음속에 특별히 어떤 것 때문에 잠을 깨는지 잘 기억나지 않았다. 문제가 지속되면서, 존스 씨는 잠이 깨는 원인이 앞날에 대한 두려움, 자신이 담당하고 있는 강의시간에 어떻게 가르쳐야 할지에 대한 생각, 그리고 잠을 몇 시간밖에 잘 수 없다면 어떻게 논문에 집중할 수 있을지에 대한 염려 때문이라는 사실을 깨닫게 되었다. 그는 새벽의 어둠 속에서 곤히 잠들어 있는 약혼녀 곁에서 누운 채로 깨어 있는가 하면, 아예 일어나서 아주 이른 시간에 대학 캠퍼스의 연구실에 나가 그동안의 손실을 줄이곤 했다.

수면곤란이 시작된 지 한 달 후, 존스 씨는 이전에 진료를 받은 적이 있는 대학의 학생건강 서비스의 의료보조원을 만났다. 진료를 받을 당시, 그는 천식을 앓고 있어서 가끔 β2-아드레날린성 수용체 촉진제β2-adrenergic receptor agonists를 복용했고, 1년 전에는 전염성 단핵증mononucleosis **[*역자 주.** 주로 성인과 청소년들에게 전염되며, 인후통, 열, 오한, 무력감과 피곤감, 림프선 종양의 확대 등의 증세가 나타나는 바이러스 감염 질환] 치료를 받았다. 의료보조원은 진정-수면제를 처방해 주었지만, 별 도움이 되지 않았다. 존스 씨는 "잠드는 데는 전혀 문제가 없어요."라고 말했다. 그동안 그는 온라인에서 찾은 조언에 주의를 기울였다. 그는 낮시간 동안 커피에 너무 의존한다는 느낌이 들었지만, 오후 2시 이후에는 마신 적이 없었다. 열렬한 테니스 애호가인 그는 코트에 나가는 시간을 이른 아침으로 한정시켰다. 그러면서 매일 밤 저녁식사 시간에 약혼녀와 와인 1~2잔을 마셨다. 그는 "저녁식사 시간이 되면, 잠을 잘 수 있을지에 대해 슬슬 걱정이 되기 시작해요. 그리고 솔직히 와인이 도움이 되기는 해요."라고 말했다.

환자는 호리호리하고 탄탄한 체구로 보였고, 트위드 재킷tweed jacket**[*역자 주.** 간간이 다른 색깔의 올이 섞여 있는 두꺼운 모직 천으로 만든 재킷]을 걸치고 거북테 안경을 쓰고 있어서 영락없이 젊은 교수층에 속하는 사람으로 보였다. 그는 자신에 관한 이야기를 기꺼이 즐겁고 개방적으로 털어놓았다. 존스 씨는 피곤해 보이지는 않았지만, 평가를 담당한 정신과 전문의에게 "아침에 선생님을 만나 뵙기로 했는데, 벽에 부딪히기 직전이었죠."라고 말했다. 그는 슬프거나 신경이 곤두서 있는 모습은 아니었고, 우울 기분을 느낀 적이 있었는지에 대해서도 확실치 않았다. 그러나 그는 끊임없이 고통을 받고 있었고, 현재 그를 억누르는 낮은 수준의 불안을 겪고 있는 모습이었다. 그는 "이 수면문제가 커졌어요. 제가 하고 있는 일에 대해 스트레스를 받고 있고, 약혼녀와도 언쟁을 벌이게 돼요. 이 모든 것이 피로감 때문이에요."라고 설명했다.

존스 씨가 정신과 전문의를 만난 것은 이번이 처음이었다. 존스 씨는 대학 재학 시절 사회복지사에게 3년간 한 번도 빠지지 않고 정신역동적 심리치료를 받은 것에 대해 이야기하면서, "그저 나 자신을 좀 더 이해하고 싶었어요."라고 말했다. 그는 껄껄 웃으면서 소아정신과 의사의 아들로서 사람들이 그가 '미쳤다'고 추측하는 것에 익숙하다는 말을 덧붙였다. 그는 최근에 발생한 어려움이 있기 전에는 늘 '잠을 잘 자는 사람'이었다고 했다. 어려서는 파자마 파티slumber parties[***역자 주**. 십대들이 친구 집에 모여 파자마 바람으로 밤새워 노는 것]에서 가장 먼저 잠에 곯아떨어지곤 했고, 성인이 되어서는 항공기에서 끄덕끄덕 졸 수 있을 정도로 편안해하는 모습 때문에 약혼녀의 부러움을 사기도 했다.

진단

- 불면장애

논의

존스 씨는 4개월간 거의 매일 밤 수면에 대한 불만, 즉 수면유지 곤란과 새벽에 잠을 깨는 문제를 호소하고 있다. 그는 주간 피로, 집중곤란, 경미한 정도의 불안 증상, 대인관계 및 직업적 손상에 대해 말하고 있다. 그는 다른 의학적 장애, 정신의학적 장애, 수면장애, 또는 물질사용장애 진단보다는 DSM-5의 불면장애의 임상적 기준에 부합되는 것 같다.

이 사례에서 환자의 수면장해는 시간 압박과 관련된 고양된 스트레스 기간에 시작되었고, 환자는 수면장해를 악화 또는 영속시킬 수 있는 몇 가지 행동을 발달시켰다. 그는 잠을 못 자는 것에 대해 염려하고 있고, 자성예언을 만들어 내고 있다. 또한 낮 시간에 각성 상태를 유지하기 위해 카페인으로 자기치료를 하고, 밤에는 와인으로 각성 상태를 완화시키고 있는 것 같다.

또한 천식 병력을 고려할 때, 존스 씨는 간헐적으로 $\beta 2$-아드레날린성 수용체 촉진제를 복용하고 있다. 이러한 치료약물들은 자극적일 수 있기 때문에 물질 사용 시간과 양을 알고 있는 것이 도움이 될 것이다.

환자는 대학 재학 시절 3년간 정신역동 심리치료를 받은 과거력에 대해 이야기하고 있다. 환자의 불면증이 초기의 재발성 기분장애 또는 불안장애와 관련이 있는지 파악하려면, 그의 기분 및 불안 증상에 대해 추가적인 탐색이 필요할 것이다. 바꾸어 말하면, 불면증은 그 자체로 기분장애, 불안장애, 또는 물질사용장애의 발병 또는 재발성 삽화 발생의 위험성을 높인다. 또한 기분장애, 불안장애, 물질사용장애 또는 수면장애에 대한 존스 씨의 가족력을 탐색해 볼 필요가 있다.

2주간의 수면일지는 침대에서 보내는 시간의 양, 생활양식(각성 증가 및 수면방해 가능성이 있는 신체 · 정신 활동의 시점), 중추신경계를 활성화시킬 수 있는 시점과 물질 사용, 다른 의학적 문제(예, 천식 발작)를 비롯해서 존스 씨의 수면문제 평가에 도움이 될 것이다. 존스 씨의 약혼녀로부터 그의 과거력을 입수한다면, 무호흡증, 큰 소리로 코골이, 다리 흔들기, 수면으로부터의 부분적 각성(NREM 또는 REM 사건 수면) 등, 그의 수면관련 병리에 대한 중요한 정보가 될 것이다.

존스 씨에게 수면일지를 작성하도록 하는 것 외에, 불면증 심각도 지수Insomnia Severity Index (ISI) 또는 피츠버그 수면양질지수Pittsburgh Sleep Quality Index(PSQI) 등의 자기보고식 검사를 활용하여 현재의 수면 불편의 심각도를 기록하도록 하는 것이 유용할 것이다. 이러한 도구들은 시간의 흐름에 따른 변화를 측정하는 데 유용한 기초선 또는 기준점을 제공한다. 게다가, 임상가는 환자건강질문지 9문항 우울증 척도Patient Health Questionnaire 9-item depression scale(PHQ-9) 또는 범불안장애 7문항 척도Generalized Anxiety Disorder 7-item scale(GAD-7)와 같은 정동 상태에 대한 간편 자기보고식 측정방법을 통해 공존성 또는 병발성 정신장애에 대한 후속평가를 할 수 있다.

공식적인 수면 검사실 검사(수면다원검사)로는 존스 씨의 문제를 발견해 내지 못한 것 같다. 그러나 만일 과거력 또는 일지로부터 후속 정보가 발견된다면, 호흡관련 수면장애 또는 주기성 사지운동장애periodic limb movement disorder에 관한 검사를 실시할 필요가 있다. 또 다른 진단의 가능성은 중증 수면국면 증후군과 같은 일주기리듬 수면장애다(그러나 비교적 많지 않은 나이의 환자임을 고려할 때 가능성은 낮음).

이 사례에서 제시된 것처럼, DSM-5에서는 불면장애의 "원발형" 또는 "이차형"으로 범주화하던 것이 폐지되었다. 대신, DSM-5에서는 공존 상태(의학적, 정신의학적, 기타 수면장애)를 동시에 명시할 것을 필수요건으로 내세우고 있다. 그 이유는 다음 2가지, 즉 ① 의학적 또는 정신의학적 장애 외에도 환자가 독립적인 임상적 주의가 요구되는 수면장애를 가지고 있음을 강조하기 위해서와 ② 수면장애와 공존하는 의학적 · 정신의학적 장애 사이에 양방향성 및 상호작용 효과를 인정하기 위해서다.

이러한 재개념화는 수면장애 전문 의학 분야에서의 패러다임 변화를 반영하고 있다. 이 변화는 공존하는 장애들 사이의 인과관계적 귀인("a"는 "b"로 인한 것임)과는 거리가 있다. 왜냐하면 흔히 이러한 귀인을 지지하기 위한 제한된 경험적 데이터가 있기 때문이고, 또한 최적의 치료계획에는 "a"와 "b" 둘 다에 대한 주의가 필수로 요구되기 때문이다(각각 동시에 발생하는 것은 다른 것을 악화시킬 수 있기 때문).

따라서 수면 각성에 대한 호소 내용의 감별진단은 공존하는 조건을 고려해야 함과 동시에 다차원적인 접근을 필요로 한다. 이러한 조건들은 예외가 없는 규칙이다. 끝으로, 불면장애와 기타 수면-각성장애에 대한 DSM-5의 분류체계에는 범주화된 평가뿐 아니라 차원적 평가가 포함된다. 그 이유로는 ① 심각도 파악, ② 측정기반의 임상적 보호 촉진, ③ 수면-각성에 불만 발생 및 영속의 원인이 될 수 있는 행동 파악, ④ 근본적인 신경생물학적 기질[substrates] 탐색과 상관관계가 있도록 하기 위해서다.

읽을거리

Chapman DP, Presley-Cantrell LR, Liu Y, et al: Frequent insufficient sleep and anxiety and depressive disorder among U.S. community dwellers in 20 states, 2010. Psychiatr Serv 64(4):385-387, 2013

Reynolds CF 3rd: Troubled sleep, troubled minds, and DSM-5. Arch Gen Psychiatry 68(10): 990-991, 2011

Reynolds CF 3rd, O'Hara R: DSM-5 sleepwake disorder classification: overview for use in clinical practice. Am J Psychiatry 170(10): 1099-1101, 2013

사례 2: 불안과 졸음

Anxious and Sleepy

Maurice M. Ohayon, M.D., D.Sc., Ph.D.

버나데트 클레버Bernadette Kleber(34세, 여, 이혼)는 학령기에 있는 세 아이의 어머니로, 실직 상태에서 새로운 동거인 남성과 불안 · 졸음 문제로 정신과 전문의를 찾았다.

클레버 양은 일생의 대부분을 불안에 시달려 왔다. 그러나 10년 전 첫째아이가 태어난 이후 훨씬 더 걱정이 많아졌고 스트레스를 받았다. 그녀는 '집에서는 괜찮은데' 사회적 상황에서는 불안해진다고 했다. 또한 당혹스러워하고 비판의 대상이 될 것에 대한 두려움 때문에 새로운 사람들과의 교류를 피했다. 예를 들어, 그녀는 출산 이후 불어난 체중을 줄이고 싶어 했다(현재 체질량지수body mass index[BMI] 27.7[***역자 주.** BMI는 체중(kg)을 신장(m)의 제곱으로 나눈 비만도 지수로, 22가 표준임]). 그러나 체육관에서 살을 빼려고 애쓰는 자신의 모습이 사람들의 조롱거리가 될까 봐 두려웠다. 그녀는 새로운 사람들을 만나야 하는 상황으로부터 점점 더 멀어졌다. 이로써 일을 훨씬 더 적게 할 수 있는 직장을 구하기 위해 취업 면접에 참석하는 일은 그녀에게 거의 불가능한 일이 되었다. 5년 전, 그녀는 심리치료와 함께 선택적 세로토닌 재흡수 억제제selective serotonin reuptake inhibitor[SSRI] 항우울제와 매일 두 차례 클로나제팜clonazepam[***역자 주.** 뇌전증 치료제로 뇌전증의 장기 치료에 주로 사용됨] 0.25mg을 복용함으로써 사회공포증이 완쾌되었으나, 1년 전 증상이 재발되었다. 그녀는 불안 치료를 위해 약물 복용량을 증가시킨 적이 없고, 다른 약물(처방을 받거나 처방 전 없이 살 수 있는)을 복용한 적이 없다고 했다. 그녀는 새 친구가 생기게 된 것에 대해 들떠 하면서도, "내 행동을 조절하지" 않으면 새로 사귄 여자친구가 자신의 곁을 떠날 것이라고 염려했다.

그녀는 현저한 우울증 기간은 없었지만, 자신의 제한적인 효율성에 대해 좌절을 겪었던 기간이 다수 있었다고 했다. 또한 조증 증상은 없었다고 했다.

정신과 전문의가 클레버 양에게 "졸음" 증상에 대해 묻자, 그녀는 자기가 자신이 알고 있는 사람들 중에서 가장 잠을 많이 잔다고 했다. 즉, 보통 하룻밤에 적어도 9시간은 자고, 낮에는 추가로 낮잠을 2회에 걸쳐 5시간 정도 더 잔다고 했다. 그래도 고등학교를 마칠 때까지는 아무런 문제가 없었다고 했다. 고등학교 재학 시절에 저녁 8~9시에 잠이 들었고, 매일 오후에는 졸기 일쑤였다고 했다. 대학 진학 후에는 친구들에 비해 자신에게 얼마나 더 수면이 필요한지를 깨닫게 되었다. 그녀는 결국 강의시간에 졸음을 참을 수 없어서 학교를 그만두었다. 낮잠에도 불구하고 친구들이나 가족을 방문할 때, 그리고 책을 읽거나 TV를 시청할 때, 그녀는 보통 잠에 곯아떨어졌다. 그녀는 운전 중에 잠드는 것에 대한 두려움 때문에 혼자 운전은 절대 하지 않았다. 늦은 오후에 자는 낮잠은 원기 회복에 도움이 되지 않았고, 밤잠에도 영향을 미치지 않았다.

클레버 양은 가족을 돌보는 일을 어려워했다. 특히 아침시간은 그녀에게는 최악의 시간이었기 때문이었다. 잠을 깨고 나서 적어도 30분간은 지남력이 없었고, 혼돈 상태로 인해 자녀들을 등교시키기 어려워했다. 하루 종일 그녀는 자신이 "산만하고 주의력이 없다"는 느낌이 든다고 했다.

5년 전, 클레버 양은 코를 골기 시작했다. 그녀의 친구는 클레버 양이 잠을 자는 동안 호흡을 하고 있는지 의심스러웠다. 클레버 양은 수면발작sleep paralysis 또는 말하는 도중에 갑자기 잠이 드는 증상을 경험해 본 적은 없다고 했다. 그녀는 사람들과 어울리다가 잠이 들곤 했는데, 이는 주로 카우치 구석의 조용한 곳에서 이야기를 나누다가 대화가 잠시 중단되었을 때였다. 그녀는 잠이 들어서 넘어진 적은 없었지만, 10대 이후 매년 수차례 각성전 환각hypnopompic hallucination 증상을 겪는다고 했다.

검사 당시 클레버 양은 과체중으로, 협조적이고 조리 있었다. 그녀는 자신의 불안 증상에 대해 염려하면서도, 수면문제에 집착하는 모습을 보였다. 그녀는 우울증, 자살 경향성, 정신병, 기억에 관한 불만사항은 없다고 했다. 그녀의 병식과 판단력에는 이상이 없어 보였다.

신체검진 결과는 근본적으로 증상의 원인으로 볼 수 있는 사항은 없었다. 그녀의 병력으로는 과콜레스테롤 혈증hypercholesterolemia과 간헐적 편두통migraine만이 있었다. 클레버 양은 다리에 힘이 없고, 왼쪽 팔의 통증 등, 근육에 대한 불편사항이 있었다. 이러한 증상들은 격렬한 활동과 연관이 있었다. 그녀는 통증 완화를 위해 때로 대마초를 피웠으나, 대마초가 졸음 증상의 원인으로 작용하지는 않는다고 했다. 그녀는 두부 외상과 특이한 질병에 대한 과거력은 없다고 했다. 또한 가족력에 수면문제나 기분문제는 없지만, "불안해하는" 친척들은 여러 명 있었다고 했다.

클레버 양은 수면검사에 의뢰되었다. 수면다원검사에 의하면, 무호흡 저호흡 지수가 시간당 3회로 나타났다. 다음 날 그녀는 다중 수면잠복기 검사(MSLT)를 받았다. 검사 결과, 검사시간 동안 수면 개시 REM 시기는 1회였고, 평균 수면잠복기는 7분으로 나타났다. 하이포크레틴-1의 뇌척수액cerebrospinal fluid(CSF) 수준을 측정하기 위해 요추천자술 검사가 실시되었다. 검사 결과, 정상범위에 속하는 것으로 나타났다.

진단

- 사회공포증
- 과다수면장애

논의

클레버 양은 임상적 주의가 요망되는 DSM-5의 몇 가지 장애로 진단되어야 할 것으로 보인다. 그녀는 과거에 사회공포증으로 진단되었고, 증상 재발로 인해 이번에 정신과 진료를 받게 된 것 같다. 그녀는 출산 이후 체중이 늘었고, 비만 상태는 그녀의 사회적 회피를 가속화시키고 있으며, 수면장해와 의학적 합병증의 위험성을 가중시키고 있다. 비만은 DSM-5의 본문에 속하는 진단명이 아니고, DSM-5의 "임상적 주의의 초점이 될 수 있는 기타 상태"에 들어 있다. 클레버 양의 불안과 체중 문제는 독자적인 임상적 주의가 필요해 보인다. 그러나 심각할 정도로 그녀의 삶에 영향을 미치고 있는 것처럼 보이는 것은 수면문제다.

클레버 양은 잠을 너무 많이 자고 있음에도 수면이 휴식 또는 원기 회복에 도움이 되지 못하고 있다. 수면문제로 인해 그녀는 어머니로서의 역할을 거의 하지 못하고 있다. 그녀는 평소 일을 제대로 할 수 없고, 독자적으로 운전도 할 수 없으며, 친구들과도 어울리지 못하고 있음을 호소하고 있다. 또한 새로 사귄 연인과 헤어지게 될까 봐 염려하고 있다. 과도한 수면과 졸림 증상은 그녀가 고등학교를 졸업할 무렵부터 매일 나타났다. 클레버 양의 증상들은 DSM-5의 과다수면장애를 암시하고 있다. 이 장애의 기준에는 적어도 3개월 동안 매주 적어도 3일간 증상이 나타나야 한다는 조건이 포함되어 있다(클레버 양은 15년 동안 거의 매일 증상이 나타났음). 야간 수면 지속기간(9시간)만으로는 문제로 볼 수는 없지만, 그녀의 총 주간 수면 지속기간인 14시간은 과다수면의 전형으로, 그녀는 잠이 깨면 무력감이 들고, 예기치 않게 잠들어 버리는 현상을 반복하고 있다.

이 사례에서는 클레버 양의 졸림 증상에 대한 다른 설명을 (적절하거나 가능하지 않음을 확인하고) 배제하는 것이 중요하다. 클레버 양은 불안 해소를 위해 대마초를 피우고 벤조디아제핀을 사용하고 있다. 그녀는 이러한 물질들을 간헐적(대마초) 또는 경미하지만 지속적으로(클로나제팜) 사용하고 있고, 증상은 물질 사용 전부터 나타났다고 주장하고 있다. 이러한 물질은 둘 다 진정효과를 가져올 수 있다는 점에서 증상의 원인이 되는 약물로 보이지는 않는다. 그녀는 통증과 두통을 겪고 있으므로, 진정효과가 있는 통증완화제 사용 가능성에 대해 보다 심도 있게 탐색해 볼 필요가 있다. 그녀는 또한 자신의 효율성 결여에 대해 의기소침해 있다고 말하고 있다. 이는 우울증의 단서가 되고, 과도한 비회복적 수면으로 이어질 수 있지만, 현재로서는 이러한 가능성은 없어 보인다.

과도한 수면 및/또는 주간 졸림으로 이어질 수 있는 수면장애는 많다. 클레버 양의 비만, 과도한 졸림, 코골이 증상을 고려할 때, 수면무호흡증의 가능성을 제기할 수 있는데, 이는 수면에 관한 연구에서 이미 입증되고 있다. 수면다원검사에 의하면, 무호흡 저호흡 지수가 시간당 3회로 나타났다. 이는 정상 범주에 속하는 것으로, 클레버 양에게는 수면관련 호흡장애가 없음을 가리킨다.

클레버 양은 또한 기면증에 대한 평가를 받아야 한다. 이는 참기 힘든 수면 욕구, 걷잡을 수 없이 잠에 빠져드는 증상, 또는 같은 날에 낮잠 자는 증상이 반복적으로 나타나는 기간이 있는 것이 특징이다. 클레버 양의 임상상은 암시하는 바가 있다. 그녀에게는 갑자기 잠들어 버릴 뿐 아니라 비교적 빈번하게 각성전/잠이 깰 무렵 환각 증상이 있다. 각성전/잠이 깰 무렵 환각 증상은 일반적으로 정상으로 간주되지만, 수면 개시 REM 침습을 반영할 수 있다는 점에서 기면증의 단서가 된다. DSM-5의 기면증 진단조건에 부합되려면, 탈력발작, 뇌척수액(CSF) 하이포크레틴 결핍, 또는 야간 수면다원검사도 또는 다중 수면잠복기 검사(MSLT)가 진행되는 동안 REM수면잠복기의 감소 현상이 나타나야 한다. 클레버 양의 다중 수면잠복기 검사(MSLT) 결과에 의하면, 검사기간에 단 한 차례의 수면 개시 REM 기간과 함께 평균 수면잠복기가 7분이었다. 수면잠복기는 짧다. 그러나 기면증의 진단조건에 부합되려면, 그녀는 적어도 검사기간에 2회의 조기 REM 기간을 필요로 한다. 뇌척수액(CSF) 하이포크레틴-1 수준은 정상범위에 속하는 것 같다. 이는 기면증-탈력발작/하이포크레틴 결핍 증후군을 배제시킬 수 있는 수준이다. 그녀의 잠들어 버리는 삽화들을 탈력발작으로 간주하지 않는다면, 클레버 양은 기면증 진단에 부합되지 않을 것이다. 그렇다면 이 시점에서 클레버 양의 장애는 사회공포증 외에 오로지 DSM-5의 과다수면장애에 부합된다.

읽을거리

Karasu SR, Karasu TB: The Gravity of Weight: A Clinical Guide to Weight Loss and Maintenance. Washington, DC, American Psychiatric Publishing, 2010

Ohayon MM, Reynolds CF 3rd: Epidemiological and clinical relevance of insomnia diagnosis algorithms according to the DSM-IV and the International Classification of Sleep Disorder (ICSD). Sleep Med 10(9):952-960, 2009

Ohayon MM, Dauvilliers Y, Reynolds CF 3rd: Operational definitions and algorithms for excessive sleepiness in the general population: implications for DSM-5 nosology. Arch Gen Psychiatry 69(1):71-79, 2012

사례 3: 졸음증

Sleepiness

Brian Palen, M.D.
Vishesh K. Kaupur, M.D., M.P.H.

케사르 로페즈César Lopez(57세, 남)는 히스패닉 미국인으로, 항우울제 약물치료 여부에 대한 재평가를 받기 위해 병원을 찾았다. 그는 수개월 동안 피로감, 주간 졸림, 그리고 일반적으로 "느낌이 좋지 않은" 증상이 악화되었다고 했다. 그는 기력감퇴로 평소 활동을 할 수 없지만, 여전히 활동에 참여하는 시간이 즐겁다고 했다. 그는 정보기술 컨설턴트로서 업무 집중에 어려움을 겪어 왔고, 이로 인해 해고될 것을 염려했다. 로페즈 씨는 2년 전부터 SSRI 항우울제를 복용해 왔는데, 증상이 다소 개선되어 이 약물치료를 계속 받고 싶다고 했다.

로페즈 씨는 특별한 스트레스 요인은 없다고 했다. 우울증으로 진단받은 것 외에, 그는 고혈압, 당뇨병, 관상동맥 질환이 있었다. 또한 속쓰림뿐 아니라 발기부전을 호소했다. 그러나 이러한 증상에 대해 의학적 평가를 받아 본 적은 없었다.

로페즈 씨는 베네수엘라에서 태어났다. 그는 결혼했고, 장성한 자녀 둘이 있었다. 그는 흡연이나 음주를 하지 않았으나, 깨어 있기 위해 하루에 수차례 커피를 내려 마셨다.

신체검사 당시 그는 키가 5피트 10인치(178cm)에, 체중이 235파운드(107kg), BMI가 34였다. 그의 목둘레는 20인치(51cm), 호흡률은 90, 혈압은 155/90이었고, 다른 비정상성은 없었다.

정신상태검사 당시 환자는 체구가 건장하고 협조적이었으며, 피곤해 보이기는 했으나, 우울 기분, 불안, 정신병 또는 인지감퇴 증상은 없었다.

보다 심층적인 질문을 통해 로페즈 씨가 직장에서 졸지 않고 깨어 있는 데 어려움을 겪고 있을 뿐 아니라 때로 운전 중에도 졸게 된다는 사실이 드러났다. 그는 밤에 평균 8~10시간 정도 수면을 취하지만, 자주 잠에서 깨어 화장실을 들락거린다(야뇨증^nocturia^)고 했다. 또한 자주 숨 막히는 느낌과 때로 두통 때문에 잠을 깨곤 했다. 그는 아동기 이후부터 코를 골았다고 했다. 그는 "우리 가족 내의 모든 남자는 코골이예요."라는 말을 덧붙였다. 그의 아내가 밤에 손님용 침실에서 따로 잠을 자기로 결정하기에 앞서, 그녀는 남편이 너무 큰 소리로 코를 골았고, 간헐적으로 호흡을 멈추었다가 거칠게 숨을 내쉬곤 했다고 말했다. 로페즈 씨는 수면 검사(수면다원검사)를 받기 위해 다른 곳으로 자리를 옮겼다. 검사결과는 다음과 같다.

- 무호흡 저호흡 지수^apnea hypopnea index^: 시간당 25건
- 산소불포화 지수^oxygen desaturation index^: 시간당 20건
- 나디어 산소포화도^nadir oxygen saturation^: 82%
- 90% 미만의 산소포화도에 대한 시간 비율: 8%
- 각성지수^arousal index^: 시간당 35건
- 수면 단계(%):

N1 단계 수면시간의 비율: 20%

N2 단계 수면시간의 비율: 60%

N3 단계 수면시간의 비율: 10%

REM수면시간의 비율: 10%

진단

• 폐쇄성 수면 무호흡 저호흡, 중등도 심각도

논의

로페즈 씨는 우울증 치료를 위한 재평가를 받기 위해 병원을 찾았다. 그러나 그의 증상들은 기분장애보다는 오히려 피로감과 졸림 증상이 더 뚜렷이 나타나고 있다. 큰 소리로 코를 고는 것과 숨을 쉬지 않다가 "헉" 하는 소리와 함께 숨을 내쉬곤 하는 삽화들을 비롯한 환자의 과거력을 고려할 때, 그의 가장 근본적인 문제는 폐쇄성 수면 무호흡 저호흡obstructive sleep apnea hypopnea (OSAH)이다.

OSAH는 전체 인구의 약 3%가량에 영향을 미치지만, 그 비율은 관련된 위험 인자가 있는 사람들 사이에서는 훨씬 더 높다. 예를 들어, 로페즈 씨는 50세가 넘었고, 목이 굵은 비만 상태이며, 가족 내의 '모든 남성이 코골이였던 가족력'이 있다. 코골이는 특히 OSAH의 민감한 지표다. 특히 일주일에 3일 이상 아주 큰 소리로 코를 골고, 숨을 쉬지 않다가 '헉' 하는 소리와 함께 숨을 내쉬는 삽화를 동반하는 경우에 그렇다. 로페즈 씨에게서 볼 수 있는 것처럼, OSAH가 있는 환자들 역시 자주 야뇨증, 속쓰림, 성기능부전, 오전시간 두통을 호소하는데, 이는 이 장애의 다중체계 영향을 반영하는 것이다.

OSAH는 수면 중 상기도pharyngeal airway의 반복적 붕괴(무호흡증) 또는 부분적 붕괴(호흡저하hypopnea)가 특징이다. 수면 중 인두근pharyngeal muscles이 이완되면, 목구멍 뒤편의 부드러운 조직이 상기도를 막게 된다. 결과적으로, 공기의 흐름이 감소되어 혈중 산소 농도가 감소되는 원인이 될 수 있다. 막힌 기도를 통해 호흡 작업이 증가하면, 단기 각성을 자극하여 정상적인 호흡 재개가 가능해진다. 이러한 패턴은 밤새 수백 차례 반복될 수 있다. 그 결과, 현저할 정도로 해체된 수면 패턴을 초래하게 된다.

수면에 관한 연구들(수면다원검사)에서는 여러 방식으로 수면을 수량화하고 있다. 그러나 DSM-5에서는 특별히 무호흡 저호흡 지수apnea hypopnea index(AHI), 즉 수면 중 시간당 적어도 10초 동안 지속되는 완전한 호흡 일시정지(무호흡)와 부분적 호흡(호흡저하) 횟수의 측정치에 초점을 맞추고 있다. 만일 환자들이 시간당 적어도 15차례(AHI = 15) 폐쇄성 무호흡 또는 호흡저하를 나타낸다면, 이들은 연관된 증상들과 관계없이 기준에 부합된다. 환자들은 적어도 이 5가지 삽화(AHI = 5)와 함께 야간 호흡장해 또는 주간 졸림이나 피로 증상을 보여야 한다.

AHI는 또한 OSAH 심각도의 결정요인이다. 경미한 정도를 나타내는 사례들은 15 미만의 AHI와 연관이 있다(정의에 의하면, 몇 가지 종류의 증상들이 포함됨). 로페즈 씨가 시간당 25가지 사건을 겪은 사실은 중등도 범주(15~30)에 속한다. 만일 AHI가 30이상이면, OSAH는 고도severe로 간주된다.

특별히 DSM-5 기준과 관련이 없다면, 로페즈 씨에 대한 수면다원검사의 결과는 REM과 N3 수면 단계에서 보낸 시간 비율의 감소와 함께 비정상적인 수면구조를 보여 주고 있다. 이는 90% 미만의 산소 농도와 함께 사용된 시간량이 상승된 사실을 보여 주고 있고, 그의 각성지수, 즉 시간당 피질각성의 측정치는 35로, 정상의 상위 범위인 20을 훨씬 상회하고 있다.

OSAH는 치료하지 않으면 삶의 질에 심각할 정도로 부정적인 영향을 미칠 수 있다는 점에서 다수의 DSM-5 진단과 유사하다. 그러나 OSAH 진단은 임상적 관찰보다는 주로 검사결과에 기초한다는 점에서 DSM-5 내에서는 특이한 장애로 꼽힌다. 로페즈 씨의 사례에서 예시된 것처럼, 이 장애가 있는 다수의 사람은 지체없이 진단을 받지 않음으로써 오랫동안 적절한 치료를 받지 못하게 된다. 흥미롭게도 정신의학적 진단들 중 가장 "객관적인" 것은 민감한 임상적 평가기간에 고려만 될 뿐이다.

읽을거리

Peppard PE, Szklo-Coxe M, Hla KM, Young T: Longitudinal association of sleep-related breathing disorder and depression. Arch Intern Med 166(16):1709-1715, 2006

Schwartz DJ, Karatinos G: For individuals with obstructive sleep apnea, institution of CPAP therapy is associated with an amelioration of symptoms of depresison which is sustained long term. J Clin Sleep Med 15(6):631-635, 2007

Sharafkhaneh A, Giray N, Richardson P, et al: Association of Psychiatric disorders and sleep apnea in a large cohort. Sleep 28(11):1405-1411, 2005

Young T, Palta M, Dempsey J, et al: The occurrence of sleep-disordered breathing among middle-aged adults. N Engl J Med 328(17):1230-1235, 1993

Young T, Shahar E, Nieto FJ, et al: Predictors of sleep-disordered breathing in community dwelling adults: the Sleep Heart Health Study. Arch Intern Med 162(8):893-900, 2002

사례 4: 가렵고 으스스하며 근질근질한 느낌

Feeling Itchy, Creepy, and Crawly

Kathy P. Parker, Ph.D., R.N.

딩시앙 멩[Dingxiang Meng](63세, 남)은 중국 태생으로, 우울증과 과도한 신체적 불편감에 대해 정신과 진료를 받기 위해 의뢰되었다. 그는 정신병적 우울증 병력이 있었고, 이로 인해 10년 전 두 차례 입원한 적이 있었다. 그는 주기적으로 혈액투석

hemodialysis을 받던 중, 소규모 병원의 신장 담당부서의 외래환자로 평가를 받았다.

평가 당시, 멩 씨는 마치 "벌레들이 피부 속에서 기어 다니고 있는" 것처럼 "가렵고, 으스스하며, 근질근질한" 느낌을 호소했다. 이러한 증상들은 지난 수년간 다소 기복이 있었으나, 최근 몇 주간 악화되었다. 그는 자신이 "미쳐 가고 있다"는 느낌이 들었다. 그는 걱정이 많고 자주 피곤함을 느꼈지만, 손주들과 놀 때나 고국에서 온 사람들을 방문할 때는 항상 웃었다고 말했다. 그에게 사고장애는 없었다. 차트를 검토한 결과, 멩 씨의 신체적 불편감은 서로 다른 시기에 진료할 때마다 좌불안석증, 말초신경증, 그리고 "심리신체적" 및 "정신병적 되새김" 증상으로 개념화되었다. 그는 정상 상태를 유지해 오고 있었고, 이번 평가 시점에는 2년 전부터 어떤 향정신성 치료약물도 복용하지 않고 있었다.

멩 씨는 신체 증상이 밤만 되면 악화된다고 했다. 그때마다 그는 가만히 앉아 있거나 누워 있는다고 했다. 그는 불편한 부위는 두 다리뿐이라고 했다. 다리를 주무르는 것이 도움이 되지만, 가장 크게 도움이 되는 방법은 일어서서 걸어 다니는 것이었다. 투석은 "장시간 기계에 묶여 있기" 때문에 어려움이 가중되었다. 그는 또한 주간 졸림과 피로감을 호소했다. 면담과정에서 멩 씨는 투석을 받다가 두 차례나 펄쩍 뛰었다. 간호사는 멩 씨가 자주 투석을 간단히 끝내 달라고 부탁했고, 대체로 피곤해 보였으며, 항상 "뛰어 돌아다니는 것" 같다고 말했다.

멩 씨는 15년 전 미국으로 이민 온 직후에 당뇨병 진단을 받았다. 그는 점진적 신기능부전이 생겨 7년 전부터 혈액투석을 받아 오고 있었다. 그는 이미 성인이 된 두 자녀와 어린 손주 셋이 있는 상태에서 이혼을 했다. 그는 영어를 거의 하지 못해서 모든 면담은 만다린 중국어 통역사를 통해 이루어졌다. 그는 자녀 중 한 명과 살고 있었다.

진단

- 하지불안 증후군

논의

멩 씨는 우울증, 피로감, 피부 속에 “벌레들”이 기어 다니는 것 같은 징그러운 느낌, 움직임에 대한 강렬한 충동을 호소하고 있다. 그가 “정신병적 우울증”으로 입원한 사실이 이러한 신체적 감각과 관련이 있었는지는 초기 검사자에게는 명확하지 않았다. 이러한 감각은 수년 동안 좌불안석증, 말초신경증, 그리고 “정신신체적” 및 “정신병적 되새김” 증상 등 여러 방식으로 진단되었다.

이러한 진단 대신, 멩 씨는 하지불안 증후군restless legs syndrome(RLS)을 가지고 있을 가능성이 높다. DSM-5에 독립적으로 새롭게 수록된 RLS 진단은 다리를 움직이고자 하는 충동이 특징으로, 보통 유쾌하지 않은 느낌이 동반된다. 멩 씨의 증상은 전형적인 RLS에 속한다. 이러한 증상들은 움직이면서 개선되는데, 저녁시간이나 앉아 있어야 하는 상황에 놓이는 경우(예, 투석), 아주 심해진다. 증상은 빈번하게 발생하고 있고, 만성적이며, 환자에게 고통을 안겨 주고 있다.

RLS는 특히 투석을 받는 말기 신장질환end-stage renal disease(ESRD)이 있는 사람들에게서 흔히 발생한다. 항상 그런 것은 아니지만, 보통 이 상태는 주기성 사지운동(발목, 무릎, 때로 엉덩이가 부분적으로 풀리는 증상)과 함께 엄지발가락을 뻗는 증상을 비롯한 상동증적 운동과 연관이 있다. 멩 씨의 주간 졸림 증상은 수면 개시 지연뿐 아니라 수면의 질 감소와 관련이 있을 수 있다. ESRD와 투석이 RLS에 대한 적절한 설명(흔히 설명이 없음)이 되겠지만, 빈혈증anemia, 엽산결핍증, 요독증uremia 등의 원인 제공 요인들에 대한 탐색이 이루어져야 할 것이다. 멩 씨의 경우와는 무관하겠지만, 임신 역시 RLS와 연관이 있다.

RLS는 투석 병동에서 흔히 발견되는 증상이라는 점을 감안할 때, RLS 진단이 지연된 이유는 명확하지 않다. 멩 씨의 정신병적 우울증 병력으로 인해 치료진은 그의 호소 내용이 심인성인 것으로 추측했을 수 있다. 이렇게 이해하게 된 것이 “심리신체적” 증상에 대한 진단으로 이어졌을 수 있다. 이는 그의 신체 증상이 심리적 장애 또는 갈등에 원인 제공을 한 것으로 판단하게 된 계기가 되었을 것이다. 따라서 멩 씨의 호소 내용에 대해 오해가 있었던 것 같고, ‘심리신체적’이라는 용어는 잘못 사용된 것으로 보인다. 이 용어는 정신의학적 질환과 의학적 질환 사이의 동반이환에 초점을 맞춘 정신의학 분야로서 더 잘 개념화된다. 이 정의를 사용한다면, 어떤 사람을 "심리신체적 장애가 있는 사람"으로 기술하는 것은 의미가 없다. 멩 씨는 적어도 증상을 보였던 시기에 처방된 항정신병 치료약물을 복용하고 있었다는 점에서 좌불안석증이 고려되었던 것은 이해할 만하다. 그러나 최근에 개발된 항정신병 치료약물들(예, 비전형적인 항정신병 약물)은 좌불안석증 치료에 거의 사용되지 않는다. 또한 그의 증상들은 정신과 치료를 위한 약물 복용을 중단한 이후 2년간 지속되었다. 말초신경증은 사지의 통증, 쓰림, 저림 증상의 원인을 제공하는 경향이 있다. 이는 멩 씨의 실제 호소 내용과 정확하게 일치하지 않는다.

가장 중요한 관심사는 멩 씨의 하지불안 증상이 "정신병적 되새김"의 징후임을 가리키는 차트의 메모 내용일 것이다. 의사소통의 어려움이 이 상황에 원인을 제공했을 것이다. 그렇지만 멩 씨가 "정신병적 우울증"으로 두 차례나 정신병원에 입원한 사실은 실제로 진단되지 않은 RLS 사례로 인해 발생한 신체적 집착, 불안, 불쾌감에 의해 촉발되었을 가능성이 있다. RLS는 DSM-5에서 새롭게 등장한 진단명이지만, 오랫동안 문제가 되어 왔고, 흔히 수많은 의학적 질병과 동반이환되어 온 장애다.

읽을거리

Araujo SM, de Bruin VM, Nepomuceno LA, et al: Restless legs syndrome in endstage renal disease: clinical characteristics and associated comorbidities. Sleep Med 11(8):785–790, 2010

Hening W, Allen RP, Tenzer P, Winkelman JW: Restless legs syndrome: demographics, presentation, and differential diagnosis. Geriatrics 62(9):26–29, 2007

La Manna G, Pizza F, Persici E, et al: Restless legs syndrome enhances cardiovascular risk and mortality in patients with endstage kidney disease undergoing long-term haemodialysis treatment. Nephrol Dial Transplant 26(6):1976-1983, 2011

Li Y, Walters AS, Chiuve SE, et al: Prospective study of restless legs syndrome and coronary heart disease among women. Circulation 126(14):1689-1694, 2012

Oka Y, Ioue Y: Secondary restless legs syndrome [in Japanese]. Brain Nerve 61(5):539-547, 2009

Winkelman JW, Chertow GM, Lazarus JM: Restless legs syndrome in end-stage renal disease. Am J Kidney Dis 28(3):372-378, 1996

04

수면-각성장애 DSM-5® 확인문제

01 다음 중 불면장애의 핵심적인 특징은?

A. 우울 기분
B. 수면 양 또는 질에 대한 불만족
C. 인지 손상
D. 수면 중 이상행동
E. 주간 피로

02 다음 중 불면장애로 진단하는 데 필요한 것은?

A. 잠이 깬 후에 완전한 각성이 어려움
B. 수면 개시 또는 유지 곤란, 또는 이른 아침 각성 후 다시 잠들 수 없음
C. 공존하는 정신장애가 없음
D. 불충분한 수면 기회에 관한 기록
E. 안정제·수면제 사용에도 불구하고 지속적인 수면곤란

03 80세 남성이 심근경색의 과거력이 있고, 8년 전 관동맥 우회로 이식수술을 받았다. 그는 일주일에 3회 테니스를 하고, 매주 2회 오후에 손주를 돌보고 있다. 또한 일반적으로 삶을 즐기고 있고, 자신의 모든 일상생활 활동을 독립적으로 관리한다. 그러나 그는 너무 이른 아침에 잠을 깨는 문제를 호소한다. 그는 오후 9시에 잠자리에 드는데, 야뇨증으로 밤에 한 차례 일어났다가 오전 3:30에 잠을 깬다. 그렇지만 그는 오전 5:30에 일어나고 싶어 한다. 그는 주간 졸림 문제는 없고, 신체검진, 정신 상태, 그리고 인지기능은 정상이다. 이 사례에 가장 적절한 수면-각성장애 진단은?

A. 불면장애
B. REM수면 행동장애
C. 하지불안 증후군
D. 폐쇄성 수면 무호흡 저호흡
E. 이 남성은 DSM-5에는 없는 단면가^short sleeper^다.

04 다음 중 과다수면장애의 발현일 가능성이 가장 높은 증상은?

A. 수면무력증
B. 주요 수면 삽화에서 개운하지 않은 수면
C. 자동행동
D. 잦은 낮잠
E. 두통

05 비만인 52세 남성이 주간 졸림을 호소하고 있다. 그의 파트너는 그가 야간 수면 동안 코를 골고, 숨을 들이켰다가 "헉" 하면서 내쉰다는 사실을 확인해 준다. 폐쇄성 수면 무호흡 저호흡 확진에 필요한 수면다원검사 소견은?

A. 수면다원검사는 필요하지 않음
B. 수면다원검사에서 수면시간당 최소한 5회의 무호흡 또는 저호흡 삽화의 증거
C. 수면다원검사에서 수면시간당 최소한 10회의 무호흡 또는 저호흡 삽화의 증거
D. 수면다원검사에서 수면시간당 최소한 15회의 무호흡 또는 저호흡 삽화의 증거
E. 수면다원검사에서 지속적 기도내압양압호흡continuous positive airway pressure과 함께 무호흡/저호흡의 해소 증거

06 재발성 수면발작 외에, 기면증의 진단기준에 의하면 탈력발작, 하이포크레틴 결핍, 또는 수면다원검사나 다중 수면잠복기 검사상의 특징적인 비정상성이 나타나야 한다. 다음 중 탈력발작의 특징에 대한 진술로 옳은 것은?

A. 갑작스럽다.
B. 제안에 의해 유발된다.
C. 일방적으로 발생한다.
D. 수 시간 동안 지속된다.
E. 긴장항진증hypertonia이 동반된다.

07 DSM-IV에서 호흡관련 수면장애 진단은 과도한 주간 졸림을 호소하고, 야간 수면다원검사에서 삽화성 환기 노력의 소실이 입증되고 시간당 10~20차례 무호흡 삽화가 발생하며, 증상이 다른 정신장애, 치료약물이나 물질, 또는 다른 의학적 상태에 의한 것이 아닌 사람에게 내려질 것이다. 동일인에 대한 적절한 DSM-5 진단은?

A. 불면장애

B. 기면증

C. 폐쇄성 수면 무호흡 저호흡

D. 중추성 수면무호흡증

E. 달리 명시된 과다수면장애

08 다음 중 수면관련 환기저하의 핵심적인 특징인 대사의 변화는?

A. 인슐린 저항

B. 저산소증

C. 과탄산증

D. 낮은 동맥 혈색소 산소포화도

E. 고양된 바소프레신

09 51세 남성이 만성 피로 증상과 현재의 생활 스트레스 요인에 대해 과도한 걱정을 나타내고 있다. 그는 심한 우울증 가족력과 주요우울 삽화 과거력이 있는데, 지속적인 항우울제 치료로 조금 나아진 상태다. 주중 야간에, 그는 잠들기까지 수 시간이 걸린다. 그러고 나면 아침에 일어나서 출근하기 어려워하게 되고, 각성시간 초기 몇 시간은 졸음으로 어려움을 겪는다. 주말에 그는 아침에 늦게 잠이 깨는 데 피로감과 졸림을 덜 느낀다. 다음 중 이 사례에 적합한 진단은?

A. 주요우울장애, 부분관해

B. 범불안장애

C. 불면장애

D. 부분관해 상태의 주요우울장애와 일주기리듬 수면-각성장애, 뒤처진 수

면위상형

E. 부분관해 상태의 주요우울장애, 범불안장애, 일주기리듬 수면-각성장애, 뒤처진 수면위상형, 그리고 불면장애

10 67세 여성이 불면증을 호소한다. 그녀는 밤 10~11시 사이에는 잠들기 어려워하지 않는다. 그러나 1~2시간이 지나면, 한밤중에 몇 시간 동안 잠이 깬 상태로 있다가 다시 이른 아침 2~4시간 동안 수면을 취한다. 그러고 나면, 하루 동안 한 번에 1~3시간, 3~4차례 낮잠을 잔다. 그녀는 치매 가족력이 있는데, 검사에서 피로해 보이고 단기기억, 계산, 추상적 개념에 결함이 있다. 이 사례에 가장 적절한 진단은?

A. 주요신경인지장애(NCD)

B. 일주기리듬 수면-각성장애, 불규칙한 수면-각성형, 명시되지 않는 NCD

C. 기면증

D. 불면장애

E. 주요우울장애

11 50세 남성은 외상성 뇌손상으로 인해 실명하게 된 이후, 주간 활동을 저해하는 점증-하강하는 주간 졸림이 발달되었다. 순차적 활동기록기(인간의 활동/휴식 주기를 측정하는 방법) 결과에 의하면, 주요 수면기의 시작시간은 주요 수면기의 정상적인 기간과 함께 매일 점진적으로 늦은 시간에 발생한다. 이 사례에 가장 적절한 진단은?

A. 일주기리듬 수면-각성장애, 명시되지 않는 유형

B. 일주기리듬 수면-각성장애, 뒤처진 수면위상형

C. 일주기리듬 수면-각성장애, 비24시간 수면-각성형

D. 송과선 손상

E. 꾀병

12 50세 응급의학과 간호사는 직장에서 졸음 때문에 자신의 기능능력에 지장을 초래하고 있다고 호소한다. 그녀는 최근 오후시간을 활용하기 위해 근무시간을 주간근무(07:00~16:00)에서 야간근무(23:00~08:00)로 바꾸었다. 이러한 일정 변화로 그녀는 가정에서 아침에 수면 개시의 어려움을 겪고 있고, 오후에는 여가활동을 하거나 집안일을 할 기력이 거의 없으며, 야간근무의 중반 무렵에는 기진맥진한 상태가 된다. 이 사례에 가장 적절한 진단은?

A. 교대근무에 이차적인 수면의 정상적 변이

B. 일주기리듬 수면-각성장애, 교대근무형

C. 양극성장애

D. 불면장애

E. 과다수면장애

13 14세 여자아이가 자주 아침에 잠을 깨고는 아주 무서운 꿈의 내용을 생생하게 회상한다. 이 아이는 잠에서 깨면 정상적인 각성 상태에 있고 지남력도 정상적이지만, 꿈은 지속적인 고통의 원천이 되고 있다. 아이의 어머니에 의하면, 이 아이는 때로 중얼거리거나 끙끙거리지만 각성 전 시간 동안에는 말하거나 움직이지 않는다. 아이의 과거력에 의하면, 10세 때 집이 없어서 1년 동안 어머니와 함께 일시적 보호시설을 전전하며 살았다. 이 사례에 가장 적절한 진단은?

A. 명시되지 않는 불안장애

B. REM수면 행동장애

C. NREM수면 각성장애

D. 외상후 스트레스장애

E. 악몽장애

14 다음 중 DSM-5의 NREM수면 각성장애 유형에 속하는 것은?

A. REM수면 행동장애

B. 야경증

C. 악몽장애

D. 둔주
E. 폐쇄성 수면 무호흡 저호흡

15 다음 중 NREM수면 각성장애, 수면보행형의 구체적인 아형은?

A. REM수면 행동장애
B. 수면관련 발작 장애
C. 수면관련 성적 행동(수면섹스장애sexsomnia)
D. 알코올성 의식상실 동안 복합 운동 행동
E. 야간 공황발작

16 야경증과 악몽장애의 차이점은?

A. 악몽장애에서 각성 또는 악몽으로부터의 각성은 불완전한 반면, 야경증은 완전하게 각성된다.
B. 야경증에서 삽화는 수면기의 최종 시간에 집중되는 반면, 악몽은 대개 수면기 초기에 발생한다.
C. 야경증은 두려움을 유발하는 내용을 동반한 생생한 꿈에 대한 명확한 회상이 특징인 반면, 악몽은 회상되지 않는다.
D. 야경증은 REM수면 동안 발생하는 반면, 악몽은 NREM수면 동안 발생한다.
E. 야경증은 급작스럽고 공황상태의 비명이나 울음으로 시작되는 수면으로부터의 불완전 각성과 거의 회상하지 못하는 것이 특징인 반면, 악몽은 완전한 각성과 생생한 회상이 특징이다.

17 REM수면 행동장애의 수면생리에서의 핵심적인 비정상성은?

A. REM이 수면주기에 있어서 정상보다 더 일찍 시작된다.
B. 정상에 비해 REM수면이 더 많다.
C. 델타파 활동이 증가된다.
D. 골격근긴장이 REM수면 동안 나타난다.

E. 총 수면시간이 정상보다 더 많다.

18 다음 중 REM수면 행동장애와 흔히 연관되는 상태는?

A. 주의력결핍 과잉행동장애
B. 시누클레인병
C. 투렛증후군
D. 야경증
E. 뇌전증

19 다음 중 무긴장증과 REM수면 행동장애 없이 REM수면을 초래하는 향정신병 약물의 종류는?

A. 선택적 세로토닌 재흡수 억제제
B. 벤조디아제핀
C. 페노티아진
D. 2세대 항정신병 약물
E. 모노아민산화효소억제제[monoamine oxidase inhibitors]

20 10세 남자아이가 학교에서 가만히 앉아 있기 어려워하여 학업 수행에 지장을 초래한다는 이유로 담임교사에 의해 평가에 의뢰되었다. 이 아이는 자신의 다리에서 불쾌한 '근질거리고 스멀거리는' 감각이 있고, 가만히 앉아 있으면 운동을 통해 이 느낌을 해소하려고 다리를 움직이고 싶은 충동이 있음을 호소한다. 이러한 증상은 하루 대부분 그를 성가시게 하지만, 방과 후에 운동을 하거나 저녁에 TV를 시청할 때는 덜하다. 그리고 이러한 증상은 일반적으로 밤에 잘 때는 그를 성가시게 하지 않는다. 하지불안 증후군(RLS) 진단을 배제하는 그의 임상적 증거는?

A. RLS로 진단되기에는 너무 어리다.
B. 수면에 대한 불만이 없다.
C. 주간 피로 또는 졸림에 대한 불만이 없다.

D. 증상이 저녁이나 야간만큼 또는 더 많이 주간에 발생한다.

E. 손상된 사회적 기능이 없다.

21 임신 34주 된 28세 여성이 지난 수 주 동안 수면기 시작시기에 초조감과 잠들기 어려울 뿐 아니라 주간 피로감이 있음을 호소한다. 그녀는 낮시간 동안 일하고 평소 일정을 바꾼 적은 없다. 그녀는 자신이 점차 피곤함을 느끼고 더욱 과민해지며 우울해진다고 말한다. 임신 후기에 이러한 증상 발병이 시사하는 수면장애는?

A. 일주기리듬 수면-각성장애, 뒤처진 수면위상형

B. 불면장애

C. REM수면 행동장애

D. 하지불안 증후군

E. 과다수면장애

22 다음 중 REM수면 동안 발생하는 수면장해 또는 장애는?

A. 악몽장애

B. 혼돈성 각성

C. 야경증

D. 폐쇄성 수면 무호흡 저호흡

E. 중추성 수면무호흡증

23 다음 중 만성 아편계 사용과 연관이 있는 수면장해는?

A. 과도한 주간 졸림

B. 불면증

C. 수면 중 주기적 사지 운동

D. 폐쇄성 수면 무호흡 저호흡

E. 사건수면

24 다음 중 사건수면과 연관된 물질은?

A. 대마

B. 졸피뎀

C. 메타돈

D. 코카인

E. 메스칼린

25 65세 남성에 대한 평가와 심한 불면증 관리를 돕기 위한 정신의학적 진찰이 요청되었다. 불면증은 선택적 고관절 대치수술을 받은 후부터 시작되어 2일간 지속되고 있다. 평가에서 환자는 수술 전날까지 과음한 사실을 인정한다. 그리고 그는 자율신경 실조, 혼돈, 떨림을 동반한 알코올 금단 상태에 있는 것으로 보인다. 물질/치료약물로 유발된 수면장애 진단이 이 상황에 부적절한 이유는?

A. 불면증은 수술로 인해 발생한 불안에 대한 이해할 수 있는 정서적 반응이기 때문이다.

B. 불면증이 기능 손상을 일으키지 않고 있기 때문이다.

C. 불면증은 수면다원검사 또는 활동기록기와 함께 기록되지 않기 때문이다.

D. 불면증은 급성 알코올 금단 동안 발생하고 있기 때문이다.

E. 불면증은 수술 후 통증과 관련이 있을 것이기 때문이다.

26 56세 대학교수가 지난 수 주에 걸쳐 밤마다 5시간 이상 수면 곤란으로 주간의 피로감을 호소하고 있다. 그녀는 아침에 일어나고자 하는 시간보다 1~2시간 일찍 잠이 깨서는 일어날 시간까지 자주 잠을 깨서 선잠 상태가 되곤 한다. 그녀는 초기 불면증은 없고 우울해하지도 않는다. 이 환자는 자신의 수면문제가 처음에는 일시적으로 잠을 깨우곤 했던 제출기한이 지난 학업 과제를 끝마쳐야 한다는 침습적 사고 때문이라고 여기고 있다. 이 사례에 가장 적절한 진단은?

A. 불안기분을 동반한 적응장애

B. 강박성 성격장애

C. 불면장애
D. 달리 명시된 불면장애(단기 불면장애)
E. 명시되지 않는 불면장애

27 74세 여성이 일상 업무 수행을 침해하는 주간 졸림의 과거력이 있다. 그녀는 지난 1년 동안에 걸쳐 이 증상이 점진적으로 악화되어 왔다고 말한다. 수면다원검사에 의하면, 기도폐색의 증거는 없고 시간당 2~3회 무호흡 삽화가 있는 수면무호흡증이 있었다. 이 사례에 대해 가장 적절한 진단은?

A. 중추성 수면무호흡증
B. 달리 명시된 수면-각성장애(비전형적 중추성 수면무호흡증)
C. 명시되지 않는 수면-각성장애
D. REM수면 행동장애
E. 일주기리듬 수면-각성장애

05

수면-각성장애 DSM-5®

확인문제 정답

01 다음 중 불면장애의 핵심적인 특징은?

A. 우울 기분
B. 수면 양 또는 질에 대한 불만족
C. 인지 손상
D. 수면 중 이상행동
E. 주간 피로

정답 B. 수면 양 또는 질에 대한 불만족

해설 불면장애가 있는 사람들은 전형적으로 수면 각성에 있어서 질, 시점, 또는 수면 양에 대한 불만족을 나타낸다. 그 결과로 겪게 되는 고통과 손상이 핵심적인 특징이다.

불면장애 / 진단기준 (pp. 19-20)

02 다음 중 불면장애로 진단하는 데 필요한 것은?

A. 잠이 깬 후에 완전한 각성이 어려움
B. 수면 개시 또는 유지 곤란, 또는 이른 아침 각성 후 다시 잠들 수 없음
C. 공존하는 정신장애가 없음
D. 불충분한 수면 기회에 관한 기록
E. 안정제·수면제 사용에도 불구하고 지속적인 수면곤란

정답 B. 수면 개시 또는 유지 곤란, 또는 이른 아침 각성 후 다시 잠들 수 없음

해설 DSM-5에서 불면장애의 핵심적인 특징은 적절한 수면 기회가 있음에도 불구하고 수면의 질에 대한 불만족, 수면 개시 또는 유지 곤란, 또는 이른 아침 각성이다. 아동의 경우는 잠자리에 드는 것에 대한 저항, 그리고 주간 기능상의 고통 또는 손상이다. 이러한 문제는 흔히 발생하며, 적어도 3개월 동안 지속된다. DSM-IV로부터의 중요한 변화는 주요우울장애 같은 다른 장애에 수면장해가 진단적 특징으로 포함되는 경우조차 불면장애로 독립적인 진단을 내릴 수 있게 되었다는 사실이다. 이 경우, 2가지 진단 모두 적절할 것이다. 그리고 동반이환 정신병적 장애는 임상적 동반이환 상태 명시자로 기재될 것이다(예, 비수면장애 정신 동반이환 있음).

불면장애 / 진단기준 (pp. 19-20)

03 80세 남성이 심근경색의 과거력이 있고, 8년 전 관동맥 우회로 이식수술을 받았다. 그는 일주일에 3회 테니스를 하고, 매주 2회 오후에 손주를 돌보고 있다. 또한 일반적으로 삶을 즐기고 있고, 자신의 모든 일상생활 활동을 독립적으로 관리한다. 그러나 그는 너무 이른 아침에 잠을 깨는 문제를 호소한다. 그는 오후 9시에 잠자리에 드는데, 야뇨증으로 밤에 한 차례 일어났다가, 오전 3:30에 잠을 깬다. 그렇지만 그는 오전 5:30에 일어나고 싶어 한다. 그는 주간 졸림 문제는 없고, 신체검진, 정신상태, 그리고 인지기능은 정상이다. 이 사례에 가장 적절한 수면-각성장애 진단은?

A. 불면장애

B. REM수면 행동장애

C. 하지불안 증후군

D. 폐쇄성 수면 무호흡 저호흡

E. 이 남성은 DSM-5에는 없는 단면가[short sleeper]다.

정답 E. 이 남성은 DSM-5에는 없는 단면가[short sleeper]다.

해설 이 남성은 수면시기에 대해 호소하고 있고 조기 각성을 호소하고 있지만, 불면장애로 진단될 만큼 이렇다 할 특징적인 손상은 없다. 많은 나이 든 성인은 단면가들이다. 이 남성은 활동을 저해하는 과도한 주간 졸림 같은 기능 손상의 증거는 없다.

불면장애 / 감별진단 (pp. 27-29)

04 다음 중 과다수면장애의 발현일 가능성이 가장 높은 증상은?

A. 수면무력증

B. 주요 수면 삽화에서 개운하지 않은 수면

C. 자동행동

D. 잦은 낮잠

E. 두통

정답 A. 수면무력증

해설 수면무력증은 수면의 주요 삽화 또는 수 분 또는 그 이상 동안 지속되는 낮잠으로부터 각성에 따른 손상된 수행과 감소된 각성 기간이 특징이다. 과다수면장애가 있는 일부 환자는 수록된 다른 증상들 중 한 가지 또는 그 이상의 증상을 가지고 있다. 이러한 증상들은 과다수면장애에 있어서는 수면무력증에서처럼 구체적이지 않다.

과다수면장애 / 진단기준; 진단적 특징 (pp. 30–32)

05 비만인 52세 남성이 주간 졸림을 호소하고 있다. 그의 파트너는 그가 야간 수면 동안 코를 골고, 숨을 들이켰다가 "헉" 하면서 내쉰다는 사실을 확인해 준다. 폐쇄성 수면 무호흡 저호흡 확진에 필요한 수면다원검사 소견은?

A. 수면다원검사는 필요하지 않음
B. 수면다원검사에서 수면시간당 최소한 5회의 무호흡 또는 저호흡 삽화의 증거
C. 수면다원검사에서 수면시간당 최소한 10회의 무호흡 또는 저호흡 삽화의 증거
D. 수면다원검사에서 수면시간당 최소한 15회의 무호흡 또는 저호흡 삽화의 증거
E. 수면다원검사에서 지속적 기도내압양압호흡continuous positive airway pressure과 함께 무호흡/저호흡의 해소 증거

정답 B. 수면다원검사에서 수면시간당 최소한 5회의 무호흡 또는 저호흡 삽화의 증거

해설 폐쇄성 수면 무호흡 저호흡의 진단기준은 다음과 같다.

A. (1) 또는 (2) 중 하나 이상이 있다.
1. 수면다원검사에서 수면시간당 적어도 5회 이상 폐쇄성 무호흡이나 저호흡이 있고 다음 중 한 가지 이상의 수면 증상이 있음
   a. 야간 호흡장애: 코골이, 거친 콧숨/헐떡임, 또는 수면 중 호흡정지
   b. 충분한 수면을 취했음에도 주간 졸림, 피로감, 또는 개운하지 않은 수면으로, 다른 정신질환(수면장애 포함)으로 더 잘 설명되지 않으며 다른 의학적 상태로 인한 것이 아님
2. 동반된 증상과 관계없이 수면다원검사에서 확인된 수면시간당 15회 이상 폐쇄성 무호흡 및/또는 저호흡

폐쇄성 수면 무호흡 저호흡 / 진단기준 (p. 47)

06 재발성 수면발작 외에, 기면증의 진단기준에 의하면, 탈력발작, 하이포크레틴 결핍, 또는 수면다원검사나 다중 수면잠복기 검사상의 특징적인 비정상성이 나타나야 한다. 다음 중 탈력발작의 특징에 대한 진술로 옳은 것은?

A. 갑작스럽다.
B. 제안에 의해 유발된다.
C. 일방적으로 발생한다.
D. 수 시간 동안 지속된다.
E. 긴장항진증hypertonia이 동반된다.

정답 A. 갑작스럽다.

해설 탈력발작의 정의는 환자의 특성에 따라 다르다. 장기간 유병된 환자의 경우, 탈력발작은 웃음이나 농담에 의해 유발되는 짧은(수 초에서 수 분) 삽화의 의식이 있는 상태에서 양측 근긴장의 갑작스러운 소실로 정의된다. 아동이나 발병 6개월 이내의 환자의 경우, 탈력발작은 분명한 감정 계기 없이 혀를 내밀거나 근긴장 저하를 동반한 자발적인 얼굴 찡그림 또는 턱이 처지는 삽화의 형태를 띤다.

기면증 / 진단기준 (pp. 37-38)

07 DSM-IV에서 호흡관련 수면장애 진단은 과도한 주간 졸림을 호소하고, 야간 수면다원검사에서 삽화성 환기 노력의 소실이 입증되고 시간당 10~20차례 무호흡 삽화가 발생하며, 증상이 다른 정신장애, 치료약물이나 물질, 또는 다른 의학적 상태에 의한 것이 아닌 사람에게 내려질 것이다. 동일인에 대한 적절한 DSM-5 진단은?

A. 불면장애
B. 기면증
C. 폐쇄성 수면 무호흡 저호흡
D. 중추성 수면무호흡증
E. 달리 명시된 과다수면장애

정답 D. 중추성 수면무호흡증

해설 중추성 수면무호흡증 진단은 수면다원검사에서 시간당 5회 또는 그 이상의 중추성 무호흡 삽화와 다른 수면장애 결여를 기초로 내려진다. DSM-IV에서와는 달리,

DSM-5에서 중추성 및 폐쇄성 수면무호흡증 증후군은 수면관련 환기저하도 포함하고 있는 호흡관련 수면장애의 보다 큰 집단 내의 다른 진단으로 부호화된다. 중추성 무호흡증은 기계적인 폐색보다는 호흡 노력 소실이 특징이다.

중추성 수면무호흡증 / 진단적 특징 (pp. 57-58)

08 다음 중 수면관련 환기저하의 핵심적인 특징인 대사의 변화는?

A. 인슐린 저항

B. 저산소증

C. 과탄산증

D. 낮은 동맥 혈색소 산소포화도

E. 고양된 바소프레신

정답 C. 과탄산증

해설 수면관련 환기저하는 수면다원검사상 수면관련 저산소혈증과 고탄산혈증이 있고, 이것이 다른 호흡관련 수면장애로 더 잘 설명되지 않을 때 진단된다. 수면 중 증가된 동맥혈 이산화탄소 분압이 55mmHg 이상이거나, 이산화탄소 분압이 기상 후 바로 누운 상태보다 수면 중일 때 10mmHg 이상 증가(50mmHg보다는 높아야 함)하고, 10분 이상 지속되는 것이 진단을 위한 절대적인 기준이다. 그러나 수면 중 동맥 혈액가스를 측정하는 것은 비현실적이고, 수면 중 이산화탄소 분압에 대한 비침습적인 측정법은 타당성이 확립되지 않았다. 따라서 성인에 대해 수면다원검사를 할 때에는 잘 사용되지 않는다. 상기도 폐색의 증거 없이 연장되고 지속되는 산소포화도의 저하(최하가 적어도 85%인 5분 이상 지속되는 90% 미만의 산소포화도 또는 적어도 수면시간의 30% 동안 지속되는 90% 이하의 산소포화도)는 흔히 수면관련 환기저하의 표지자로 사용된다. 그러나 폐질환과 같이 저산소혈증의 다른 가능한 원인들이 있기 때문에 이 소견은 그리 구체적이지는 않다.

수면관련 환기저하 / 진단적 표지자 (pp. 65-66)

09 51세 남성이 만성 피로 증상과 현재의 생활 스트레스 요인에 대해 과도한 걱정을 나타내고 있다. 그는 심한 우울증 가족력과 주요우울 삽화 과거력이 있는데, 지속적인 항우울제 치료로 조금 나아진 상태다. 주중 야간에, 그는 잠

들기까지 수 시간이 걸린다. 그러고 나면 아침에 일어나서 출근하기 어려워하게 되고, 각성시간 초기 몇 시간은 졸음으로 어려움을 겪는다. 주말에 그는 아침에 늦게 잠이 깨는 데, 피로감과 졸림을 덜 느낀다. 다음 중 이 사례에 적합한 진단은?

A. 주요우울장애, 부분관해

B. 범불안장애

C. 불면장애

D. 부분관해 상태의 주요우울장애와 일주기리듬 수면-각성장애, 뒤처진 수면위상형

E. 부분관해 상태의 주요우울장애, 범불안장애, 일주기리듬 수면-각성장애, 뒤처진 수면위상형, 그리고 불면장애

정답 D. 부분관해 상태의 주요우울장애와 일주기리듬 수면-각성장애, 뒤처진 수면위상형

해설 이 사례에서는 비록 불면증이 주요우울장애 증상으로 간주될 수 있지만, 2가지 진단이 부호화되어야 한다. 일주기리듬 수면-각성장애, 뒤처진 수면위상형은 개인적·직업적 의무에 적절하게 바라던 수면 및 각성 시기와 관련해서 주요 수면기의 뒤처진 발병(보통 2시간 이상)과 이에 따른 피로와 불면증 증상 호소가 특징이다. 이 상태가 있는 사람들은 스스로 일정을 짜도록 하면, 정상적인(연령에 비해) 수면의 질과 양을 유지한다.

일주기리듬 수면-각성장애 / 진단기준 (pp. 67-68)

10 67세 여성이 불면증을 호소한다. 그녀는 밤 10~11시 사이에는 잠들기 어려워하지 않는다. 그러나 1~2시간이 지나면 한밤중에 몇 시간 동안 잠이 깬 상태로 있다가 다시 이른 아침 2~4시간 동안 수면을 취한다. 그러고 나면 하루 동안 한 번에 1~3시간, 3~4차례 낮잠을 잔다. 그녀는 치매 가족력이 있는데, 검사에서 피로해 보이고 단기기억, 계산, 추상적 개념에 결함이 있다. 이 사례에 가장 적절한 진단은?

A. 주요신경인지장애(NCD)

B. 일주기리듬 수면-각성장애, 불규칙한 수면-각성형, 명시되지 않는 NCD

C. 기면증

D. 불면장애

E. 주요우울장애

정답 B. 일주기리듬 수면-각성장애, 불규칙한 수면-각성형, 명시되지 않는 NCD

해설 DSM-5의 일주기리듬 수면-각성장애에는 DSM-IV의 아형 중 3가지(① 뒤처진 수면위상형, ② 교대근무형, ③ 명시되지 않는 유형)가 그대로 남아 있고, 범위를 넓혀서 앞당겨진 수면위상형과 불규칙한 수면-각성형까지 포함된 반면, 시차형은 삭제되었다. 이 환자의 증상 발현에는 주요 수면기가 없고 수면-각성 주기에 대한 식별 가능한 일주기리듬이 없다. 그녀의 수면은 하루 24시간에 걸쳐 5~6시기로 분절되어 있다. **불규칙한 수면-각성형**은 흔히 주요 NCD(알츠하이머병, 파킨슨병, 헌팅턴병)를 비롯한 NCD뿐 아니라 아동에서의 NCD와 연관되어 있다. 여기서 제공된 자료는 주요 NCD 또는 우울증 진단을 내리기에는 불충분하다. 이 여성은 기면증은 없다. 기면증은 빈번한 저항할 수 없는 수면충동이 특징이다. 또한 다음 중 적어도 한 가지 증상이 나타나야 한다(① 탈력발작, ② 하이포크레틴 결핍, 또는 ③ 야간 수면다원검사 또는 다중 수면잠복기 검사에서 특징적인 비정상).

일주기리듬 수면-각성장애 / 불규칙한 수면-각성형 (pp. 75-77); 기면증 / 진단기준 (pp. 37-38)

11 50세 남성은 외상성 뇌손상으로 인해 실명하게 된 이후, 주간활동을 저해하는 점증-하강하는 주간 졸림이 발달되었다. 순차적 활동기록기(인간의 활동/휴식 주기를 측정하는 방법) 결과에 의하면, 주요 수면기의 시작시간은 주요 수면기의 정상적인 기간과 함께 매일 점진적으로 늦은 시간에 발생한다. 이 사례에 가장 적절한 진단은?

A. 일주기리듬 수면-각성장애, 명시되지 않는 유형
B. 일주기리듬 수면-각성장애, 뒤처진 수면위상형
C. 일주기리듬 수면-각성장애, 비24시간 수면-각성형
D. 송과선 손상
E. 꾀병

정답 C. 일주기리듬 수면-각성장애, 비24시간 수면-각성형

해설 비24시간 수면-각성형 일주기리듬 수면장애는 실명 상태인 사람들에게서 흔히 나타난다. 내인성 수면-각성 주기는 24시간보다 길고 광 신호에 의해 생물학적 사이클이 바뀌지 않는다. 그 결과, 졸리기 시작하는 시기는 점점 더 늦어지게 된다. 졸리

기 시작하는 시기가 야간인 경우, 정상적인 주간활동에 지장을 초래하는 수준은 낮다. 그러나 졸림 주기의 시작점이 점차 주간시간으로 이동하게 되면, 사회적 · 직업적 기능상의 손상이 커지게 된다. DSM-IV에서 이 장애는 "명시되지 않는" 일주기리듬 수면장애 유형에 포함되지 않았다.

일주기리듬 수면-각성장애 / 진단적 특징 (p. 77)

12 50세 응급의학과 간호사는 직장에서 졸음 때문에 자신의 기능능력에 지장을 초래하고 있다고 호소한다. 그녀는 최근 오후시간을 활용하기 위해 근무시간을 주간근무(07:00~16:00)에서 야간근무(23:00~08:00)로 바꾸었다. 이러한 일정 변화로 그녀는 가정에서 아침에 수면 개시의 어려움을 겪고 있고, 오후에는 여가활동을 하거나 집안일을 할 기력이 거의 없으며, 야간근무의 중반 무렵에는 기진맥진한 상태가 된다. 이 사례에 가장 적절한 진단은?

A. 교대근무에 이차적인 수면의 정상적 변이

B. 일주기리듬 수면-각성장애, 교대근무형

C. 양극성장애

D. 불면장애

E. 과다수면장애

정답 B. 일주기리듬 수면-각성장애, 교대근무형

해설 일주기리듬 수면-각성장애, 교대근무형의 진단범주는 직업적 업무, 주간 수면 곤란, 그리고 교대근무 시간 동안 야간 졸림의 주요 시기로서 전통적인 일광시간으로부터의 점진적인 변화다. 일광수면 문제는 불면증으로, 교대근무 졸림문제는 과다수면증으로 오인될 수 있으나, 이러한 맥락에서 이 2가지 증상의 발현은 진단을 명료하게 해 준다. 주간 및 야간 증상들은 고통 또는 기능 손상을 고려할 때 반드시 임상적으로 심각한 수준이어야 한다. 이는 대개 임상적 판단이고, 수면의 정상적인 변이와 교대근무로 인한 졸림 대 일주기리듬 수면-각성장애의 교대근무형 사이의 경계는 엄격하게 정해질 수 없다. 양극성장애는 안정된 일주기리듬과 적절한 야간 수면을 방해하는 교대근무에 의해 불안정해질 수 있다. 그러나 이러한 불안정으로 인한 조증은 일반적으로 졸림 또는 불면증의 호소 내용으로서 발현되지는 않는다.

일주기리듬 수면-각성장애 / 교대근무형 (pp. 80-82)

13 14세 여자아이가 자주 아침에 잠을 깨고는 아주 무서운 꿈의 내용을 생생하게 회상한다. 이 아이는 잠에서 깨면 정상적인 각성 상태에 있고 지남력도 정상적이지만, 꿈은 지속적인 고통의 원천이 되고 있다. 아이의 어머니에 의하면, 이 아이는 때로 중얼거리거나 끙끙거리지만, 각성 전 시간 동안에는 말하거나 움직이지 않는다. 아이의 과거력에 의하면, 10세 때 집이 없어서 1년 동안 어머니와 함께 일시적 보호시설을 전전하며 살았다. 이 사례에 가장 적절한 진단은?

A. 명시되지 않는 불안장애

B. REM수면 행동장애

C. NREM수면 각성장애

D. 외상후 스트레스장애

E. 악몽장애

정답 E. 악몽장애

해설 악몽장애는 반복되는 악몽이 특징이다. 악몽은 광범위하고, 불쾌감을 유발하며, 잘 기억된다는 특징이 있다. 또한 대개 주요 수면 삽화의 후반부에 발생하며, 보통 생존, 안전, 또는 신체적 온전성에 대한 위협적인 내용이 포함되어 있다. 잠이 깨자마자 영향을 받고 있는 사람은 신속하게 정상적인 지남력과 함께 정상적인 의식 수준으로 되돌아가지만, 꿈은 지속적인 고통 및/또는 기능 손상의 원인이 된다. 공존하는 의학적 및 정신장애에서는 불쾌감을 유발하는 꿈의 지배적인 호소 내용에 대해 적절히 설명하지 않는다. 아동의 경우, 악몽장애는 심각한 심리사회적 스트레스 요인에 노출된 이후에 아주 자주 발생한다. 악몽은 REM수면 동안 골격근긴장이 감소할 때 발생하므로, 목소리를 내거나 몸놀림은 일어나지 않는다. 단, REM수면기의 맨 끝 무렵에서는 예외의 가능성이 있다. 악몽장애는 아동기에는 흔하고, 여성의 경우에는 성인기까지 계속될 수 있다. 그러나 남성의 경우, 성인기에는 덜 자주 발생한다. 악몽과는 대조적으로, 야경증은 NREM 깊은 단계 수면과 연관성이 있고, 일반적으로 주요 수면기 초기에 발생하며, 회상률 저조, 부분 각성, 그리고 공포사건의 끝 무렵의 혼돈과 혼미가 특징이다. 이러한 사건에 대한 기억상실은 수면기 말기 후에 흔하다. REM수면 행동장애는 폭력적인 꿈의 실행 또는 수면 중 다른 복합 운동행동이 특징이고, 중・장년층 남성 환자들에게서 아주 흔하다. 악몽은 외상후 스트레스장애(PTSD)에서 "재경험" 현상의 일부로 발생할 수 있지만, 이 증상만으로 PTSD로 진단 내리기에는 불충분하다.

NREM수면 각성장애 / 진단기준 (p. 83); 악몽장애 / 진단기준 (pp. 91-92); REM수면 행동장애 / 진단기준 (p. 98)

14 다음 중 DSM-5의 NREM수면 각성장애 유형에 속하는 것은?

A. REM수면 행동장애

B. 야경증

C. 악몽장애

D. 둔주

E. 폐쇄성 수면 무호흡 저호흡

정답 B. 야경증

해설 DSM-5의 NREM수면 각성장애 진단범주에는 야경증과 수면보행장애가 포함된다. **야경증**은 공포감, 고통과 연관되지만, 불완전 각성과 저조한 회상력을 동반하고, NREM수면이 지배적인 주요 수면기 초기에 발생하는 경향이 있다. **REM수면 행동장애** 삽화는 REM수면 동안 발생한다. 이는 수면 삽화의 후반부에서 현저하고, 흔히 꿈의 "행동화"로 회상되는 복합행동(때로 폭력적인)을 동반한다. 악몽은 또한 REM수면 현상이다. **악몽장애**가 있는 환자들은 야경증이 있는 환자들과는 달리, 잠이 깨면 빠르게 지남력을 회복하고, 완전한 각성도를 되찾는다. **둔주**^fugue 상태는 수면장애가 아니다.

NREM수면 각성장애 / 진단기준 (p. 83)

15 다음 중 NREM수면 각성장애, 수면보행형의 구체적인 아형은?

A. REM수면 행동장애

B. 수면관련 발작장애

C. 수면관련 성적 행동(수면섹스장애^sexsomnia)

D. 알코올성 의식상실 동안 복합 운동행동

E. 야간 공황발작

정답 C. 수면관련 성적 행동(수면섹스장애^sexsomnia)

해설 수면보행의 필수적인 특징은 수면 중 시작되는 복합 운동행동(침대에서 일어나 여기저기 걸어 다니기 포함)의 반복적인 삽화다. 수면관련 성적 행동과 수면관련 섭식은 구체적인 아형으로 표시된다. 수면보행은 NREM수면에서 발생하는데, REM수면 동안에는 발생하지 않는다. 수면보행 삽화는 혼돈성 삽화와 함께 시작될 수 있지만, 복합 운동행동과 보행으로 진행된다. 알코올성 의식소실은 수면 중 또는 무의식 상태에서는 발생하지 않지만, 음주 삽화 동안의 사건에 대한 기억소실을 포함한다. 수면관련 발작은 NREM수면 각성장애의 감별진단 내에 있지만 복합 운동행동에 비해 더욱 상동증적인 경향이 있다.

NREM수면 각성장애 / 진단기준; 진단적 특징 (pp. 83-84)

16 야경증과 악몽장애의 차이점은?

A. 악몽장애에서 각성 또는 악몽으로부터의 각성은 불완전한 반면, 야경증은 완전하게 각성된다.

B. 야경증에서 삽화는 수면기의 최종 시간에 집중되는 반면, 악몽은 대개 수면기 초기에 발생한다.

C. 야경증은 두려움을 유발하는 내용을 동반한 생생한 꿈에 대한 명확한 회상이 특징인 반면, 악몽은 회상되지 않는다.

D. 야경증은 REM수면 동안 발생하는 반면, 악몽은 NREM수면 동안 발생한다.

E. 야경증은 급작스럽고 공황 상태의 비명이나 울음으로 시작되는 수면으로부터의 불완전 각성과 거의 회상하지 못하는 것이 특징인 반면, 악몽은 완전한 각성과 생생한 회상이 특징이다.

정답 E. 야경증은 급작스럽고 공황 상태의 비명이나 울음으로 시작되는 수면으로부터의 불완전 각성과 거의 회상하지 못하는 것이 특징인 반면, 악몽은 완전한 각성과 생생한 회상이 특징이다.

해설 야경증은 NREM수면 현상이므로, NREM수면이 지배적인 수면기 초기에 발생하는 경향이 있다. 이 삽화의 특징은 자율신경계 각성, 공포에 찬 비명, 불완전 각성, 그리고 회상곤란 또는 완전한 기억상실이다. 악몽은 REM수면 현상이므로, 수면기 후반부에 더욱 두드러지는 경향이 있고, 생생한 회상이 가능하다. 악몽 후의 각성은 완전한 의식 상태를 유지하는 경향이 있다.

악몽장애 / 진단기준 (pp. 91-92)

17 REM수면 행동장애의 수면생리에서의 핵심적인 비정상성은?

A. REM이 수면주기에 있어서 정상보다 더 일찍 시작된다.

B. 정상에 비해 REM수면이 더 많다.

C. 델타파 활동이 증가된다.

D. 골격근긴장이 REM수면 동안 나타난다.

E. 총 수면시간이 정상보다 더 많다.

정답 D. 골격근긴장이 REM수면 동안 나타난다.

해설 무긴장증이 없는 REM수면은 REM수면 행동장애 진단의 필수요건이다. REM수면 동안에는 정상적으로 근긴장 소실이 있다. 그래서 자발적 운동활동이 발생하지 않는다. 그러나 근육 무긴장증이 나타나지 않는 경우, 꿈을 꾸는 사람은 자신의 지속적인 꿈에서의 행위를 실행에 옮긴다. 기존에 시누클레인병synucleinopathies 진단을 받았고, REM수면 행동장애를 시사하는 과거력이 있는 사람의 경우, 무긴장증이 없는 REM수면에 대한 수면다원검사의 증거가 없어도 REM수면 행동장애로 진단되는 것이 적절하다.

REM수면 행동장애 / 진단적 특징 (pp. 98-99)

18 다음 중 REM수면 행동장애와 흔히 연관되는 상태는?

A. 주의력결핍 과잉행동장애

B. 시누클레인병

C. 투렛증후군

D. 야경증

E. 뇌전증

정답 B. 시누클레인병

해설 수면 클리닉을 찾는 사람들의 소견에 기초할 때, 당초에 "특발성idiopathic" REM수면 행동장애가 있는 사람들 대부분(>50%)은 결국 신경퇴행성 질환을 발달시킬 것이다. 이 질환은 아주 현저하고 시누클레인병의 일종이다(파킨슨병, 다계통 위축증, 또는 주요 또는 경도 루이소체 신경인지장애). REM수면 행동장애는 흔히 수년(흔히 10년 이상)마다 이러한 장애의 다른 징후에 앞서 나타난다. 야간 발작은 완벽하게 REM수면 행동장애처럼 보일 수 있지만, 행동은 일반적으로 보다 상동증적이다. 전체 뇌파계 발작 상태를 촬영한 사진을 통한 수면다원검사 모니터를 통해 이 2가지를 감별할 수 있다. 긴장증이 없는 REM수면은 수면다원검사 모니터상에 나타나지 않는다.

REM수면 행동장애 / 발달과 경과 (p. 99)

19 다음 중 무긴장증과 REM수면 행동장애 없이 REM수면을 초래하는 향정신병 약물의 종류는?

A. 선택적 세로토닌 재흡수 억제제

B. 벤조디아제핀

C. 페노티아진

D. 2세대 항정신병 약물

E. 모노아민산화효소억제제 monoamine oxidase inhibitors

정답 A. 선택적 세로토닌 재흡수 억제제

해설 삼환계 항우울제, 선택적 세로토닌 재흡수 억제제, 세로토닌 노르에피네프린 재흡수 억제제, 그리고 베타 수용체 차단제를 비롯해서 널리 처방되고 있는 많은 치료 약물은 수면다원검사에서 무긴장증이 없는 REM수면과 REM수면 행동장애를 일으킬 수 있다. 치료약물 자체가 REM수면 행동장애를 일으키는지, 아니면 근본적인 소인이 무엇인지를 드러내어 주는지에 대해서는 알려진 바가 없다.

REM수면 행동장애 / 위험 및 예후 요인 (p. 100)

20 10세 남자아이가 학교에서 가만히 앉아 있기 어려워하여 학업 수행에 지장을 초래한다는 이유로 담임교사에 의해 평가에 의뢰되었다. 이 아이는 자신의 다리에서 불쾌한 '근질거리고 스멀거리는' 감각이 있고, 가만히 앉아 있으면 운동을 통해 이 느낌을 해소하려고 다리를 움직이고 싶은 충동이 있음을 호소한다. 이러한 증상은 하루 대부분 그를 성가시게 하지만, 방과 후에 운동을 하거나 저녁에 TV를 시청할 때는 덜하다. 그리고 이러한 증상은 일반적으로 밤에 잘 때는 그를 성가시게 하지 않는다. 하지불안 증후군(RLS) 진단을 배제하는 그의 임상적 증거는?

A. RLS로 진단되기에는 너무 어리다.

B. 수면에 대한 불만이 없다.

C. 주간 피로 또는 졸림에 대한 불만이 없다.

D. 증상이 저녁이나 야간만큼 또는 더 많이 주간에 발생한다.

E. 손상된 사회적 기능이 없다.

정답 D. 증상이 저녁이나 야간만큼 또는 더 많이 주간에 발생한다.

해설 RLS 진단기준에는 증상이 저녁 또는 밤에 악화된다고 명시되어 있다. 그리고 일부 사람의 경우, 저녁 또는 밤에만 증상이 발생한다. 증상은 수면 개시를 지연시키고 잠을 깨우기도 해서 심각한 수면분절과 주간 졸림을 초래하기도 한다. RLS 증상은 사회적, 직업적, 교육적, 학업적, 행동적, 또는 기타 중요한 기능 영역에서의 심각한 고통 또는 손상을 동반한다. 이 장애는 성인에게서 보다 더 흔하지만, 아동에게도 진단될 수 있다.

하지불안 증후군 / 진단기준 (pp. 102-103); 진단적 특징; 발달과 경과 (pp. 103-105)

21 임신 34주 된 28세 여성이 지난 수 주 동안 수면기 시작시기에 초조감과 잠들기 어려울 뿐 아니라 주간 피로감이 있음을 호소한다. 그녀는 낮시간 동안 일하고 평소 일정을 바꾼 적은 없다. 그녀는 자신이 점차 피곤함을 느끼고 더욱 과민해지며 우울해진다고 말한다. 임신 후기에 이러한 증상 발병이 시사하는 수면장애는?

A. 일주기리듬 수면-각성장애, 뒤처진 수면위상형

B. 불면장애

C. REM수면 행동장애

D. 하지불안 증후군

E. 과다수면장애

정답 D. 하지불안 증후군

해설 임신 후기의 증상 발병은 하지불안 증후군의 흔한 특징이다. 임신한 여성의 경우, 하지불안 증후군의 유병률은 일반 인구에 비해 2~3배 높다. 이 사례의 경우, 이 여성이 불쾌한 감각이 있는지, 그리고 이 장애의 특징인 불쾌한 감각을 해소하기 위해 다리를 움직이고 싶은 충동이 있는지를 결정하기 위해 환자의 초조감에 관한 탐색이 필요할 것이다.

하지불안 증후군 / 성별과 관련된 진단적 쟁점 (p. 106)

22 다음 중 REM수면 동안 발생하는 수면장해 또는 장애는?

A. 악몽장애

B. 혼돈성 각성

C. 야경증

D. 폐쇄성 수면 무호흡 저호흡

E. 중추성 수면무호흡증

정답 A. 악몽장애

해설 악몽은 REM수면 동안 발생한다. REM수면은 수면기 후기 수면주기의 많은 부분을 차지한다. 혼돈성 각성과 야경증은 NREM수면 현상이다. 폐쇄성 수면무호흡증과 특별히 중추성 수면무호흡증은 보다 깊은 수면 단계에서 발생하는 경향이 있지만, 보다 얕은 수면에서도 발생할 수 있는데, 이는 REM과 무관하다.

악몽장애 / 진단적 특징 (pp. 92-93)

23 다음 중 만성 아편계 사용과 연관이 있는 수면장해는?

A. 과도한 주간 졸림

B. 불면증

C. 수면 중 주기적 사지 운동

D. 폐쇄성 수면 무호흡 저호흡

E. 사건수면

정답 B. 불면증

해설 급성 아편계 중독은 진정 상태로 이어지는 경향이 있지만, 습관성은 결국 불면증 호소를 초래할 수 있다. 아편계 역시 호흡 노력을 감소시켜서 중추성 수면무호흡증을 초래할 수 있다.

물질/치료약물로 유발된 수면장애 / 진단을 뒷받침하는 부수적 특징 (pp. 112-115)

24 다음 중 사건수면과 연관된 물질은?

A. 대마

B. 졸피뎀

C. 메타돈

D. 코카인

E. 메스칼린

정답 B. 졸피뎀

해설 벤조디아제핀 수용기관 작용제는 특히 과다 복용할 경우 사건수면의 원인이 될 수 있다. 이는 중독기간에 발병되는 졸피뎀으로 유발되는 수면장애, 사건수면형으로 분류된다.

물질/치료약물로 유발된 수면장애 / 진단을 뒷받침하는 부수적 특징 (pp. 112-115)

25 65세 남성에 대한 평가와 심한 불면증 관리를 돕기 위한 정신의학적 진찰이 요청되었다. 불면증은 선택적 고관절 대치수술을 받은 후부터 시작되어 2일간 지속되고 있다. 평가에서 환자는 수술 전날까지 과음한 사실을 인정한다. 그리고 그는 자율신경 실조, 혼돈, 떨림을 동반한 알코올 금단 상태에 있는 것으로 보인다. 물질/치료약물로 유발된 수면장애 진단이 이 상황에 부적절한 이유는?

A. 불면증은 수술로 인해 발생한 불안에 대한 이해할 수 있는 정서적 반응이기 때문이다.
B. 불면증이 기능 손상을 일으키지 않고 있기 때문이다.
C. 불면증은 수면다원검사 또는 활동기록기와 함께 기록되지 않기 때문이다.
D. 불면증은 급성 알코올 금단 동안 발생하고 있기 때문이다.
E. 불면증은 수술 후 통증과 관련이 있을 것이기 때문이다.

정답 D. 불면증은 급성 알코올 금단 동안 발생하고 있기 때문이다.

해설 수면장해 증상이 "임상상에 있어서 압도적"이고 "임상적 주의를 필요로 할 정도로 충분히 심각한" 경우에는 물질금단 진단 대신 물질/치료약물로 유발된 수면장애로 진단되어야 한다. 그렇지 않으면, 물질금단 진단이 더 적절하다. 통증과 정서적 스트레스는 불면증을 초래하므로 이 환자의 문제에 대한 감별진단에서는 반드시 고려되어야 한다. 기능 손상은 의학적 입원환자에서 판단하기 힘들 수 있다. 그러나 신중하게 적절히 참여할 수 있는 환자의 능력을 고려한다면 이해될 수 있다. 수면다원검사와 활동기록기는 일반적으로 수면장애 진단의 유용한 도구지만, 이 같은 진단에는 필수적이지는 않다.

물질/치료약물로 유발된 수면장애 / 진단기준 (pp. 108-110)

26 56세 대학교수가 지난 수 주에 걸쳐 밤마다 5시간 이상 수면곤란으로 주간의 피로감을 호소하고 있다. 그녀는 아침에 일어나고자 하는 시간보다 1~2시간 일찍 잠이 깨서는 일어날 시간까지 자주 잠을 깨서 선잠 상태가 되곤 한다. 그녀는 초기 불면증은 없고, 우울해하지도 않는다. 이 환자는 자신의 수면문제가 처음에는 일시적으로 잠을 깨우곤 했던 제출기한이 지난 학업 과제를 끝마쳐야 한다는 침습적 사고 때문이라고 여기고 있다. 이 사례에 가장 적절한 진단은?

A. 불안기분을 동반한 적응장애

B. 강박성 성격장애

C. 불면장애

D. 달리 명시된 불면장애(단기 불면장애)

E. 명시되지 않는 불면장애

정답 D. 달리 명시된 불면장애(단기 불면장애)

해설 DSM-5에 의하면, "달리 명시된 불면장애 범주는 발현 징후가 불면장애 또는 어떤 특정 수면-각성장애의 기준에 맞지 않은 특정한 이유에 대해 소통하기 위해 임상가가 선택한 상황들에서 사용된다. 이는 '달리 명시된 불면장애'를 기록하고, 이어서 특정한 이유(예, '단기 불면장애')를 기록한다." 이 사례의 경우, 적응장애 또는 강박성 성격장애로 진단하기에는 증거가 충분하지 않다. 이 환자는 불면증 문제가 있지만, 불면장애 진단기준의 기간에 부합되지 않는다. 그녀는 달리 명시된 불면장애로 진단될 수 있다. 그 이유는 그녀의 장애가 DSM-5의 불면증 진단과는 다르다고 명시할 수 있기 때문이다. 만일 임상가가 구체적인 정보를 가지고 있지 않거나 구체적인 이유를 제시하지 않기로 한다면 명시되지 않는 불면장애로 진단될 것이다.

달리 명시된 불면장애 (p. 119)

27 74세 여성이 일상 업무 수행을 침해하는 주간 졸림의 과거력이 있다. 그녀는 지난 1년 동안에 걸쳐 이 증상이 점진적으로 악화되어 왔다고 말한다. 수면다원검사에 의하면, 기도폐색의 증거는 없고 시간당 2~3회 무호흡 삽화가 있는 수면무호흡증이 있었다. 이 사례에 대해 가장 적절한 진단은?

A. 중추성 수면무호흡증

B. 달리 명시된 수면-각성장애(비전형적 중추성 수면무호흡증)

C. 명시되지 않는 수면-각성장애
D. REM수면 행동장애
E. 일주기리듬 수면-각성장애

정답 B. 달리 명시된 수면-각성장애(비전형적 중추성 수면무호흡증)

해설 환자는 중추성 수면무호흡증의 전체 진단범주에 충족되지 않는다. 그 이유는 무호흡 삽화가 시간당 5회 미만이기 때문이다. 이와 같은 진단기준으로부터의 편차는 명시될 수 있다. 그러므로 "명시되지 않는"보다는 "달리 명시된" 수면-각성장애가 적절한 진단이 된다.

달리 명시된 과다수면장애 (p. 120)

찾아보기

역자 소개

■ **강진령**(Jin-ryung Kang, Ph.D. in Counseling Psychology)

미국 인디애나 대학교 상담심리학 석사(M.S.) · 박사(Ph.D.)

미국 일리노이 주립대학교 임상인턴

미국 플로리다 대학교 초빙교수 역임

현재 경희대학교 교수

[주요 저서]

상담연습: 치료적 의사소통 기술(학지사, 2016)

학교상담과 생활지도: 이론과 실제(학지사, 2015)

상담과 심리치료(개정판, 양서원, 2013)

학교 집단상담(학지사, 2012)

집단과정과 기술(학지사, 2012)

집단상담과 치료(학지사, 2012)

집단상담의 실제(2판, 학지사, 2011)

상담자 윤리(공저, 학지사, 2009)

상담심리 용어사전(양서원, 2008) 외 다수

[주요 역서]

DSM-5 임상사례집(학지사, 2016)

APA 논문작성법(원서 6판, 학지사, 2013)

상담 · 심리치료 실습과 수련감독 전략(학지사, 2010)

간편 정신장애진단통계편람/DSM-IV-TR: Mini-D(학지사, 2008) 외 다수

DSM-5 Selections
수면-각성장애
Sleep-Wake Disorders

2017년 2월 10일 1판 1쇄 인쇄
2017년 2월 20일 1판 1쇄 발행

지은이 • APA
옮긴이 • 강진령
펴낸이 • 김진환
펴낸곳 • (주) 학지사
04031 서울특별시 마포구 양화로 15길 20 마인드윌드빌딩
대표전화 • 02)330-5114 팩스 • 02)324-2345
등록번호 • 제313-2006-000265호

홈페이지 • http://www.hakjisa.co.kr
페이스북 • https://www.facebook.com/hakjisabook

ISBN 978-89-997-1154-1 94180
978-89-997-1150-3 (set)

정가 17,000원

이 도서의 국립중앙도서관 출판시도서목록(CIP)은 서지정보유통지원시스템 홈페이지(http://seoji.nl.go.kr)와 국가자료공동목록시스템(http://www.nl.go.kr/kolisnet)에서 이용하실 수 있습니다.
(CIP 제어번호: CIP2017002144)